马克思主义理论研究和建设工程重点教材

博士研究生思想政治理论课教材

# 中国马克思主义与当代

## （2024 年版）

本书编写组

高等教育出版社·北京

# ·马克思主义理论研究和建设工程重点教材·

## 马克思主义理论研究和建设工程咨询委员会委员、审议专家

（以姓氏笔画为序）

## 《中国马克思主义与当代（2024年版）》课题组

### 首席专家

侯惠勤

### 主要成员（以姓氏笔画为序）

# 目　录

# 导　　论

本教材界定的当代，主要是指 21 世纪以来特别是党的十八大以来的时期。当今世界百年未有之大变局加速演进，世界之变、时代之变、历史之变正以前所未有的方式展开。各国各地区相互联系、相互依存的程度空前加深，越来越成为"你中有我、我中有你"的命运共同体；同时，世界进入新的动荡变革期，和平赤字、发展赤字、安全赤字、治理赤字加重，世界又一次站在了历史的十字路口。当代中国综合国力显著增强，全面建成小康社会，开启了全面建设社会主义现代化国家新征程。站在新的历史方位，认清天下大势、顺应时代潮流、把握未来走向，必须以当代中国马克思主义为指导，深刻认识全面建成社会主义现代化强国、实现中华民族伟大复兴的历史责任和世界意义，不断谱写新时代中国特色社会主义更加绚丽的华章。

## 第一节　"两个大局"同步交织的中国与世界

世界百年未有之大变局和中华民族伟大复兴的战略全局同步交织、相互激荡，中国的发展离不开世界，世界的发展离不开中国。中国的发展得益于世界提供的重大历史机遇，而不断发展的中国又为世界带来重要发展机遇。和平、发展、合作、共赢是当代世界不可阻挡的时代潮流，实现中华民族伟大复兴进入了不可逆转的历史进程。同时，当代世界正处于新的动荡变革期，我国发展进入战略机遇和风险挑战并存、不确定难预料的因素增多的时期，推动中国与世界的正向联动不仅事关中国，也事关当代人类的前途命运。

> 当前，我国处于近代以来最好的发展时期，世界处于百年未有之大变局，两者同步交织、相互激荡。
>
> ——习近平

## 一、当今世界正在发生深刻复杂变化

纵观世界历史，人类的进步虽然总是伴随着各种矛盾、冲突、斗争，但时代潮流浩浩荡荡，历史规律不可违背。在中国共产党的领导下，在中国人民的不懈奋斗下，中华民族走出近代以来的深重苦难，迎来了从站起来、富起来到强起来的伟大飞跃，越来越接近民族复兴的宏伟目标，新时代中国愈加成为引领时代潮流的进步力量。中华民族伟大复兴战略全局和世界百年未有之大变局，在同一时空下形成历史性交汇，相互作用、相互激荡，成为鲜明的时代特征、独特的历史景观。

### 1. 深入把握当代中国与世界关系的基本面

"两个大局"同步交织、相互激荡，历史呈现风云变幻的多面性，容易使人产生"向何处去"的困惑。要坚持以马克思主义立场观点方法分析把握历史大势，树立大历史观，从历史长河、时代大潮、全球风云中分析演变机理，探究历史规律，提出因应的战略策略，正确处理中国和世界的关系。

第一，科学观察时代、把握时代、引领时代。习近平指出："认识世界发展大势，跟上时代潮流，是一个极为重要并且常做常新的课题。中国要发展，必须顺应世界发展潮流。要树立世界眼光、把握时代脉搏，要把当今世界的风云变幻看准、看清、看透，从林林总总的表象中发现本质，尤其要认清长远趋势。"[①] 做到这一点，要求我们端起"历史规律的望远镜"，树立正确的历史观、大局观、角色观。正确历史观，就是不仅要看现在国际形势什么样，而且要回顾过去、把握当下、展望未来，把昨天、今天、明天更好地贯通起来，把握历史前进大势。正确大局观，就是不仅要看到现象和细节怎么样，而且要把握本质和全局，抓住主要矛盾和矛盾的主要方面，避免在纷纭多变的国际乱象中迷失方向、舍本逐末。正确角色观，就是不仅要冷静分析各种国际现象，而且要把自己摆进去，在中国同世界的关系中看问题，弄清楚在世界格局演变中中国的地位和作用，科学制定中国的战略政策。

第二，认清"两个大局"之间的基本关系。世界正处于百年未有之大变局，是以习近平同志为核心的党中央坚持和运用辩证唯物主义和历史唯物主义的立场观点方法，以宽广的世界眼光和深邃的历史视野，深刻分析当前国内外发展大势作出的重大战略判断，为我们看清纷繁复杂的国际形势提供了时代观照和历史坐标。世界百年未有之大变局，是现在时，更是将来时。大变局中最为显著和深刻的变化，是中国与世界关系的深刻变化，中国成为大变局中举足轻重、不可或缺的重要变量。既要认识到中华民族伟大复兴的战略全局是在世界百年未有之大变局下形成和展开的，也要认识到这一战略全局本身也是世界百年未有之大变局的重要组成部分和深刻动因；既要在大变局中准确识变、科学应变、主动求变，善于抓住机遇、敢于应对挑战，不断把中华民族伟大复兴的历

---

① 《习近平著作选读》第一卷，人民出版社 2023 年版，第 318 页。

史进程推向前进，又要通过统筹中华民族伟大复兴战略全局和世界百年未有之大变局，坚持走中国式现代化道路，以中国的新发展为世界提供新机遇，以中华民族伟大复兴不可逆转的历史进程为当今动荡的世界注入稳定性。中国始终是世界和平的建设者、全球发展的贡献者、国际秩序的维护者，推动着历史车轮向光明的目标前进。

### 2. 准确把握历史发展趋势和时代脉搏

世界百年未有之大变局是世界之变、时代之变、历史之变，给中国发展带来前所未有的机遇和挑战。准确把握历史发展趋势和时代脉搏，关键是要准确认识大变局中的"变"与"不变"，在危机中育先机，于变局中开新局。

> 既要把握世界多极化加速推进的大势，又要重视大国关系深入调整的态势。既要把握经济全球化持续发展的大势，又要重视世界经济格局深刻演变的动向。既要把握国际环境总体稳定的大势，又要重视国际安全挑战错综复杂的局面。既要把握各种文明交流互鉴的大势，又要重视不同思想文化相互激荡的现实。
>
> ——习近平

一是和平与发展的时代主题没有变，但世界进入新的动荡变革期。和平与发展仍然是解决当代世界一切重大问题的总开关，仍然是规范各国根本利益并制约其行动的最终依据，更是当代人类的共同夙愿。同时，要看到国际环境不稳定性不确定性明显增加，新一轮科技革命和产业变革深入发展，国际力量对比深刻调整，全球治理体系发生深刻变革，各国相互联系、相互依存的程度空前加深，和平赤字、发展赤字、安全赤字、治理赤字仍然是人类亟须解决的主要问题。

二是世界多极化趋势没有变，但构建更加公正合理的国际秩序任重道远。20 世纪 80 年代末 90 年代初以来，随着东欧剧变、苏联解体，"冷战"格局终结，新兴市场国家和发展中国家力量壮大，国际力量对比发生近代以来最具革命性的变化，由少数发达国家主导世界的状况发生改变，世界格局进入转型重塑期，推动国际关系民主化、构建公正合理的国际秩序的呼声日益高涨。但是，单边主义、霸权主义和强权政治依然存在，传统安全威胁和非传统安全威胁相互交织，地区冲突和局部战争此起彼伏，争夺全球治理和国际规则制定主导权的较量日趋激烈。

三是经济全球化趋势没有变，但遭遇波折和逆流。经济全球化是社会生产力发展的客观要求和必然结果，有利于生产要素在全球范围的优化配置，有利于加强国际经济技术合作，为世界各国发展特别是发展中国家发挥后发优势、加快发展提供了难得的历史机遇。当前，世界经济版图"东升西降"的趋势更加明显。但是，发达国家主导下的经济全球化导致全球生态恶化、贫富差距扩大等问题日趋严重，发展中国家难以回避经济全球化带来的挑战，必须直面贫富差距、发展鸿沟、生态恶化等重大问题。西方一些国家自保倾向上升，右翼民粹主义、新孤立主义、贸易保护主义抬头，形成逆全球化思潮，掀起风高浪急甚至是惊涛骇浪的历史逆流，给经济全球化的健康发展蒙上一层阴影。

四是文明交流互鉴大势没有变，但"西方中心主义"对人类文明进步的威胁加大。文明多样性是当代人类社会的基本特征。维护文明多样性、反对文化霸权已成为大多数国家的共识。世界范围内思想文化交流交融，有利于各国各民族增进对彼此文化的了解，促进人类思想文化发展，但也带来了许多新矛盾和新问题。特别是一些发达国家借助其在经济、科技、军事等方面的优势，极力向世界推销其意识形态、价值观和社会制度，以图塑造其他国家的经济政治制度并影响它们对于现代化道路的选择，"文明冲突论""西方文明优越论"沉渣泛起，成为当今世界动荡不安的"麻烦制造者"。

## 二、中国之治与西方之乱的鲜明对比

在"两个大局"同步交织、相互激荡中，两股历史浪潮，即顺应历史大潮的时代潮流和阻挡历史大潮的倒退逆流激烈碰撞，本质上是两种制度、两种现代化道路竞争日趋激烈的结果。在这一历史过程中，中国之治与西方之乱形成的鲜明对比，深入回答了"人类向何处去"这一时代课题。

### 1. 顺应历史潮流主动求变与抗拒历史潮流倒行逆施

世界各国日益利益交融、命运与共，合作共赢是大势所趋。在世界经济深刻调整变革之时，只有开放，才能使不同国家相互受益、共同繁荣、持久发展，才是各国应当作出的明智选择。统筹国内国际两个大局，坚持对外开放的基本国策，实行积极主动的开放政策，形成全方位、多层次、宽领域的全面开放新格局，为中国创造了良好国际环境，也为世界开拓了更为广阔的发展空间。中国之治，治在毫不动摇坚持对外开放，始终融入世界经济的汪洋大海。

与此形成鲜明对比的是，某些西方大国总是把能否维持其现有的既得利益，甚至不公正不合理的垄断地位和霸权利益作为首要考量，其他国家发展了就认为动了它们的"奶酪"，它们就必然围追堵截，大打出手。这实际上奉行的是你输我赢、赢者通吃的老一套逻辑，采取的是尔虞我诈、以邻为壑的老一套做法。其结果必然是封上了别人的门，也堵上了自己的路；不仅侵蚀了自己发展的根基，更损害了全人类的未来；不但乱了西方社会，也不断制造世界的动乱。西方之乱，乱在为一己私利作茧自缚、损人利己甚至损人不利己，乱在以霸权心态抗拒历史潮流。

### 2. 共担历史责任与逃避历史责任

和平与发展是当今时代的主题，也是时代的命题，需要国际社会以团结、智慧、勇气，共同扛起历史责任。中国始终推动世界各国携手共建人类命运共同体，发展全球伙伴关系，拓展友好合作，走出一条相互尊重、公平正义、合作共赢的国与国交往新路。中国在努力满足本国人民对于美好生活追求的同时，也把让人类生活更加幸福美好、为人类作出更大贡献作为自己的使命，坚定支持人类和平发展的进步事业。中国积极倡导创新、协调、绿色、开放、共享的新发展理念，积极倡导共同、综合、合作、可持续的安全观，积极倡导开放、融通、互利、共赢的合作观，积极倡导平等、互鉴、对话、包容的文明观，积极倡导共商共建共享的全球治理观，与国际社会一道肩负起解决人类共同挑战的责任，展现了社会主义大国的担当。中国之治，治在为世界谋大同、与人类共命运。

而某些西方大国从自身利益出发，总是在逃避自己应负的历史责任。在应对全球气候变化、突发公共卫生事件以及反对恐怖主义等全球性问题上，都以"本国优先"为由，实行自私自利、短视封闭的狭隘政策，搞"双重标准""长臂管辖"，冷战思维、集团对抗、牺牲别国安全换取自身绝对安全等狭隘过时言行，屡见不鲜。例如，面对已被敲响的气候暖化警钟，一些发达国家总是试图逃避应负的责任，甚至挑战"共同但有区别的责任"原则，向发展中国家转嫁减排责任，并迟迟不兑现为发展中国家提供资金、技术和能力建设等支持的承诺。这种缺乏诚意、回避责任的做法拖累了全球气候治理，最终祸及人类生存和福祉。西方之乱，乱在为一己之利逃避历史责任。

### 3. 共享发展成果与垄断发展成果

古往今来，过上幸福美好生活始终是人类孜孜以求的梦想。在几千年文明发展史上，人类创造了灿烂的文明成果，但战争和冲突从未间断，加上各种自然灾害、疾病瘟疫，人类经历了无数的苦难，付出了惨痛的代价，这一梦想还远未成为现实。究其原因，就是文明发展的成果最终总是被少数人攫取，而大多数人被排除在享受成果之外。

中国始终坚持以人民为中心的发展思想，把不断满足人民日益增长的美好生活需要作为根本追求，坚持发展为了人民、发展依靠人民、发展成果由全体人民共享。今天的中国，脱贫攻坚战取得全面胜利，全面建成小康社会的第一个百年奋斗目标胜利实现，人民安居乐业，社会和谐稳定，国家长治久安。中国之治，治在坚持以人民为中心的发展思想，扎实推动全体人民共同富裕。

资本主义的基本矛盾是生产社会化与生产资料私有制之间的矛盾，这是西方社会出现贫富两极分化的根本原因，也是西方国家社会撕裂、社会动荡的根源所在。2008年国际金融危机以来，特别是2020年新冠疫情在全球蔓延，西方国家制度的自我调节能力不断下降，其基本矛盾所带来的各种问题也日益激化，种族歧视、社会动乱、族群冲突、枪击事件等频发，陷入多重社会危机而不能自拔。西方之乱，乱在难以克服自身制度的缺陷。

### 三、推动构建人类命运共同体

今天，人类社会再次面临何去何从的历史当口，是敌视对立还是相互尊重？是封闭脱钩还是开放合作？是零和博弈还是互利共赢？世界面临新的选择。中国共产党和中国人民，立足和平与发展这一时代主题，秉持和平共处五项原则，提出推动构建人类命运共同体理念。习近平指出："只要坚持走和平发展道路，同各国人民一道推动构建人类命运共同体，就一定能够迎来人类和平与发展的美好未来！"[①] 这是针对时代之问作出的中国之答，是新时代中国为促进当代世界和平与发展作出的重大贡献，具有丰富的思想内涵和深远的时代价值。

---

① 《习近平著作选读》第二卷，人民出版社2023年版，第361页。

### 1. 构建人类命运共同体是世界各国人民前途所在

2013年，习近平首次提出构建人类命运共同体的倡议。此倡议一经提出，马上得到包括联合国在内的国际社会的热烈响应，并逐渐从理念向行动转变。事实证明，这一倡议顺潮流、得人心，是应对当代世界复杂多变局面的一剂良方。

构建人类命运共同体，就是要"建设持久和平、普遍安全、共同繁荣、开放包容、清洁美丽的世界"[①]。这一理念要求建立新型国际关系，即相互尊重、平等协商，坚决摒弃冷战思维和强权政治，走对话而不对抗、结伴而不结盟的国与国交往新路；要求建立新型国际安全准则，即坚持以对话解决争端、以协商化解分歧，统筹应对传统和非传统安全威胁，反对一切形式的恐怖主义；要求推动经济全球化健康发展，即同舟共济，促进贸易和投资自由化便利化，推动经济全球化朝着更加开放、包容、普惠、平衡、共赢的方向发展；要求促进文明多元共存，即尊重世界文明多样性，以文明交流超越文明隔阂、以文明互鉴超越文明冲突、以文明共存超越文明优越；要求建设绿色地球家园，即坚持环境友好，合作应对气候变化，保护好人类赖以生存的地球家园。

构建人类命运共同体是顺应世界历史发展趋势的必然要求。马克思、恩格斯早在《德意志意识形态》中就指出："各个相互影响的活动范围在这个发展进程中越是扩大，各民族的原始封闭状态由于日益完善的生产方式、交往以及因交往而自然形成的不同民族之间的分工消灭得越是彻底，历史也就越是成为世界历史。"[②] 历史和现实日益证明这个预言的科学价值。当前，经济全球化虽然面临不少阻力，但存在更多动力，各国走向开放、走向合作的大势没有改变，也不会改变。世界各国只有顺应历史大势，推动构建人类命运共同体，才能实现共同发展、共享繁荣。

---

① 《习近平著作选读》第二卷，人民出版社2023年版，第48页。
② 《马克思恩格斯选集》第一卷，人民出版社2012年版，第168页。

构建人类命运共同体是应对全球性问题的必由之路。在挑战日趋严峻、机遇转瞬即逝、全球经济持续低迷的大背景下，构建人类命运共同体的意义更为凸显。无论是应对眼下的危机还是共创美好的未来，人类都需要同舟共济、团结合作。习近平指出："任何国家都不能从别国的困难中谋取利益，从他国的动荡中收获稳定。如果以邻为壑、隔岸观火，别国的威胁迟早会变成自己的挑战。"[①] 世界各国只有通力合作，携手构建人类命运共同体，才能有效应对各种风险挑战，维护人类共同家园，建设更加美好的世界。

> 大时代需要大格局，大格局呼唤大胸怀。从"本国优先"的角度看，世界是狭小拥挤的，时时都是"激烈竞争"。从命运与共的角度看，世界是宽广博大的，处处都有合作机遇。我们要倾听人民心声，顺应时代潮流，推动各国加强协调和合作，把本国人民利益同世界各国人民利益统一起来，朝着构建人类命运共同体的方向前行。
>
> ——习近平

### 2. 推动构建人类命运共同体展现当代中国的大国担当

构建人类命运共同体理念，深刻回答了"建设一个什么样的世界、如何建设这个世界"等关乎人类前途命运的重大课题，彰显了以习近平同志为核心的党中央博大的天下情怀和强烈的责任担当，展现了中国负责任大国形象。

推动构建人类命运共同体，是中国为人类世代接续发展履行本代人责任的自觉行为。当今世界，只有和平发展、合作共赢之路才能走得通，不能

---

[①] 《习近平在联合国成立75周年系列高级别会议上的讲话》，人民出版社2020年版，第9页。

身体进入 21 世纪，而脑袋还停留在殖民扩张的旧时代里，停留在冷战思维、零和博弈的老框框内。历史接力棒已经传到今天这一代人手中，我们必须作出无愧于人民、无愧于历史的抉择。中国本着对人类前途命运高度负责的态度，坚守和平、发展、公平、正义、民主、自由的全人类共同价值，坚持共商共建共享的全球治理观，坚定不移走和平发展、开放发展、合作发展、共同发展道路，携手各国一道共建人类命运共同体，深刻改变了弱肉强食的丛林法则、你输我赢的零和博弈，为推动人类和平与发展作出了重要贡献。

推动构建人类命运共同体，是中国维护世界和平安宁、推动世界共同发展的自觉行动。中国通过提出并推动落实全球发展倡议、全球安全倡议和全球文明倡议，广泛凝聚共识、汇聚力量，以实际行动践行人类命运共同体理念，为人类和平与发展事业增添更多正能量。中国通过"自由贸易区""海南自由贸易港""进口博览会"等多层面、多渠道、全方位的对外开放，通过"一带一路"等多边区域合作方式，坚定不移维护和引领经济全球化。通过举办中国共产党与世界政党高层对话会、二十国集团领导人杭州峰会、亚洲文明对话大会等，深化合作交流，促进文明互鉴。特别是在抗击全球新冠疫情过程中，中国坚持科学施策，倡导团结合作，弥合"免疫鸿沟"，反对将疫情污名化、病毒标签化、溯源政治化，同世界各国共克时艰，以实际行动帮助挽救了全球成千上万人的生命，彰显了推动构建人类命运共同体的真诚愿望和大国担当。

构建人类命运共同体是一个长期的历史进程，非一朝一夕之功，不可能一蹴而就。要对构建人类命运共同体的复杂性、艰巨性、长期性、曲折性有充分认识和深刻把握，对可能出现的风险挑战进行前瞻性、系统性和战略性的思考和研究，为推动构建人类命运共同体、携手建设更加美好的世界贡献更多中国智慧。

### 3. 构建人类命运共同体要弘扬全人类共同价值

2015 年，习近平提出弘扬和平、发展、公平、正义、民主、自由的全人类共同价值。全人类共同价值凝聚了不同人类文明的价值共识，反映了当代人类社会共同的价值追求，是人类共有精神家园的最大公约数，为构建人类命运共同体提供了坚实的价值基础。同时，构建人类命运共同体也为推进全人类共同价值的认同和实现提供了实践基础。这是"思想"和"利益"在当代人类实践中的有机结合。

全人类共同价值表明，和平发展、公平正义的价值追求，是真正民主自由的基础。如果没有和平发展，人的生存权、发展权就无法得到保障，当代人类的一切价值追求都注定要落空；而如果没有公平正义，民主自由就注定是假民主、伪自由。人民至上是最高的民主自由。就一个国家而言，真正的民主不仅体现在投票环节，更体现在权力运行的全过程；就世界而言，真正的民主必须实行各国的事由各国商量着办，不能由少数国家操纵、支配。长期以来，西方国家主导的价值观把民主自由片面归结为孤立的个人权利，并将其夸大为绝对的"普世价值"。认清历史大势，把握时代潮流，必须破除西方意识形态对人类共同价值的扭曲和遮蔽，科学把握当代人类的共同价值。

弘扬全人类共同价值，有效化解了以美国为首的少数西方国家借价值观对抗时代潮流、掩盖一己之私的图谋。少数西方国家奉行的单边主义、霸权主义、冷战思维等，都是固守既得利益、落后于时代发展的陈词滥调。大打"民主自由"的价值观牌，是其支撑所谓"道义制高点"的救命稻草。它们把和平发展、合作共赢的人类发展利益问题，把平等互信、积极维护第二次世界大战以后国际秩序的公平正义问题，歪曲为民主和专制、自由和依附的价值观之争。用意识形态丑化、围剿对手，美化、掩盖自身的卑鄙，是西方大打价值观牌的要害。从根本上说，不能用价值观的分歧，去掩盖人类共同利益的客观真实。对于人类共同价值必然存在不同的解读，但人类共同利益是不容分割的。价值观是以利益为基础，以全人类利益、人民利益为重，还是以少数国家、特殊利益群体的利益为重，在这个问题上没有任何模糊的空间。因此，西方大打价值观牌的图谋在时代潮流面前必将不断破灭，而构建人类命运共同体与弘扬全人类共同价值则必然相互辉映、相得益彰。

# 第二节　中国发展新的历史方位

正确认识党和人民事业所处的历史方位和发展阶段，是我们党明确阶段性中心任务、制定路线方针政策的根本依据。把握中国发展新的历史方位，无疑是观察当代中国与世界关系的重要条件。我们必须深刻理解中国发展处于新的历史方位的丰富内涵和世界意义。

## 一、开启实现第二个百年奋斗目标新征程

一个国家、一个民族要振兴，就必须在历史前进的逻辑中前进，在时代发展的潮流中发展。明确现实所处的历史方位，是我们捕捉历史发展轨迹、把握新的历史特点、掌握历史主动的立足点。

### 1. 中国特色社会主义进入新时代

一般来说，"时代"是人们认识人类社会规律的世界历史性范畴，它表示在一定时空范围内世界历史的性质和走势。划分时代可以有不同的客观依据，因而作为科学认识范畴的时代也有大小之分，不可相互替代，也不可加以混淆。马克思主义揭示了从资本主义向共产主义转变的一个大时代，得出了"两个必然"的科学判断，为我们坚定共产主义理想信念奠定了科学根据。习近平指出："尽管我们所处的时代同马克思所处的时代相比发生了巨大而深刻的变化，但从世界社会主义500年的大视野来看，我们依然处在马克思主义所指明的历史时代。这是我们对马克思主义保持坚定信心、对社会主义保持必胜信念的科学根据。马克思主义就

是我们党和人民事业不断发展的参天大树之根本，就是我们党和人民不断奋进的万里长河之泉源。"① 但是，在这个伟大转变的大时代中，资本主义和社会主义的力量对比总是在不断变化，在总质变前必然出现若干由量变到部分的质变，历史的发展因此呈现出阶段性特征。用"时代"把握这些历史发展新阶段，很有必要。

党的十八大以来，中国特色社会主义进入新时代，是当代中国发展新的历史方位。这是基于当代中国发生的历史性变化作出的重大判断，同时也是基于时代趋势和国际局势，特别是当代中国与世界关系的历史性变化作出的重大判断。

这一重大判断，是根据中国特色社会主义进入新的历史阶段作出的。在新中国成立以来，特别是改革开放以来取得重大成就的基础上，中国发展站到新的历史起点上。党的十八大以来，中国进行了深层次的、根本性的变革，取得了全方位的、开创性的成就。在经济实力、科技实力、国防实力、综合国力进入世界前列的同时，党的面貌、国家的面貌、人民的面貌、军队的面貌、中华民族的面貌都发生了前所未有的变化，中国正以高度的道路自信、理论自信、制度自信、文化自信屹立于世界东方。

这一重大判断，是根据中国社会主要矛盾发生新变化作出的。社会主要矛盾状况及其变化是社会发展阶段性划分的重要依据。中国社会主要矛盾已经转化为人民日益增长的美好生活需要和不平衡不充分的发展之间的矛盾。这反映了中国发展的实际状况，揭示了制约中国发展的症结所在，指明了解决当代中国发展主要问题的根本着力点。中国社会主要矛盾发生变化，对中国发展全局产生了广泛而深刻的影响。

这一重大判断，是根据历史交汇期新的奋斗目标作出的。从党的十九大到党的二十大，是"两个一百年"奋斗目标的历史交汇期，中国

① 《习近平谈治国理政》第二卷，外文出版社 2017 年版，第 66 页。

要在全面建成小康社会、实现第一个百年奋斗目标之后，乘势而上开启全面建设社会主义现代化国家新征程，向第二个百年奋斗目标进军。从2020年到2035年，在全面建成小康社会基础上，再奋斗15年，基本实现社会主义现代化；在基本实现现代化的基础上再奋斗15年，到本世纪中叶建成富强民主文明和谐美丽的社会主义现代化强国。这是中国特色社会主义发展新的战略安排。要立足新的历史方位、新的时代坐标，科学认识和全面把握这一鼓舞人心、切实可行的奋斗目标、宏伟蓝图。

这一重大判断，是根据中国国际环境发生新变化作出的。世界正处于大发展大变革大调整时期，中国发展面临新的战略机遇。当代中国已不再是国际秩序的被动接受者，而是积极的参与者、建设者、引领者。世界对中国的关注，从未像今天这样广泛、深切、聚焦；中国对世界的影响，也从未像今天这样全面、深刻、长远。但同时也要看到，前景十分光明，挑战也十分严峻，中国正处在从大国走向强国的关键时期，外部环境更加复杂，一些势力不断对我国进行讹诈、遏制、封锁、极限施压。把握新的历史方位、新的时代坐标，必须科学认识和全面把握国际局势和周边环境的新变化。

中国特色社会主义进入新时代，不是凭空产生的，更不是一个简单的新概念表述，而是经济社会发展到一定阶段必然发生的历史飞跃，具有丰富厚重的思想内涵、实践内涵和历史内涵。这个新时代，是承前启后、继往开来、在新的历史条件下继续夺取中国特色社会主义伟大胜利的时代，是决胜全面建成小康社会、进而全面建设社会主义现代化强国的时代，是全国各族人民团结奋斗、不断创造美好生活、逐步实现全体人民共同富裕的时代，是全体中华儿女勠力同心、奋力实现中华民族伟大复兴中国梦的时代，是我国不断为人类作出更大贡献的时代。历史车轮滚滚向前，只有与历史同步伐、与时代共命运，才能赢得光明的未来。只有深刻把握中国特色社会主义进入新时代的历史特点，认清历史潮流和发展趋势，才能以历史的开阔视野，对人类社会的未来发展走向作出清晰的判断。

### 2. 开启全面建设社会主义现代化国家新征程

2021 年 7 月 1 日，习近平在庆祝中国共产党成立 100 周年大会上庄严宣告："经过全党全国各族人民持续奋斗，我们实现了第一个百年奋斗目标，在中华大地上全面建成了小康社会，历史性地解决了绝对贫困问题，正在意气风发向着全面建成社会主义现代化强国的第二个百年奋斗目标迈进。"[①] 第一个百年奋斗目标的实现，为开启全面建设社会主义现代化国家新征程奠定了坚实基础，在中华人民共和国发展史和中华民族发展史上具有重大意义。

对中国和中华民族而言，开启全面建设社会主义现代化国家新征程，标志着近代以来久经磨难的中华民族迎来了实现伟大复兴的光明前景。国家现代化和民族复兴，是近代以来中华民族团结奋斗的最大公约数，是中国共产党与生俱来的历史使命。鸦片战争后，近代中国陷入黑暗境地，中国人民经历深重苦难。无数仁人志士不屈不挠、前仆后继，矢志不渝探索国家现代化和民族复兴之路。中国共产党在民族蒙受苦难、探求光明的逆境中应运而生，带领人民历经 28 年浴血奋战，建立了新中国，使当时占人类总数四分之一的中国人从此站立起来了。新中国成立以来特别是改革开放以来，中国共产党团结带领人民成功走出一条中国特色社会主义道路，成功解决了十几亿人的温饱问题，中国人民逐步富裕起来。历经苦难与辉煌、曲折与胜利、付出与收获，中国特色社会主义进入新时代，中华民族正在实现从富起来到强起来的伟大飞跃。到 21 世纪中叶，中国将全面建成富强民主文明和谐美丽的社会主义现代化强国，物质文明、政治文明、精神文明、社会文明、生态文明将全面提升，成为综合国力和国际影响力领先的国家，中华民族将以更加昂扬

---

① 《习近平著作选读》第二卷，人民出版社 2023 年版，第 476 页。

的姿态屹立于世界民族之林。

## 二、中国进入新发展阶段

从唯物辩证法的观点看，社会主义初级阶段不是一个静态、一成不变、停滞不前的阶段，也不是一个自发、被动、不用费多大气力自然而然就可以跨过的阶段，而是一个动态、积极有为、始终洋溢着蓬勃生机活力的过程，是一个阶梯式递进、不断发展进步、日益接近质的飞跃的量变的积累和发展变化的过程。党的十九届五中全会提出，全面建成小康社会、实现第一个百年奋斗目标之后，我们要乘势而上开启全面建设社会主义现代化国家新征程、向第二个百年奋斗目标进军，这标志着我国进入了一个新发展阶段。

### 1. 全面准确把握新发展阶段的丰富内涵

社会主义初级阶段是当代中国的最大国情、最大实际。新发展阶段是社会主义初级阶段中的一个阶段，也是经过几十年积累、站到了新的起点上的一个阶段，是我国社会主义从初级阶段向更高阶段迈进的一个新阶段。

新发展阶段之所以新，首先表现为我国发展立于新的历史起点。经过新中国成立以来特别是改革开放 40 多年的不懈奋斗，到"十三五"规划收官之时，我国经济实力、科技实力、综合国力和人民生活水平跃上了新的大台阶，成为世界第二大经济体、第一大工业国、第一大货物贸易国、第一大外汇储备国，国内生产总值超过 100 万亿元，人均国内生产总值超过 1 万美元，城镇化率超过 60%，中等收入群体超过 4 亿人。特别是我国全面建成了小康社会，解决了困扰中华民族几千年的绝对贫困问题。这在我国社会主义现代化建设进程中具有里程碑意义，为我国进入新发展阶段、朝着第二个百年奋斗目标进军奠定了坚实基础。

新发展阶段之所以新，又表现为我国发展面临新机遇和新挑战。当今世界正经历百年未有之大变局，新一轮科技革命和产业变革深入发展，国际力量对比深刻调整，和平与发展仍然是时代主题，人类命运共同体理念深入人心；同时国际环境日趋复杂，不稳定性不确定性明显增加，经济全球化遭遇逆流，世界进入新的动荡变革期，单边主义、保护主义、霸权主义对世界和平与发展构成威胁，我国发展面对更多逆风逆水的外部环境。然而，时与势在我们一边。我国经济长期向好的基本面没有改变，大国优势和制度优势正在进一步彰显，新机遇和新挑战将激励我们加快改革创新的步伐，我们有能力把握新机遇、迎接新挑战，实现经济行稳致远、社会安定和谐，在有效应对世界之变、时代之变、历史之变中推进中华民族伟大复兴。

新发展阶段之所以新，还表现为中国发展锚定的现代化建设新目标。党的二十大明确提出，到 2035 年基本实现社会主义现代化，到本世纪中叶把我国建成富强民主文明和谐美丽的社会主义现代化强国。展望 2035 年，我国经济实力、科技实力、综合国力将大幅跃升，人均国内生产总值达到中等发达国家水平，基本实现新型工业化、信息化、城镇化、农业现代化，基本实现国家治理体系和治理能力现代化，基本建成法治国家、法治政府、法治社会，建成教育强国、科技强国、人才强国、文化强国、体育强国、健康中国，基本公共服务实现均等化，人的全面发展、全体人民共同富裕取得更为明显的实质性进展，美丽中国目标基本实现，基本实现国防和军队现代化。

### 2. 新发展阶段需要贯彻新发展理念

理念是行动的先导，发展实践都是由发展理念来引领的。在新发展阶段，必须坚定不移贯彻创新、协调、绿色、开放、共享的新发展理念，这是推动我国发展全局进行深刻变革，实现更高质量、更有效率、更加公平、更可持续、更为安全发展的科学指引。新发展理念不是凭空得来的，而是在深刻总结国内外发展经验教训的基础上形成的，是在深刻分析国内外发展大势的基础上形成的，也是针对中国发展中的突出矛盾和问题提出来的。它回答了关于发展的目的、动力、方式、路径等一系列理论和实践问题，阐明了我们党关于发展的政治立场、价值导向、发展模式、发展道路等重大政治问题。

为人民谋幸福、为民族谋复兴，这既是我们党领导现代化建设的出发点和落脚点，也是新发展理念的"根"和"魂"。只有坚持以人民为中心的发展思想，坚持发展为了人民、发展依靠人民、发展成果由人民共享，才会有正确的发展观、现代化观。我国发展已经站在新的历史起点上，要根据新发展阶段的新要求，坚持问题导向，更加精准地贯彻新发展理念，切实解决好发展不平衡不充分的问题，推动高质量发展。随着我国社会主要矛盾变化和国际力量对比深刻调整，我国发展面临的内外部风险空前上升，必须增强忧患意识，坚持底线思维，随时准备应对更加复杂困难的局面。要把安全发展贯穿国家发展各领域和全过程，如果安全这个基础不牢，发展的大厦就会地动山摇。

### 3. 新发展阶段需要构建新发展格局

立足新发展阶段，党中央提出加快构建以国内大循环为主体、国内国际双循环相互促进的新发展格局，这是把握未来发展主动权的战略性布局和先手棋，是新发展阶段要着力推动完成的重大历史任务，也是贯彻新发展理念的重大举措。

作为一个人口众多和具有超大市场规模的社会主义国家，中国在迈向现代化的历史进程中，必然要承受其他国家都不曾遇到的各种压力和严峻挑战。构建新发展格局最本质的特征是实现高水平的自立自强。只有立足自身，把国内大循环畅通起来，才能任由国际风云变幻，始终充满朝气地生存和发展下去。经济全球化是生产力发展的必然结果和客观要求，是不以人的意志为转移的历史趋势。推动形成国内大循环的主体地位，绝不是关起门来搞国内循环，而是通过发挥内需潜力，使国内市场和国际市场更好联通，以国内大循环吸引全球资源要素，更好利用国内国际两个市场、两种资源，提高我国在全球配置资源的能力，更好争取开放发展中的战略主动。总之，加快构建新发展格局，就是要在各种可以预见和难以预见的狂风暴雨、惊涛骇浪中，增强我们的生存力、竞争力、发展力、持续力，确保中华民族伟大复兴进程不被迟滞甚至中断。

构建新发展格局要从改革开放中获得足够的动能。"新时代改革开放具有许多新的内涵和特点，其中很重要的一点就是制度建设分量更重，改革更多面对的是深层次体制机制问题，对改革顶层设计的要求更高，对改革的系统性、整体性、协同性要求更强，相应地建章立制、构建体系的任务更重。"[①] 构建新发展格局的过程，也是中国特色社会主义制度巩固完善和不断彰显优越性的过程。

高质量发展是构建新发展格局的内在需求。我国社会发展的不平衡不充分，本质上是发展质量不高。高质量发展是由高速增长转向高质量发展、从量的扩张转向质的提升，是体现新发展理念的发展方式。高质量发展是新时代的硬道理，是我国经济和社会发展的主题，对于我国社会主义现代化建设具有全局性意义。我国的经济体制还需优化，产业体系补短板任务繁重，效率和公平的平衡需要进一步完善。实现高质量发展，需要在提高质量效益和保持合理增长之间取得平衡，始终坚守质量至上、效益为先原则；大力培养质量意识，把质量看作是发展的生命线；不断提升经济的竞争力、创新力和抵御风险的能力，确保我国经济社会持续、稳定、健康发展。

### 三、以中国式现代化全面推进中华民族伟大复兴

党的二十大报告指出："从现在起，中国共产党的中心任务就是团结

---

① 《习近平谈治国理政》第三卷，外文出版社 2020 年版，第 112 页。

带领全国各族人民全面建成社会主义现代化强国、实现第二个百年奋斗目标，以中国式现代化全面推进中华民族伟大复兴。"① 中国式现代化，既具有各国现代化的共同特征，又具有中国特色，因而能够走得通、行得稳。中国式现代化，打破了"现代化就是西方化"的神话，创造了人类文明新形态。

### 1. 中国式现代化的中国特色

一个国家走向现代化，既要遵循现代化一般规律，更要符合本国实际，具有本国特色。中国式现代化是人口规模巨大的现代化，是全体人民共同富裕的现代化，是物质文明和精神文明相协调的现代化，是人与自然和谐共生的现代化，是走和平发展道路的现代化。这五个方面的中国特色，深刻揭示了中国式现代化的科学内涵，既是理论概括，也是实践要求。

近代中国也曾经盲目崇拜、诚心追随西方的现代化，但是走不通。原因就在于西方的现代化不可能被后发展的国家复制。从根本上说，西方由资本任性逐利主导的现代化是有条件的。以这种对内掠夺压榨、对外殖民扩张方式实现现代化的只是最早启动的少数西方国家。而进入帝国主义时代后，世界上就再没有任何国家，在不成为发达资本主义国家的附庸、依旧保持自身独立性的条件下自发完成资本主义现代化。

中国式现代化的中国特色，是在马克思主义的指导下，中国共产党领导中国人民探索出来的。这种现代化有坚定正确的政治方向，把民族独立和人民解放作为现代化建设的先决条件，把现代化建设作为谋求人民幸福、国家富强的方式，是保持自身独立、以人民为中心、不当外国附庸的现代化。在这一过程贯穿始终、起领导核心作用的自觉政治力量，就是中国共产党。

① 《习近平著作选读》第一卷，人民出版社 2023 年版，第 18 页。

## 2. 中国式现代化的战略统筹

推进中国式现代化是一个系统工程，需要在党的领导和科学理论的引领下，处理一系列重大关系，包括顶层设计与实践探索、战略与策略、守正与创新、效率与公平、活力与秩序、自立自强与对外开放等。处理好这些重大关系，是稳步推进中国式现代化的必然要求。

顶层设计与实践探索。中国式现代化实现了顶层设计与实践探索的合理统筹、和谐统一。一方面，通过加强顶层设计指导实践探索，在深刻洞察世界大势、把握人民愿望和探索经济社会发展规律的基础上加强规划，保持现代化的稳定性和连贯性，避免盲目性，防止重大风险和颠覆性错误的发生；另一方面，中国式现代化是一项伟大的探索性事业，需要"摸着石头过河"、大胆探索许多未知领域，通过实践探索对顶层设计加以检验，并将其中带有规律性的经验提升为顶层设计。

战略与策略。战略与策略辩证统一、有机衔接、合理布局，能够确保中国式现代化的成功。战略确定现代化的正确方向和目标，而策略为战略实施提供科学方法，表现为实现战略目标的具体行动计划。中国式现代化在错综复杂的发展环境和利益格局下推进，将战略与策略相互贯通、有机衔接，在顺势而为中把握战略主动，能够有效实现利益整合，协同推动现代化进程行稳致远。

守正与创新。中国式现代化坚持守正与创新统一，成功抵制各种错误思潮的冲击，既不走封闭僵化的老路，也不走改旗易帜的邪路，确保方向不改、道路不偏。中国式现代化坚持正本清源、改革创新，毫不动摇坚持中国式现代化的本质要求和重大原则，同时又聚焦时代之变，着眼于解决重大理论和实践问题，不断为中国式现代化增添新的内容。

效率与公平。只重公平不重效率或只重效率而没有公平的现代化是不可持续的。没有效率，"蛋糕"做不大，无法真正公平，但是"蛋糕"做大后还面临如何分配的问题。分配不公必然影响效率，所以公平在一定意义上也是效率。中国式现代化始终坚持公平与效率的动态平衡，坚持以人民为中心的价值取向，注重初次分配和再分配的公平问题，防止既得利益群体利益的任性膨胀，使效率与公平相得益彰，有效维护社会的公平与正义。

活力与秩序。推进现代化需要动力，也需要秩序。中国式现代化通过不断改革创新，激发人民的历史主动性和首创精神，不断塑造发展新动能新优势，全社会创造活力得到充分激发。在科学定位和处理好政府同市场关系的基础上，实现"有为的政府"与"有效的市场"有机结合，发挥政府宏观调控和法治对于市场经济的规范作用，同时坚持总体国家安全观，增强维护国家安全能力，防范化解国家安全风险。

自立自强与对外开放。始终坚持独立自主、自立自强是中国式现代化的根本立足点。坚持走自己的路，坚定自己的道路自信，并不拒斥对外开放、积极吸收世界文明优秀成果，汇入人类发展进步的历史潮流，这是中华民族迎来从站起来、富起来到强起来伟大飞跃的重要原因。自立自强是对外开放的前提，对外开放是自立自强的保障，只有坚持对外开放才能更好地自立自强。两者有机结合，可以有效避免一些发展中国家的跟随式、依附式现代化，也有效避免了用闭关锁国、僵化停滞的方式搞现代化。

### 3. 中国式现代化的世界意义

中国式现代化，深深植根于中华优秀传统文化，体现科学社会主义的先进本质，借鉴吸收人类一切优秀文明成果，代表人类文明进步的发展方向。中国式现代化创造了人类文明新形态，既是我们强国建设、民族复兴的康庄大道，也是中国谋求人类进步、世界大同的必由之路。

中国式现代化蕴含的独特世界观、价值观、历史观、文明观、民主观、生态观等及其伟大实践，是对世界现代化理论和实践的重大创新。中国式现代化，拓展了发展中国家走向现代化的路径选择，给世界上那些既希望加快发展又希望保持自身独立性的国家和民族提供了全新选择，为人类对更好社会制度的探索提供了中国方案，必将对世界历史进程产生深刻影响。

实现现代化是世界各国人民的权利和必然选择，关键是找到符合国情、符合人类社会发展规律的发展道路。长期以来，西方国家制造的一个"神话"，就是把西方国家的发展模式奉为"普世模式"，鼓吹现代化即西方化。一些发展中国家追随西方的发展理念和现代化道路，到头来并没有解决发展问题，有的甚至引发社会动荡，战乱不断、民不聊生。一些原社会主义国家选择走西方道路，结果大多数发展缓慢、困难重重。中国打破了"国强必霸"的逻辑和后发展国家必然沦为西方附庸的怪圈，在积极融入世界发展中保持自身独立性，"立足自身国情和实践，从中华文明中汲取智慧，博采东西方各家之长，坚守但不僵化，借鉴但不照搬，在不断探索中形成了自己的发展道路"①，成功走出了一条独具特色的社会主义现代化道路，打破了发展中国家对发达国家现代化的"路径依赖"。中国的实践向世界说明了一个道理：世界上没有一种普遍适用的发展模式，西方模式不是实现现代化的唯一模式，各国完全可以走出适合自己的发展道路。


## 第三节　用当代中国马克思主义观察中国与世界

全面把握当代中国与世界的关系，认清世界大势，科学判断社会走向，离不开有力的理论武器、科学的思想方法。马克思主义是认识世界和改造世界的强大思想武器。"要立足时代特点，推进马克思主义时代化，更好运用马克思主义观察时代、解读时代、引领时代，真正搞懂面

---

① 《习近平谈治国理政》第二卷，外文出版社 2017 年版，第 482 页。

临的时代课题，深刻把握世界历史的脉络和走向。"① 习近平新时代中国特色社会主义思想，立足于不断发展的实践，对时代课题作了最系统、最透彻和最深刻的解答，是马克思主义中国化时代化最新理论成果，是当代中国最鲜活的马克思主义。必须坚持运用习近平新时代中国特色社会主义思想观察当代中国与世界，领会其丰富内涵和精神实质，掌握其思想精髓和思维方法，把握贯穿其中的马克思主义立场观点方法，正确认识当代中国和世界的关系，认识当代中国对世界作出的重大贡献。

## 一、学习运用马克思主义基本原理

用当代中国马克思主义观察中国与世界，必须学习运用马克思主义基本原理，不断提高理论水平。

第一，我们仍然处在马克思主义所指明的时代，这是我们必须学习运用马克思主义基本原理的科学根据。马克思主义是一个科学的理论体系，其基本原理和基本思想方法是永远不会过时的。究其根源，一是马克思主义揭示了人类历史发展的普遍规律，因而具有涵盖人类历史全过程的时代意义。"马克思的思想理论源于那个时代又超越了那个时代，既是那个时代精神的精华又是整个人类精神的精华。"② 马克思主义不仅奠定了以工人阶级解放为政治形式的人类解放的科学基础，而且奠定了全部人类文明史的规律性认识的基础，这就从根本上推倒了马克思主义"过时论"。二是马克思主义揭示了资本主义必然消亡、共产主义必然实现的特殊规律，因而具有涵盖这一历史过程不同发展阶段的时代价值。"从《共产党宣言》发表到今天，170 年过去了，人类社会发生了翻天覆地的变化，但马克思主义所阐述的一般原理整个来说仍然是完全正确的。

① 《习近平谈治国理政》第二卷，外文出版社 2017 年版，第 66 页。
② 习近平:《在纪念马克思诞辰 200 周年大会上的讲话》，人民出版社 2018 年版，第 7 页。

我们要坚持和运用辩证唯物主义和历史唯物主义的世界观和方法论，坚持和运用马克思主义立场、观点、方法，坚持和运用马克思主义关于世界的物质性及其发展规律，关于人类社会发展的自然性、历史性及其相关规律，关于人的解放和自由全面发展的规律，关于认识的本质及其发展规律等原理，坚持和运用马克思主义的实践观、群众观、阶级观、发展观、矛盾观，真正把马克思主义这个看家本领学精悟透用好。"①

第二，我们所处的时代同马克思所处的时代相比，发生了巨大而深刻的变化，这是我们必须坚决推进马克思主义中国化时代化的客观依据。"马克思主义能不能在实践中发挥作用，关键在于能否把马克思主义基本原理同中国实际和时代特征结合起来。面对快速变化的世界和中国，如果墨守成规、思想僵化，没有理论创新的勇气，不能科学回答中国之问、世界之问、人民之问、时代之问，不仅党和国家事业无法继续前进，马克思主义也会失去生命力、说服力。"② 我们要坚持用马克思主义观察时代、解读时代、引领时代，用鲜活丰富的当代中国实践来推动马克思主义发展，用宽广视野吸收人类创造的一切优秀文明成果，坚持在改革中守正出新、不断超越自己，在开放中博采众长、不断完善自己，不断深化对共产党执政规律、社会主义建设规律、人类社会发展规律的认识，不断开辟当代中国马克思主义、二十一世纪马克思主义新境界。因此，学习运用马克思主义基本原理，要把坚持和发展、继承和创新统一起来，才能真正领悟马克思主义的思想精髓，真正在实践中推动马克思主义的发展。

马克思主义内容丰富、博大精深，要学思用贯通、知信行统一。学习运用马克思主义基本原理需要完整准确领悟马克思主义经典著作的精神实质，系统掌握马克思主义的核心要义。坚持反对"只言片语"，要抓

---

① 《习近平谈治国理政》第三卷，外文出版社 2020 年版，第 75 页。
② 《习近平谈治国理政》第四卷，外文出版社 2022 年版，第 30 页。

住"精神实质";坚持系统而非零碎、实际而非空洞地学,做到联系实际学、与时俱进学,避免教条主义、经验主义;坚持为"自己弄清问题"而学,注重研读马克思主义经典著作的实际成效,努力把学习马克思主义经典著作养成生活习惯,使读书不再是外在的需要,而是内心的追求。

## 二、学好用好马克思主义中国化时代化最新成果

习近平新时代中国特色社会主义思想坚持把马克思主义基本原理同中国具体实际相结合、同中华优秀传统文化相结合,坚持运用辩证唯物主义和历史唯物主义,科学回答了新时代坚持和发展什么样的中国特色社会主义、怎样坚持和发展中国特色社会主义,建设什么样的社会主义现代化强国、怎样建设社会主义现代化强国,建设什么样的长期执政的马克思主义政党、怎样建设长期执政的马克思主义政党等重大时代课题,实现了马克思主义中国化时代化新的飞跃,在马克思主义发展史、中华文明发展史、人类思想发展史上都具有重要的里程碑意义。

习近平新时代中国特色社会主义思想是完整的科学体系,内容涵盖改革发展稳定、内政外交国防、治党治国治军等方方面面。党的十九大、十九届六中全会提出的"十个明确""十四个坚持""十三个方面成就"概括了这一思想的主要内容。学深悟透这一思想是正确认识和处理当代中国与世界关系的思想保证。

"十个明确""十四个坚持""十三个方面成就"是彼此呼应、相互贯通、层次分明、具有内在逻辑联系的有机整体。"十个明确"是这一思想的理论精髓,是支撑这一思想大厦的主体内容。"十四个坚持"是这一思想的行动纲领,是落实科学理论的实践要求,构成了新时代坚持和发展中国特色社会主义的基本方略和行动指南。"十三个方面成就"是这一思想的实践依据和经验基础,全景展示了以习近平同志为核心的党中央治国理政的理念、成就和经验。三者有机统一,揭示了这一思想的内在

生成逻辑，即基于基本方略和历史成就，遵循从实践到理论、从时代到思想、从具体到抽象、从个别到一般的逻辑，提升概括形成规律性认识。只有着眼于这一思想的形成规律和思想完整性，才能更好把握这一思想。学深悟透习近平新时代中国特色社会主义思想，还必须把握这一思想的世界观、方法论和贯穿其中的立场观点方法。党的二十大提出的"六个必须坚持"，即必须坚持人民至上、必须坚持自信自立、必须坚持守正创新、必须坚持问题导向、必须坚持系统观念、必须坚持胸怀天下，是这一思想立场观点方法的重要体现。只有准确把握包括"六个必须坚持"在内的习近平新时代中国特色社会主义思想的立场观点方法，才能更好领会这一思想的精髓要义。

### 三、掌握马克思主义这一看家本领

党的二十大总体规划了以中国式现代化全面推进中华民族伟大复兴的宏伟蓝图，极大鼓舞了全国人民创造美好生活的热情和信心。但是，宏伟蓝图从规划设计到真正实现，不仅需要坚持党的全面领导，而且需要依靠千百万人的激情和干劲，更需要掌握科学方法和高强本领。这里的高强本领，就是掌握马克思主义这一看家本领。在当代中国，掌握这一看家本领，首先就是要把握好习近平新时代中国特色社会主义思想的世界观和方法论，坚持好、运用好贯穿其中的立场观点方法。

习近平新时代中国特色社会主义思想，是坚持和运用辩证唯物主义和历史唯物主义的光辉典范，既是世界观、历史观，也是认识论、方法论；既讲是什么、怎么看，又讲怎么办、怎么干；既部署"过河"的任务，又指导解决"桥或船"的问题。把这一科学思想体系转化为看家本领，首先应该坚持系统观念，这是具有基础性的思想和工作方法。在治国理政实践和具体实际学习中坚持系统观念，迫切需要不断提高战略思维、辩证思维、系统思维、创新思维、历史思维、法治思维、底线思维能力。

提高战略思维能力。战略思维能力就是高瞻远瞩、统揽全局，善于把握事物发展总体趋势和方向的能力。提高战略思维能力，要具有世界眼光和国际视野，站在时代前沿和战略全局的高度观察、思考、处理问题，深刻把握当代世界各种力量、各个要素、各方面的内在根据、相互联系，准确把握时代发展的基本趋势和规律，掌握历史主动性；要在实际工作和学习生活中透过纷繁复杂的表面现象把握事物的本质，以小见大、见微知著，既抓住重点又统筹兼顾，既立足当前又放眼长远，在解决突出问题中实现战略突破。具有了战略思维能力，就能够自觉保持战略定力，一以贯之坚持和发展中国特色社会主义道路。对于我们个人来讲，就能够不为各种错误思潮所惑、各种干扰所动，在道路、方向、立场等重大原则问题上，旗帜鲜明、态度明确，始终保持清醒头脑。

提高辩证思维能力。中国特色社会主义伟大事业越是向纵深发展，就越是需要我们自觉运用好辩证思维。所谓辩证思维，就是要在矛盾对立统一过程中把握事物发展的规律，坚持发展地而不是静止地、全面地而不是片面地、系统地而不是零碎地、普遍联系地而不是单一孤立地观察事物，准确把握客观实际，真正做到一切从实际出发，妥善处理各种重大关系。自觉坚持辩证思维，就能够在实际工作和学习中正确处理各种重大关系，在权衡利弊中趋利避害，作出最为有利的战略抉择。提高辩证思维能力，需要坚持两点论与重点论的统一，既要注重总体谋划，又要注重牵住"牛鼻子"。要讲究"十个指头弹钢琴"的艺术，统筹兼顾、综合平衡，突出重点、带动全局，有的时候要抓大放小、以大兼小，有的时候又要以小带大、小中见大。

提高系统思维能力。普遍联系是事物的存在方式。系统思维是对普遍联系的一种科学认识，是人们运用系统观点，把对象的互相联系的各个方面及其结构和功能进行系统认识的一种思维方法。提高系统思维能力，不断提高从事物的相互联系进行系统思考的能力，全面分析和处理问题，是坚持系统观念的直接要求。中国式现代化是一项伟大的系统工程，需要统筹兼顾、系统谋划、整体推进。这就要求我们必须不断提高系统思维能力，加强前瞻性思考、全局性谋划、整体性推进，增强科学性、预见性、主动性、创造性。

提高创新思维能力。客观世界是变动不居的，尤其在当代，新情况、新变化层出不穷，更加需要具备创新思维。提高创新思维能力，必须树立强烈的问题意识和问题导向。人类认识世界和改造世界的过程就是发现问题、解决问题的过程。问题是时代的声音，每个时代总有属于这个时代的问题，只有树立强烈的问题意识，实事求是地对待问题、科学分析问题、深入研究问题、弄清问题性质、找到症结所在，才能找到引领时代进步的路标，不断有效破解前进中的各种难题，开创新时代党和国家事业发展新局面。提高创新思维能力，就是要坚持实事求是、解放思想，不迷信本本，不迷恋经验，不固守教条，善于因时制宜，勇于开拓创新。生活从不眷顾因循守旧、满足现状者，从不等待不思进取、坐享其成者，更不迎合"躺平""侧卧"者，而是将更多机遇留给善于和勇于创新的人。

提高历史思维能力。"历史是一面镜子，从历史中，我们能够更好看清世界、参透生活、认识自己；历史也是一位智者，同历史对话，我们能够更好认识过去、把握当下、面向未来。"① 提高历史思维能力，就是要以史为鉴、知古鉴今，加强对党史、新中国史、改革开放史、社会主义发展史、中华民族发展史以及世界历史的学习，深刻总结历史经验、把握历史规律、认清历史趋势，在对历史的深入思考中更好走向未来；就是要思接千载、视通万里，从历史纵深观察和认识问题，坚持把历史、现实、未来贯通起来，对重大战略问题作出深刻的历史比较和分析，增强历史担当精神。

---

① 《习近平著作选读》第一卷，人民出版社 2023 年版，第 538 页。

提高法治思维能力。法治思维将法律作为判断是非和处理事务的准绳，要求崇尚法治、尊重法律，善于运用法律手段协调关系和解决问题。提高法治思维能力，就是要充分认识到任何人都不得违背党中央的大政方针、自行其是，任何人都不得把党的政治纪律和政治规矩当儿戏、胡作非为，任何人都不得凌驾于国家法律之上、徇私枉法，任何人都不得把司法权力作为私器牟取私利、满足私欲，要增强法治观念，尊崇和遵守宪法法律，自觉在法治轨道上想问题、作决策、办事情。在社会主义现代化进程中，坚持用法治思维和法治方式推进改革，才能使我们的伟大事业行稳致远。

提高底线思维能力。毛泽东说过："不论任何工作，我们都要从最坏的可能性来想，来部署。"[1] 提高底线思维能力，要求强化忧患意识，居安思危、未雨绸缪，凡事从最坏处着眼，努力争取最好的结果，才能有备无患、遇事不慌，牢牢把握主动权。当前和今后一个时期，中国在国际和国内面临的矛盾和风险都不少，绝不能掉以轻心。各种风险都要防控，但重点要防控那些可能迟滞或中断中华民族伟大复兴进程的全局性风险，这是强调底线思维的根本含义。提高底线思维能力，最根本的就是绝不能触碰、践踏和逾越那些事关党和国家事业兴衰成败、中国特色社会主义前途命运、中华民族伟大复兴和中国人民根本利益的原则界限。

"中国马克思主义与当代"课程是博士研究生思想政治理论课必修课程。学习本课程的目的主要是：深入理解和把握当代中国马克思主义，自觉运用马克思主义的世界观和方法论，分析新时代的中国与当代世界面临的重大理论和实践问题，为进一步开展科学研究和实际工作奠定良好的理论基础。中国是发展的，世界是发展的，当代中国马克思主义也是对马克思主义的坚持和发展，前沿性、全局性、综合性是本课程的特色，要聚焦当代中国马克思主义的最新发展，观察和分析当代中国与世

---

[1] 《毛泽东文集》第六卷，人民出版社1999年版，第404页。

界的前沿性问题。学习本课程，既要深入研读当代中国马克思主义重要文献，掌握当代中国马克思主义的精神实质，不断提高理论思维能力，又要认真学习掌握专业学科领域的重要成果和最新进展，结合自己的专业及理论兴趣，进行拓展性阅读和思考，努力学好马克思主义这一看家本领，不断提高运用当代中国马克思主义指导学术研究和人生成长的素质和能力。

## 📖 分析与思考

1. 为什么说世界百年未有之大变局正在加速演进？如何用当代中国马克思主义观点看待世界进入新的动荡变革期？

2. "两个大局"的同步交织如何确立了当代中国与世界关系的基本走向和发展趋势？为什么说中国以自身的和平发展为动荡的世界注入了稳定性？

3. 为什么说习近平新时代中国特色社会主义思想是一个完整的科学体系？

4. 谈谈学习马克思主义对于个人提升政治素质和理论水平的意义，以及对于指导专业学习和学术研究的思想价值。

# 第一章　当代世界经济

当今世界正经历百年未有之大变局，经济全球化在曲折中发展。国际力量对比深刻调整，正在重塑世界经济格局，为世界和平发展奠定了基础；而世界经济格局的深刻变动和不断加剧的全球性问题，为世界经济发展添加了诸多不稳定性不确定性，世界经济增长依旧乏力，单边主义、保护主义、孤立主义等不断抬头，经济全球化遭遇波折。在充分认识世界经济调整曲折性的同时，更要看到经济全球化是不可逆转的时代潮流。全球市场已经形成一个整体，合作共赢是必然选择。改革开放以来，中国经济已同世界经济深度融合，逐步成长为世界经济发展的主要引擎，在全球产业链供应链中拥有不可替代的地位。随着中国式现代化向纵深推进，以高质量发展为主题的中国经济将产生更强大的辐射力，中国必将成为经济全球化健康发展的坚定推动者和中坚力量。

## 第一节　经济全球化进程中的当代世界经济

当代世界经济的显著特征，就是经济全球化向纵深发展，各国各地区之间的经济联系空前密切，人们的生产生活方式因此不断发生变化。

经济全球化不仅深刻影响各国经济，也推动世界经济格局和国际经济秩序逐步发生历史性变化，进而对世界政治、文化产生深远影响。如何应对经济全球化带来的机遇和挑战，推动世界经济朝着开放、包容、普惠、平衡、共赢的方向发展，是各国都必须面对和解决的时代课题。

## 一、经济全球化在曲折中发展

经济全球化是人类社会发展到一定历史阶段的必然产物，是社会生产力发展的客观要求和科技进步的必然结果，为世界经济增长提供了强劲动力，促进了商品和资本流动、科技和文明进步，促进了各国人民交往。经济全球化的不断推进，标志着世界经济发展进入了新阶段。

### 1. 经济全球化是世界经济深入发展的时代产物

经济全球化，是指在国际分工和贸易的基础上，各类商品和生产要素依托科技革命尤其是信息技术革命的助力在全球范围内大规模流动和配置，推动世界各国各地区的经济越来越紧密地结合成一个高度相互融合、相互依存的有机整体的过程。经济全球化主要表现为生产全球化、贸易全球化和金融全球化。

生产全球化，是指企业生产活动超越国界，在全球范围内分工协作，根据各国生产要素优势组织生产流程的过程。20世纪80年代中期以后，对外直接投资取代间接投资，逐渐成为发达资本主义国家的主要投资形式，这直接促成了生产全球化的发展。作为全球化生产的企业组织形式，跨国公司在这一时期有了迅猛发展。对外直接投资不仅促进了资金的国际流动，而且有力推动了资源、技术、管理以及劳动力等生产要素的跨国流动和优化配置，各国的生产联结成在国际分工基础上统一的商品生产世界体系。正是生产全球化推动了所有其他经济因素的全球化发展。

贸易全球化，是指商品和服务的国际贸易范围、规模和程度大幅度提高，各国各地区的内部市场日益成为全球统一市场组成部分的过程。随着生产全球化的发展，贸易自由化逐步拓展，国际贸易不断有了新的跨越。世界产品中参与国际贸易的份额不断扩大，各国经济发展对国际贸易的依存度不断增加。国际贸易的发展不仅表现在数量上，而且表现在贸易结构和贸易方式等方面。相对于初级产品来说，工业制成品贸易呈上升趋势，比重逐步提高。相对于传统产品来说，高新技术产品进出口增长迅速、比重不断加大。在国际商品贸易（有形贸易）继续发展的同时，国际服务贸易（无形贸易）更为迅速地发展起来。其他如技术、专利、商标、版权等所谓的"软"产品贸易也日趋活跃。此外，新型电子化贸易手段，如电子数据交换已在国际贸易中广泛运用，电子商务、电子资金转账等也逐渐推广开来。

金融全球化，是指货币资本在世界各国各地区自由流动，推动全球金融市场日趋开放、金融体系日趋融合的过程。在生产和贸易全球化的基础上，信息技术革命和发达国家的金融创新活动有力助推了各国各地区金融市场的相互联系和相互融合，把各国各地区金融市场联结为统一的金融市场，金融全球化日益成为经济全球化的重要内容和突出表现。到20世纪90年代初，证券融资已占国际资本市场融资总量的60%～70%，各类基金组织作为机构投资者日渐成为国际资本市场上的生力军，对世界金融市场发展产生重大影响。作为金融全球化的主要载体，跨国银行及其他跨国金融机构的发展引人注目，一批超大型银行建立并在金融全球化中发挥越来越重要的作用。新兴资本市场也迅速崛起为国际证券投资的热点，成为国际资本市场不可忽视的组成部分。由于金融的强大渗透力，国际金融的发展较对外直接投资和国际贸易的发展更加迅速，但同时也对各国各地区金融监管和金融安全提出了新的挑战。

## 2. 经济全球化进程的生产力和生产关系规定性

经济全球化的概念产生于20世纪80年代中期，但作为一个重大历史进程，经济全球化最早可以追溯到近代以来资产阶级开拓世界市场时期。马克思指出："创造世界市场的趋势已经直接包含在资本的概念本身中。任何界限都表现为必须克服的限制。"[1] "不断扩大产品销路的需要，驱使资产阶级奔走于全球各地。它必须到处落户，到处开发，到处建立联系。"[2] "资产阶级社会的真正任务是建成世界市场（至少是一个轮廓）和确立以这种市场为基础的生产。"[3] 马克思的世界市场理论，反映了从孤立封闭的国内市场走向国际市场、从民族历史走向世界历史的客观进程，揭示了生产力发展和资本主义生产关系扩张之间相互交织、相互作用的矛盾运动规律。

经济全球化进程与世界市场的形成发展是一脉相承的。依据生产力与生产关系的矛盾运动规律，经济全球化进程包括生产力和生产关系的两重规定性。

一方面，经济全球化是生产力发展和科技进步的必然结果，是社会化大生产在世界范围内不断深化、不断展开的历史过程。在这个过程中，资金、技术、人才等生产要素可以在更广阔的时空范围内流动和配置，社会分工得以前所未有地发展并产生巨大的经济效益。经济全球化不是单纯的市场流通空间扩展，而是包括生产、分配、流通和消费在内的社会再生产过程在世界范围的时空重构，其中跨国公司是这个重构运动的核心主体，商品和生产要素的全球流动范围和速度超过任何历史时期，为世界各国各地区经济发展提供了前所未有的广阔空间。经济全球化使当代世界经济真正变成一个整体，世界各国各地区不断消除商品和各种生产要素跨国流动的障碍，使得国际贸易、国际金融、国际投资以及国家和地区之间的技术和人员的流动更加自由，各国各地区经济出现了"你中有我、我中有你"的相互融合、相互依存的局面。在这一有机

---

[1] 《马克思恩格斯选集》第二卷，人民出版社 2012 年版，第 713—714 页。
[2] 《马克思恩格斯选集》第一卷，人民出版社 2012 年版，第 404 页。
[3] 《马克思恩格斯文集》第十卷，人民出版社 2009 年版，第 166 页。

整体中，各国各地区的生产、分配、流通、消费等活动都不过是其中的一环。经济全球化作为世界经济发展的新阶段，最显著、最主要的特征就是高度的对外开放和全面的相互依存。因此，经济全球化具有推动社会生产力发展的历史进步性。

另一方面，从历史上看，经济全球化是在发达国家的主导下形成发展的，资本主义生产关系借此完成了在全球范围的扩展，资本主义基本矛盾也因此在全球范围内扩散和深化。受制于世界经济体系的等级结构，发展中国家与发达国家的经济发展水平原本就存在很大的差距。经济全球化进程空前增强了发达国家跨国垄断资本在全球配置生产要素的能力，它们占据全球价值链的两端，攫取高额垄断利润，同时垄断国际规则制定权。相比而言，大多数发展中国家在缺少话语权和获益甚少的状况下，发展速度总体上相对缓慢，经济社会发展相对滞后，其中一些国家还在经济全球化中日益被"边缘化"。概而言之，经济全球化进程加剧了国际垄断资本与世界劳动人民的矛盾，加剧了少数发达国家与大多数发展中国家的矛盾，全球经济发展失衡和生态环境失衡的程度进一步加剧。这些情况表明，发达国家主导的经济全球化只具有一定的历史合理性，人类社会呼唤开放、包容、普惠、平衡、共赢的新型经济全球化。

## 二、经济全球化进程中的新问题新挑战

经济全球化将世界各国各地区纳入一个统一的社会再生产过程中，促进了贸易大繁荣、投资大便利、技术大发展和人口大流动，有力推动了各参与方的经济发展，为世界经济发展提供了强劲动力。同时，资本主导的经济全球化也是一把"双刃剑"，资本主义基本矛盾在世界范围内深化和发展，对不同国家和地区产生差异显著的影响，深刻改变着世界格局。

## 1. 发达国家主导经济全球化带来的问题

到目前为止，发达国家是经济全球化的主导者。这种主导地位取决于它们较早完成了工业革命，经济实力雄厚，生产力发展水平较高，在当代高新科技领域具有明显的先发优势，并具有数百年积淀所形成的较为成熟的市场经济体制。这种主导地位给发达国家带来的影响是双重的。

一方面，发达国家从经济全球化中获得了丰厚的红利。发达国家通过对外投资、国际贸易和国际金融等途径获取多重经济利益。它们可以充分利用国外自然资源和廉价劳动力实现全球生产要素的优化配置，可以获取更为广阔的国外市场，可以通过主导和操控国际金融市场谋求更有利的国际利润再分配份额。发达国家的主导地位还使其成为世界经济规则的制定者，不断扩展对外经济活动空间，谋求在国际经济活动中的潜在利益。经济全球化有利于发达国家发展具有更高附加价值的资本密集型和技术密集型产业，从而加快其产业结构升级。经济全球化造成的科技全球化和人员流动全球化，为受过良好教育、具有高技能人才的跨国流动创造了条件，使发达国家引进高素质人才更加便捷，有助于提升发达国家的科学技术水平、增强发达国家的产业国际竞争力。

另一方面，经济全球化也暴露了发达国家的增长极限和内在对抗。随着经济全球化的深入发展，金融资本流动速度加快，规模不断增大，金融衍生工具层出不穷，既容易造成发达国家资金的充溢和流动性泛滥，又容易增加金融市场的不稳定性和金融有效监管的难度，使这些国家面临严重的金融风险。随着资本在全球范围内谋求更大的利润空间，发达国家成功向发展中国家转移了劳动密集型产业、高能耗高污染产业，但这些国家也相应出现了程度不一的产业"空心化"问题，国内就业和经济增长面临相应的压力。近年来，发达国家之间以及发达国家内部各个地区、行业和人群之间的分配失衡、贫富悬殊问题普遍存在。

从根本上说，发达国家在经济全球化中面临的问题，是资本主导下的经济全球化的必然结果。发达国家是经济全球化的最大受益者，因此必然极力维护有利于发达国家的国际经济体系，不遗余力地主导全球经济规则的制定。同时，这些国家又功利地对待规则，合则用，不合则弃，既是全球经济规则的制定者，又是破坏者。这种单边主义的"潜规则"，既损害经济全球化健康发展，也不可避免地伤及自身。

### 2. 经济全球化对发展中国家的影响

对于广大发展中国家而言，经济全球化既带来重要的发展机遇，也带来诸多风险与挑战。特别是对于一些经济基础薄弱、经济发展滞后、经济对外依存度高的发展中国家，经济全球化带来的消极影响可能会大于积极影响，甚至存在完全被排除在经济全球化之外的可能。

一方面，经济全球化给发展中国家带来难得的发展机遇。经济全球化有利于发展中国家引进资金、技术和先进的管理经验，为充分利用国内国外两种资源、两个市场实现经济现代化提供了可能。发展中国家可以发挥自然资源禀赋优势和劳动力资源丰富优势，承接发达国家对外产业转移和服务外包，利用国外直接投资助推本国工业化、城镇化进程，提升自己的技术能力和管理水平，解决本国就业问题，扩大本国产品在国际市场的份额，提高本国人民收入水平，实现更快的经济增长。

另一方面，由于不公正不合理的国际经济秩序的存在，发展基础较薄弱的发展中国家也面临经济全球化带来的冲击和负面影响。经济全球化带来发展中国家与发达国家的贫富差距、发展鸿沟等问题。经济全球化要求各国经济相互开放，增加了发展中国家维护自身经济主权和安全的难度。盲目承接发达国家转移的劳动密集型产业、高能耗高污染产业，损害发展中国家经济可持续发展能力。特别是大量短期游资的流入，会使发展中国家面临巨大的金融风险，在金融体制尚不健全、监管能力不强的情况下容易酿成金融危机，使经济增长积累的成果丧失殆尽。

必须看到，经济全球化是全球范围内社会生产力发展的客观要求。发展中国家要顺应时代潮流，立足各自的国情条件确立可持续发展的战略政策，增强相互间务实合作，提升集体话语权，从而实现更好的发展。

### 3. 经济全球化对世界格局的影响

马克思主义认为，物质生活的生产方式制约着整个社会生活、政治生活和精神生活的过程。经济全球化的深入发展，不仅深刻影响着当代世界经济的发展，也深刻影响着当代世界政治、文化的发展。

第一，经济全球化推动世界经济秩序的变革。随着经济全球化的深入发展，新兴市场国家和发展中国家群体性崛起，在世界经济中扮演着越来越重要的角色。新兴市场国家和发展中国家经济实力的提升，必然会相应地提升其话语权和影响力，使这些国家成为改革不公正不合理的国际经济旧秩序、改变少数国家主导的国际经济政治格局的中坚力量。在这一过程中，中国经济成为世界经济发展的主要引擎。中国始终以积极的姿态活跃在国际舞台上，致力于推动经济全球化朝着更加开放、包容、普惠、平衡、共赢的方向发展，成为经济全球化的重要参与者、贡献者和引领者。习近平指出："二十年前甚至十五年前，经济全球化的主要推手是美国等西方国家，今天反而是我们被认为是世界上推动贸易和投资自由化便利化的最大旗手，积极主动同西方国家形形色色的保护主义作斗争。"①

第二，经济全球化深刻影响世界政治格局的调整。经济全球化的深入发展，使不同国家和地区结成了你中有我、我中有你，一荣俱荣、一损俱损的关系，必然要求建立反映世界多极化现实、更加强调以规则制度来协调的国际关系。资本主导下的经济全球化，虽然为世界经济发展注入了活力，但由于资本的天性是最大限度地逐利，它必然会想方设法影响各国经济政策的设计，甚至按照自己的意愿改变别的国家的政治走向。这是当代世界政治不公正不合理问题的根本原因。推动经济全球化健康发展，世界各国必须摒弃过时的零和思维，不能只追求你少我多、

---

① 《习近平著作选读》第一卷，人民出版社 2023 年版，第 436 页。

损人利己，更不能搞你输我赢、赢者通吃，而是要从命运与共的角度看问题，顺应国际格局多极化的趋势，推动国际关系民主化，推动国际政治秩序朝着更加公正更加合理的方向发展。

第三，经济全球化深刻影响当代世界文化的发展。经济全球化的深入发展，极大促进了世界各国之间的人员往来和文化交流，打破了区域性文化闭塞，扩大了不同文化的传播面，使文化多元多样多变的特征和趋势更加凸显。"物质的生产是如此，精神的生产也是如此。各民族的精神产品成了公共的财产。民族的片面性和局限性日益成为不可能，于是由许多种民族的和地方的文学形成了一种世界的文学。"① 但不能忽视的是，经济全球化也为西方强势文化渗透甚至文化侵略带来便利，对其他国家的文化安全提出严峻挑战。在各种文化交流交融交锋变得更加频繁的情况下，如何保持本国文化的独立性、增强国家文化软实力，也成为世界各国特别是发展中国家必须面对的重大课题。

### 三、当代世界经济的变局

依据历史唯物主义原理，生产力与生产关系的矛盾运动是支配经济全球化进程的根本力量，也是当代世界经济变革的根本原因。一方面，新一轮科技革命和产业变革正在加速推进经济全球化进程，各国经济呈现新的不平衡发展态势，加剧了世界经济的不稳定性不确定性；另一方面，资本主义生产关系的固有矛盾正在深刻影响经济全球化进程，以美国为代表的少数国家把经济问题政治化，肆意动用国家暴力手段打压别国企业，极力遏制新兴市场国家和发展中国家。生产力全球化发展和资本主义生产关系固有矛盾的深化相互交织、相互作用，全球和平发展问题加剧。既有的全球经济治理体系明显滞后，世界经济体系和秩序正在

---

① 《马克思恩格斯选集》第一卷，人民出版社 2012 年版，第 404 页。

经历深刻的历史性大变革、大调整。

### 1. 国际力量对比深刻调整

生产力是最具革命性的因素，它推动世界经济格局的重心实现空间转换。从历史上看，19 世纪的英国和 20 世纪的美国分别抓住两次工业革命的契机，先后占据了世界经济格局的重心位置。当今时代，新一轮科技革命和产业变革深入发展，新兴市场国家和发展中国家借此实现了经济快速增长，国际影响力不断增强，推动世界经济的重心正在加快"自西向东"位移。世界银行的统计数据显示，按现价美元（2023 年）计算，美英法德日等高收入国家的国内生产总值全球占比从 2000 年的 81.9% 下降到 2022 年的 60.9%，中俄巴西南非等中高收入国家的国内生产总值全球占比从 13.1% 上升为 30.2%，印度越南等中低收入国家的国内生产总值全球占比从 4.1% 上升至 8.1%。未来 10 年，将是世界经济新旧动能转换的关键 10 年。新一轮科技革命和产业变革，催生大量新产业、新业态、新模式，给全球发展和人类生产生活带来翻天覆地的变化，这是新兴市场国家和发展中国家谋求经济赶超的历史机遇。新兴市场国家和发展中国家群体性崛起势不可挡，必然意味着全球经济发展的版图更加全面均衡，世界经济将实现更强劲、更可持续、更有韧性的发展。

### 2. 世界经济发展不稳定性不确定性增多

在经济全球化背景下，世界经济发展之所以具有更多不稳定性不确定性，一个重要的原因就在于资本主义生产方式以及市场运行机制在全球的扩展。市场机制对生产和流通的调节具有一定的盲目性，经济运行易发生波动，资本主义再生产矛盾的累积必然引起总供给和总需求的严重失衡，并有可能引发世界范围的周期性经济危机。以华尔街为代表的金融自由化、全球化发展，使金融资本流动速度更快、规模更大、投机性更强。金融衍生产品层出不穷，规模庞大的国际"热钱"和对冲基金使金融交易与实体经济活动几乎完全脱节，对那些金融体制有缺陷、监管不力的国家来说，风险在所难免。受国际游资恶意炒作的影响，大宗商品和战略物资的价格往往大起大落，全球股票市场、外汇市场、期货市场更是变幻莫测。所有这一切都大大加剧了世界经济的动荡与不安，对各国经济管理提出了空前严峻的挑战。

此外，当今世界经济发展的不稳定性不确定性，还来自美国对现有国际经贸规则的藐视和破坏。美国是当今世界最大最发达的经济体，是现有国际经贸规则的主要发起者、设计者、倡导者，并由此获得了巨大利益。但是，美国把国际经贸规则当作自家的工具，随意歪曲现有国际经贸规则的合理性，否定其从中受益的基本事实，肆意挥舞贸易大棒，严重破坏现有国际经贸规则的正常运行，严重阻碍世界经济复苏和健康发展。

### 3. 全球经济治理体系面临深刻转变

长期以来，在全球经济治理中，发达国家掌握着主动权，主导着全球经济治理，从而形成了符合发达国家利益和愿望的不公正不合理的国际经济秩序。比如，在国际贸易领域，发达国家一方面强制要求发展中国家降低关税、打开国门施行自由贸易；另一方面对于本国的某些市场和产品加以严格保护，严重损害了发展中国家的利益。国际力量对比的历史性变化和世界经济不稳定性不确定性的增加，使得国际社会对变革全球经济治理体系的呼声越来越高。

　　国际上的事应该由大家共同商量着办，世界前途命运应该由各国共同掌握，不能把一个或几个国家制定的规则强加于人，也不能由个别国家的单边主义给整个世界"带节奏"。世界要公道，不要霸道。

——习近平

尽管从总体上看，发达国家仍然主导着全球经济治理体系，但不断加重的全球经济治理赤字事实上削弱了其对世界经济运行的控制力，发达国家垄断国际经济事务的旧局面越来越难以为继，广大发展中国家普遍期望获得更多发展资源和空间，要求在全球经济治理中享有更多代表性和发言权。以二十国集团首脑峰会为标志，新兴市场国家和发展中国家的国际地位和话语权不断提升，全球经济治理体系显示出更加公正、合理、平衡的发展方向。

# 第二节  引领经济全球化健康发展

当前，经济全球化正处在十字路口，前进还是倒退是各国面临的严峻挑战。只有引领经济全球化健康发展，才能解决国际金融危机背后的深层次矛盾，积极应对世界经济面临的各种问题与挑战。要顺应和平发展、合作共赢的历史潮流，维护多边主义、加强沟通协作，开辟经济全球化新路径。

## 一、推动共同发展、合作共赢的经济全球化

发达国家主导的经济全球化，本质上是放任资本逐利、导致两极分化的经济全球化。国际金融危机就是金融资本任性逐利带来的严重苦果。推动共同发展、合作共赢的经济全球化，是引领世界经济走出困境的唯一出路。

### 1. 建设开放型世界经济

人类社会发展的历史证明，开放带来进步，封闭必然落后。当今世界，经济全球化处于深刻变化之中，各国经济加速融合。各国只有打开

国门搞建设，实行更加积极主动的开放战略，才能获得推动发展所必需的资金、技术、资源、市场、人才乃至机遇，不断为经济发展注入新动力、增添新活力、拓展新空间。在经济全球化时代，开放融通是不可阻挡的历史趋势，人为"筑墙""脱钩"，违背经济规律和市场规则，损人不利己。推进互联互通、加快融合发展成为促进共同繁荣发展的必然选择，那种企图重回以邻为壑的老路，搞贸易保护主义、画地为牢的做法，不仅无法摆脱自身危机和衰退，而且会收窄世界经济的发展空间。

> 经济全球化是客观现实和历史潮流。面对经济全球化大势，像鸵鸟一样把头埋在沙里假装视而不见，或像堂吉诃德一样挥舞长矛加以抵制，都违背了历史规律。世界退不回彼此封闭孤立的状态，更不可能被人为割裂。
>
> ——习近平

建设开放型世界经济，世界各国需要大力推动规则、规制、管理、标准等制度型开放，建设基于规则的多边协作体系，不搞歧视性和排他性的标准、规则、体系，不搞割裂贸易、投资、技术的高墙壁垒。需要放宽市场准入，创造更有吸引力的投资环境，加强知识产权保护，主动扩大进口；积极参与双边、多边和区域合作，支持开放、透明、包容、非歧视性的多边贸易体制和投资机制建设；实施贸易和投资自由化便利化政策，扩大服务业对外开放，探索建设全球性自由贸易区网络等。在这个过程中，新兴市场国家和发展中国家要加强沟通合作、弥合分歧，以更团结的群体力量推动构建创新包容的开放型世界经济。

## 2. 建设创新型世界经济

当代世界科学技术发展日新月异，以数字化、网络化、智能化为特征的新一轮科技革命和产业变革深入发展，大数据、区块链、物联网、人工智能等新产业、新技术、新业态层出不穷。全球绝大多数工商业同互联网密切相关，世界经济正在向数字化转型。人工智能、虚拟现实等新技术的出现，实体经济与数字经济的结合，给人们的生产方式和生活方式带来革命性变化。

变革创新是推动经济发展的不竭动力。谁排斥变革，谁拒绝创新，谁就会落后于时代，谁就会被历史淘汰。创新是促进科技发展的必由之路，也是从根本上打开增长之锁的钥匙。在世界经济增长动力不足的情况下，新旧动能转换已成为世界经济复苏繁荣的关键，这个动能首先来自科技产业创新。抓住新一轮科技革命和产业变革的历史机遇，大力发展数字经济，在人工智能、生物医药、现代能源等领域加强国际交流与合作，以使科技创新成果转化为更高效的生产力，更好造福世界人民。实践表明，那些为一己之私垄断高科技发展，封锁打压后发国家科技创新的霸权行径，背离了社会生产力发展的客观规律和经济全球化的时代潮流，注定走向彻底失败的宿命。建设创新型世界经济，需要各国合力推动，把握新一轮科技革命和产业变革的历史机遇，在数字经济和新工业革命领域加强国际合作、实现共同发展，在充分放大其正面效应的同时，把可能出现的负面影响降到最低，激发世界经济中长期增长潜力，让处于不同发展阶段的各国人民都搭上创新发展的快车。

### 3. 建设联动型世界经济

联动发展是对互利共赢理念的最好诠释。在经济全球化时代，国际分工不断深化，各国发展环环相扣，没有哪一个国家可以独善其身，协同合作是必然选择。特别是新一轮科技革命和产业变革的深入发展，有力推动了全球产业链供应链的延展和优化，各国经济发展的协同效应显著增强。推动各国经济联动发展，一国在拓展自身发展空间的同时也为他国提供了发展动力，这既是遵循社会化大生产规律的必然选择，也是构建人类命运共同体的实践方案。

建设联动型世界经济，一是加强政策规则的联动，一方面通过宏观经济政策协调放大正面外溢效应，减少负面外部影响；另一方面倡导交流互鉴，解决制度、政策、标准不对称问题。二是夯实基础设施的联动，加大对基础设施项目的资金投入和智力支持，加速全球基础设施互联互通进程。三是增进利益共赢的联动，推动构建和优化全球价值链，扩大各方参与，打造全球增长共赢链。只有加强各国之间的合作和协调，及时互通信息和资源，优势互补，联动发展，才能使世界经济真正走出困局。

### 4. 建设包容型世界经济

发达国家主导的经济全球化，往往通过牺牲一部分国家的利益来换取本国经济的发展。推动经济全球化，不能再走这样的老路，而应实现世界各国包容发展、合作共赢。全球范围内贫富悬殊问题严重，对很多家庭而言，拥有温暖住房、充足食物、稳定工作还是一种奢望。这反映出经济全球化进程中各国、各社会阶层发展的极度不平衡，也是一些国家社会动荡的重要原因。此外，技术进步对就业的挑战日益突出，如何处理好公平和效率、资本和劳动、技术和就业的矛盾，使经济全球化更具包容性，也是当今世界面临的重大课题。

推动经济全球化，既要让世界各国成为经济全球化的受益者，也要让增长和发展惠及世界各国人民特别是发展中国家的人民。建设包容型世界经济，关键是要为发展中国家提供必要支持，保障发展中国家正当发展权益，促进权利平等、机会平等、规则平等，合理减免其国际债务负担，通过国际金融机构帮助这些国家建设基础设施、基础产业等。作为世界上最大的发展中国家，中国以行动践行自己的承诺，通过加大对其他发展中国家特别是最不发达国家的援助力度，有效促进了南北发展分化问题的解决，以实际行动推动经济全球化造福世界各国人民。

## 二、开辟经济全球化新路径

经济全球化健康发展符合全人类共同利益。推动经济全球化健康发展，应该是世界的事由世界各国商量着办，各国共同参与、共享经济全球化成果，实现共同发展。随着世界经济重心逐渐东移，新兴市场国家和发展中国家日益成为经济全球化健康发展的引领力量。

### 1. 国家间经济合作的新模式

经济全球化是时代潮流，世界各国人民都可以从这一进程中受益。在经济全球化面临挑战的形势下，中国提出共建"一带一路"倡议，为创新国际经济合作方式提供了根植历史、面向未来的宏大构想，勾勒了国家间合作发展的新模式，展现了中国的全球视野、世界胸怀和大国担当。

> "一带一路"是大家携手前进的阳光大道，不是某一方的私家小路。所有感兴趣的国家都可以加入进来，共同参与、共同合作、共同受益。共建"一带一路"追求的是发展，崇尚的是共赢，传递的是希望。
>
> ——习近平

"一带一路"倡议契合各国求发展、谋合作的共同愿望，秉持共商共建共享的基本原则，与各国发展战略有效对接，以联动发展实现优势互补、合作共赢。共建"一带一路"倡议不是地缘政治工具，中国不搞新版"马歇尔计划"，不会重复西方大国地缘博弈的老套路，更不会对沿线各国设置各类陷阱。坚持共商原则，兼顾各方利益和关切，集思广益，充分吸收各方智慧和创意；坚持共建原则，各施所长、各尽所能，把各方优势和潜能充分发挥出来，持之以恒加以推进；坚持共享原则，让建设成果更多更公平惠及各国人民，打造利益共同体和命运共同体。

共建"一带一路"高质量发展是一个系统工程，需要大力推动沿线各国政策沟通、设施联通、贸易畅通、资金融通和民心相通。其一，深化各国间政策沟通，增进各方政治互信和战略对接；其二，推动各方基础设施无障碍对接，使四通八达的通道连接四面八方；其三，不搞贸易壁垒，促进商品和服务贸易畅通；其四，不设资金融通限制，健全多元化投融资体系；其五，加强文化交流合作，增进各国人民之间的思想和心灵沟通。

"一带一路"倡议吸引了越来越多的国家参与其中，获得国际社会的广泛认同。截至 2023 年 6 月底，中国已经同 152 个国家和 32 个国际组织签署 200 余份共建"一带一路"合作文件。世界银行有关报告认为，到 2030 年，"一带一路"有望帮助全球 760 万人摆脱极端贫困、3200 万人摆脱中度贫困。

事实已经证明并将继续证明，"一带一路"为经济全球化健康发展开辟了合规律、合潮流的新路径。只要参与各方秉持和遵循共商共建共享原则，就一定能增进合作、化解分歧，增强沿线各国发展战略和互联互通规划的对接，加强政策、规则、标准融通，不断深化基础设施建设、产业、经贸、科技创新、公共卫生、人文和教育等领域务实合作，把"一带一路"打造成为顺应经济全球化潮流的合作之路、增长之路、减贫之路、健康之路、绿色之路，更好造福沿线各国人民，为推动世界共同发展、构建人类命运共同体作出积极贡献。

## 2. 金融合作和投资方式的创新

金融是现代经济的血液。血脉通，增长才有力。产能合作是经济全球化的抓手，也是各国提升经济竞争力的必然要求。金融合作是产能合作的先导，金融创新及投资方式的变革，是开辟全球产能合作新路径的重要一环，同时有助于化解美元霸权对世界经济的影响，推动形成更合理的国际货币金融体系。

世界进入百年未有之大变局，以美元为中心的国际金融体系日益暴露出脱实向虚、结构断裂、霸权掠夺的重大缺陷。中国展现大国担当，积极推进全球金融基础设施建设，创新国际金融合作方式，倡导构建以多边主义为基础的新型国际金融合作框架。2015 年，亚洲基础设施投资银行（简称亚投行）正式成立，通过多渠道动员各种资源投入基础设施建设领域，有力推动了区域互联互通和经济一体化进程。截至 2022 年底，亚投行董事会共批准 202 个项目，总金额接近 389 亿美元，撬动总投资约 1 千亿美元，惠及交通、能源、城市发展、水资源等基础设施建设，以及公共卫生与教育领域的社会基础发展。除亚投行外，中国还牵头成立金砖国家新开发银行、丝路基金、中国—中东欧金融控股公司等新型金融机构，它们与世界银行等多边金融机构各有侧重、互为补充，形成层次清晰、初具规模的新型国家金融合作网络。在结算方式上，中国对上海合作组织、金砖国家开放本币结算，与多国签订货币互换协议，积极扩大人民币交易结算和融资范围，有序推动了人民币的国际化进程。

同时，中国着力创新对外投资方式，推动投资自由化便利化，促进国际产能合作，深化区域经济一体化，巩固供应链、产业链、数据链、人才链，形成面向全球的贸易、投融资、生产、服务网络。中国为发展中国家提供优质和环境友好的产能和先进技术装备，帮助有关伙伴国家优化产业布局、提高工业化水平；深化互联互通伙伴关系建设，帮助这些国家完善基础设施网络，畅通经济运行的血脉和经络，共同确定一批能够提升区域整体合作水平的互联互通项目。中国不断深化与发达国家在能源、基础设施建设、交通物流、通信、航天等领域的合作，努力提高双边合作含金量。

## 3. 推动全球经济治理体系变革

当前国际力量对比发生深刻变化，新兴市场国家和发展中国家成为全球经济发展的主要引擎，国际影响力不断增强，但全球经济治理体系建设明显滞后，未能反映国际经济力量新格局，难以适应世界经济的新变化。全球产业布局在不断调整，新的产业链、价值链、供应链逐渐形成，而贸易和投资规则未能跟上新形势，机制封闭化、规则碎片化问题十分突出。全球金融市场需要增强抗风险能力，采取切实有力的措施优化世界货币体系，而全球金融治理机制未能适应新需求，难以有效解决国际金融市场频繁动荡、资产泡沫积聚等问题。这些都说明，全球经济治理体系变革势在必行。

中国积极参与全球经济治理体系建设，提出一系列新主张、新倡议和新行动方案，努力为完善全球经济治理体系贡献中国智慧，不断提升中国在全球经济治理体系变革中的制度性话语权。中国提出，全球经济治理需要与时俱进、因时而变，以平等为基础，更好反映世界经济格局新现实，增加新兴市场国家和发展中国家的代表性和发言权，确保各国在国际经济合作中权利平等、机会平等、规则平等；以开放为导向，坚持理念、政策、机制开放，不搞排他性安排，防止治理机制封闭化和规则碎片化；以合作为动力，各国共商规则，共建机制，共迎挑战；以共享为目标，提倡所有人参与、所有人受益，不搞一家独大或者赢者通吃，而是寻求利益共享，实现共赢目标。

推动全球治理体系变革，需要秉持人类命运共同体理念，共同应对经济全球化带来的挑战，直面贫富差距、发展鸿沟等重大问题，坚定不移构建开放型世界经济；拓展世界各国各地区的互利互惠合作；维护以世界贸易组织为核心、以规则为基础的透明、非歧视、开放、包容的多边贸易体制；促进自由贸易，旗帜鲜明反对单边主义、保护主义；维护全球产业链、供应链安全畅通运转，改革国际金融体系，筑牢全球金融安全网；推动形成更加包容的全球治理、更加有效的多边机制、更加积极的区域合作，使发展既平衡又充分，发展成果公平惠及不同国家不同阶层不同人群，共同创造人类更加美好的未来。

# 第三节　中国成为世界经济发展的主要引擎

　　一个经济运行更稳定、增长质量更高、增长前景更可持续的中国，对世界经济发展是长期利好。当今的中国，已经进入新发展阶段，开启了全面建设社会主义现代化国家的新征程。在这个新阶段，中国坚持以新发展理念为统领，着力构建新发展格局，稳步推进经济高质量发展。面对世界百年未有之大变局，时与势在中国这边，中国有能力把握新机遇、迎接新挑战，实现经济行稳致远、社会安定和谐，持续为世界经济复苏和发展提供强大动力，与世界各国人民一道共同推动经济全球化健康发展。

## 一、中国经济成就及对世界经济的贡献

　　在经济全球化时代，国际社会日益成为一个联系紧密的命运共同体，中国的发展越来越成为世界发展的重要推动力量。170多年前，马克思、恩格斯曾预言浴火重生的中国将带来"整个亚洲新纪元的曙光"[①]。今天，时间不断证明这两位伟人预测的前瞻性，蓬勃发展的中国经济越来越成为复苏乏力的世界经济格局中的"一缕曙光"。

### 1. 中国经济成就举世瞩目

　　改革开放以来，中国始终坚持以经济建设为中心，综合国力大幅提升，用几十年时间走完了发达国家几百年走过的发展历程，创造了经济快速发展和社会长期稳定的奇迹。1979年至2012年，中国经济保持了年均9%以上的增长速度，远远超过同期世界经济年均增速2%左右的水平；中国经济总量从世界第十跃升至第二，成功实现从低收入国家向上

---

① 《马克思恩格斯选集》第一卷，人民出版社2012年版，第800页。

中等收入国家的跨越；中国经济的快速增长，不但刷新了日本、韩国等国家和地区在经济起飞阶段创下的纪录，而且对世界经济发展起到了空前巨大的推动作用。

党的十八大以来，中国大力推进全面深化改革战略，力度之大前所未有，重要领域和关键环节改革取得突破性进展，主要领域改革主体框架基本确立，为经济社会发展增强了动力；发展质量和效益不断提升，经济平稳健康发展；经济结构不断优化，服务业比重持续上升，消费对经济增长的贡献率明显增大，高技术产业增加值占规模以上工业增加值比重明显增长。从党的十八大至党的二十大，我国国内生产总值从 54 万亿元增长到 114 万亿元，我国经济总量占世界经济的比重达 18.5%，提高 7.2 个百分点，稳居世界第二位；人均国内生产总值从 39 800 元增加到 81 000 元，居民人均可支配收入从 16 500 元增加到 35 100 元。谷物总产量稳居世界首位，14 亿多人的粮食安全、能源安全得到有效保障。城镇化率提高 11.6 个百分点，达到 64.7%。制造业规模、外汇储备稳居世界第一。建成世界最大的高速铁路网、高速公路网，机场港口、水利、能源、信息等基础设施建设取得重大成就。基础研究和原始创新不断加强，一些关键核心技术实现突破，战略性新兴产业发展壮大，进入创新型国家行列。中国打赢了人类历史上规模最大的脱贫攻坚战，近一亿农村贫困人口全部脱贫，历史性地解决了绝对贫困问题，为全球减贫事业作出了重大贡献（见图 1-1）。人民生活水平显著提高，高等教育进入普及化阶段，中国已经建成世界上规模最大的社会保障体系，基本医疗保险覆盖超过 13 亿人，基本养老保险覆盖超过 10 亿人。这些历史性成就极大增强了中国的综合国力和国际影响力，极大增强了人民的获得感、幸福感、安全感。

中国经济发展的巨大成就，是在顺应经济全球化的潮流中，主要依靠中国人民自力更生、艰苦奋斗和坚持改革开放取得的。特别重要的是，中国经济发展的成功离不开中国特色社会主义制度优势的强大支撑。这

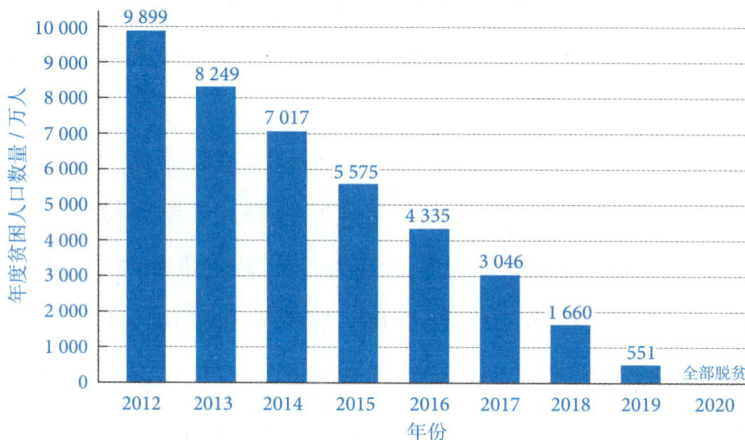

图 1-1　脱贫攻坚战以来中国农村贫困人口变化情况 [1]

包括：坚持党对经济工作的集中统一领导，总揽经济发展全局、协调经济建设各个方面；坚持以人民为中心，激发人民群众的创造性，依靠人民创造历史伟业；坚持深化改革开放，推进国家治理体系和治理能力现代化，持续增强发展动力和活力；坚持全国一盘棋，调动各方面积极性，集中力量办大事；坚持公有制为主体、多种所有制经济共同发展和按劳分配为主体、多种分配方式并存，把社会主义制度和市场经济有机结合起来，充分发挥市场在资源配置中的决定性作用，更好发挥政府作用；坚持走共同富裕的道路，切实保障和改善民生、增进人民福祉；坚持系统观念，统筹国内国际两个大局，实现发展质量、结构、规模、速度、效益、安全相统一；等等。

### 2. 中国经济发展对世界经济的贡献

习近平指出："融入世界经济是历史大方向，中国经济要发展，就要敢于到世界市场的汪洋大海中去游泳，如果永远不敢到大海中去经风雨、

---

[1]　中华人民共和国国务院新闻办公室：《人类减贫的中国实践》，人民出版社 2021 年版，第 14 页。

见世面，总有一天会在大海中溺水而亡。所以，中国勇敢迈向了世界市场。在这个过程中，我们呛过水，遇到过漩涡，遇到过风浪，但我们在游泳中学会了游泳。这是正确的战略抉择。"[①] 正是因为坚持这一正确的战略抉择，中国经济不仅实现了自身的中高速稳定增长，同时为世界经济增长作出了积极贡献。当代中国已经从国际经济体系的参与者转变为公共产品的提供者和世界经济发展的主要引擎。

与世界深度互动的中国，在实现自身经济发展的同时，也为全球经济增长带来更多机遇，与世界各国各地区共同开辟世界经济发展的新航程。今天的中国已经成为140多个国家和地区的主要贸易伙伴，货物贸易总额居世界第一，吸引外资和对外投资居世界前列。通过构建更大范围、更宽领域、更深层次的对外开放格局，中国在2013—2021年对世界经济增长的平均贡献率为38.6%，超过七国集团国家贡献率的总和，位居世界第一。作为世界第二大经济体，中国经济的稳健增长已成为世界经济的"定盘星"和"压舱石"。特别是中国在成为世界制造大国的过程中，不仅给包括发达国家在内的世界市场提供大量商品，为许多国家提高人民生活水平作出了重要贡献，而且通过全球采购，拉动了许多发展中国家的产业发展、就业增长和经济发展。

### 3. 新发展阶段中国经济发展的宏伟目标

党的十九大确立了社会主义现代化建设的阶段性战略安排，到2035年基本实现社会主义现代化，到本世纪中叶把我国建成富强民主文明和谐美丽的社会主义现代化强国。到2035年，我国发展的总体目标是：经济实力、科技实力、综合国力大幅跃升，人均国内生产总值迈上新的大台阶，达到中等发达国家水平；实现高水平科技自立自强，进入创新型国家前列；建成现代化经济体系，形成新发展格局，基本实现新型工业

---

① 《习近平著作选读》第一卷，人民出版社2023年版，第555页。

化、信息化、城镇化、农业现代化；基本实现国家治理体系和治理能力现代化，全过程人民民主制度更加健全，基本建成法治国家、法治政府、法治社会；建成教育强国、科技强国、人才强国、文化强国、体育强国、健康中国，国家文化软实力显著增强；人民生活更加幸福美好，居民人均可支配收入再上新台阶，中等收入群体比重明显提高，基本公共服务实现均等化，农村基本具备现代生活条件，社会保持长期稳定，人的全面发展、全体人民共同富裕取得更为明显的实质性进展；广泛形成绿色生产生活方式，碳排放达峰后稳中有降，生态环境根本好转，美丽中国目标基本实现；国家安全体系和能力全面加强，基本实现国防和军队现代化。

## 二、以新发展理念引领高质量发展

我国改革发展稳定面临不少深层次矛盾，以新发展理念为指引推动高质量发展，是全面建设社会主义现代化国家的首要任务，是促进全体人民共同富裕的逻辑前提，是以人民为中心的发展思想的实践指向。

### 1. 新发展理念是新时代推进现代化建设的指导原则

新发展理念是习近平经济思想的主要内容，回答了关于发展的目的、动力、方式、路径等一系列理论和实践问题，阐明了中国共产党关于发展的政治立场、价值导向、发展模式、发展道路等重大政治问题。新发展理念对发展内涵作了具有新的时代特点的全方位拓展，是管全局、管根本、管长远的导向，指明了当前和今后一个时期我国的发展思路、发展方向和发展着力点。

新发展理念始终坚持问题导向，旨在解决不平衡不充分发展的诸多问题，推动我国经济实现高质量发展。创新发展注重的是解决发展动力问题，协调发展注重的是解决发展不平衡问题，绿色发展注重的是解决人与自然和谐问题，开放发展注重的是解决发展内外联动问题，共享发展注重的是解决社会公平正义问题。

创新是引领发展的第一动力。发展动力决定发展速度、效能、可持续性。对中国这么大体量的经济体来讲，如果动力问题解决不好，要实现经济高质量发展是难以做到的。抓住了创新，就抓住了牵动经济社会发展全局的"牛鼻子"。树立创新发展理念，必须坚持创新在现代化建设全局中的核心地位，让创新贯穿党和国家一切工作，把发展基点放在创新上，通过创新培育发展新动力，把创新发展主动权牢牢掌握在自己手中。

协调是持续健康发展的内在要求。我国发展不协调是一个长期存在的问题，突出表现在区域、城乡、经济和社会、物质文明和精神文明、经济建设和国防建设等关系上。随着我国经济从高速增长转向高质量发展，不平衡发展的"木桶效应"愈加显现，结构性经济失衡成为制约高质量发展的显性因素。树立协调发展理念，必须牢牢把握中国特色社会主义事业总体布局，正确处理发展中的重大关系，重点推动区域协调发展、城乡协调发展、物质文明与精神文明协调发展，推动经济建设和国防建设融合发展，不断增强发展整体性协调性。

绿色是永续发展的必要条件。人与自然是一种共生关系，人类发展活动必须尊重自然、顺应自然、保护自然。当前，我国生态环境保护形势依然十分严峻，人民群众对清新空气、干净饮水、安全食品、优美环境的要求越来越强烈。树立绿色发展理念，必须坚持节约资源和保护环境的基本国策，坚持可持续发展，坚定走生产发展、生活富裕、生态良好的文明发展道路，促进经济社会发展全面绿色转型，加快建设资源节约型、环境友好型社会，形成人与自然和谐发展现代化建设新格局，推进美丽中国建设，为全球生态安全作出新贡献。

开放是国家繁荣发展的必由之路。开放带来进步，封闭必然落后。对外开放是中国的基本国策。今天，我国面临的国际国内形势与以往有很大不同，国际经济合作和竞争局面正在发生深刻变化，全球经济治理体系和规则正在面临重大调整，引进来、走出去在深度、广度、节奏上都是过去不可比拟的，应对外部经济风险、维护国家经济安全的压力也是过去不能比拟的。树立开放发展理念，要顺应和引领经济全球化潮流，构建开放型经济新体制，提高对外开放的质量和发展的内外联动性，发展更高层次的开放型经济，积极参与全球经济治理和公共产品供给，提高我国在全球经济治理中的制度性话语权，重塑我国参与国际竞争合作的新优势。

共享是中国特色社会主义的本质要求。让广大人民群众共享改革发展成果，是社会主义的本质要求，是社会主义制度优越性的集中体现，是中国共产党坚持全心全意为人民服务根本宗旨的重要体现。只有解决好共享问题，才能充分调动全体人民的积极性、主动性、创造性，国家发展才真正具有了最深厚的伟力。树立共享发展理念，必须坚持发展为了人民、发展依靠人民、发展成果由人民共享，作出更有效的制度安排，坚持全民共享、全面共享、共建共享、渐进共享，使全体人民有更多获得感、幸福感、安全感，朝着共同富裕方向稳步前进。

创新、协调、绿色、开放、共享的新发展理念，相互贯通、相互促进，是具有内在联系的集合体，不能顾此失彼，也不能相互替代，哪一个发展理念贯彻不到位，发展进程都会受到影响，必须从整体上、内在联系中把握，不断提高贯彻的能力和水平。完整、准确、全面贯彻新发展理念，必须坚持系统观念，统筹国内国际两个大局，统筹"五位一体"总体布局和"四个全面"战略布局，加强前瞻性思考、全局性谋划、战略性布局、整体性推进，既保持战略定力又善于积极应变，既集中精力办好自己的事，又积极参与全球治理、为国内发展创造良好环境。

安全发展贯穿于国家发展各领域和全过程，如果安全基础不牢，发展的大厦就会地动山摇。面对世界百年未有之大变局，我国发展面临的内外部风险十分严峻，这必然要求以忧患意识把握新发展理念，坚持底线思维，牢牢守住安全发展的底线。在实践中，需要坚持政治安全、人民安全、国家利益至上的有机统一，防止宏观经济大起大落，防止资本市场外资大进大出；确保粮食、能源、重要资源的供给安全，确保产业链供应链稳定安全；防止资本无序扩张、野蛮生长，防止大规模失业风险；确保生态环境安全，加强公共卫生安全。

## 2. 以推动高质量发展为主题

党的十八大后，我国经济发展进入新常态，正在向形态更高级、分工更优化、结构更合理的高质量发展阶段演进。高质量发展，集中体现了质的有效提升和量的合理增长，是能够很好满足人民日益增长的美好生活需要的发展，是创新成为第一动力、协调成为内生特点、绿色成为普遍形态、开放成为必由之路、共享成为根本目的的发展。

第一，推动高质量发展是保持经济持续健康发展的必然要求。过去，粗放型经济发展方式在我国发挥了很大作用，加快了经济发展步伐，但现在再按照过去那种粗放型经济发展方式来做，不仅国内条件不支持，国际条件也不支持，是不可持续的。我国正处于转变经济发展方式的关键阶段，劳动力成本上升，资源环境约束增大，粗放型经济发展方式难以为继，经济循环不畅问题十分突出。同时，新一轮科技革命和产业变革正在深入发展、多点突破。中国必须推动高质量发展，以适应科技新变化、人民新需要，形成优质高效多样化的供给体系，提供更多优质产品和服务。这样，供求才能在新的水平上实现均衡，中国经济才能持续健康发展。

第二，推动高质量发展是适应中国社会主要矛盾变化的必然要求。进入新时代，我国社会主要矛盾发生了重大变化，经济发展阶段也在发生历史性变化，不平衡不充分的发展就是发展质量不高的表现。要重视量的增长，更要重视解决质的问题，在质的大幅提升中实现量的有效增长。解决我国社会主要矛盾，必须推动高质量发展，实现产业体系更加完整，生产组织方式网络化、智能化，创新力、需求捕捉力、品牌影响力、核心竞争力不断增强，产品和服务质量不断提高，更好地满足人民群众个性化、多样化、不断升级的需求。

第三，推动高质量发展是遵循经济发展规律的必然要求。有关研究表明，20 世纪 60 年代以来，全球 100 多个中等收入经济体中只有十几个成为高收入经济体。那些取得成功的国家和地区，就是在经历高速增长阶段后实现了经济发展从量的扩张转向质的提高。那些徘徊不前甚至倒退的国家和地区，就是没有实现这种根本性转变。经济发展是一个螺旋式上升的过程，量积累到一定阶段，必须转向质的提升。我国经济发展也需遵循这一规律，通过高质量发展，实现生产、分配、流通、消费循环通畅，国民经济重大比例关系和空间布局比较合理，经济发展比较平稳，不出现大的起落，逐步进入高收入经济体行列。

在我国这样一个经济和人口规模巨大的发展中国家，高速增长阶段转向高质量发展阶段并不容易，不可能一夜之间就实现。一方面，必须跨越非常规的阶段性关口，在取得脱贫攻坚战全面胜利的基础上，要继续打好防范化解重大风险和污染防治的攻坚战。另一方面，必须跨越常规的长期性关口，大力转变发展方式、优化经济结构、转换增长动力，增强国家治理能力。

### 3. 深化供给侧结构性改革

推进供给侧结构性改革，是实现我国经济高质量发展的必然要求，是培育增长新动力、形成先发新优势、实现创新引领发展的主动选择，是当前和今后一个时期我国经济发展和经济工作的主线。

供给侧管理和需求侧管理是调控宏观经济的两个基本手段。需求侧管理重在解决总量性问题，供给侧管理重在解决结构性问题。纵观世界经济发展史，经济政策是以供给侧为重点还是以需求侧为重点，要依据一国宏观经济形势作出抉择。放弃需求侧谈供给侧或放弃供给侧谈需求侧都是片面的，二者不是非此即彼、一去一存的替代关系，而是要相互配合、协调推进。

　　实现高质量发展，我们面临周期性、总量性因素的制约，但结构性失衡的问题最突出，矛盾的主要方面在供给侧的结构上。要实现供给和需求的高水平平衡，就必须大力推动经济结构的调整优化，加快转换经济增长动力，最终实现经济发展方式的转变。如果只是简单采取扩大需求的办法，不仅不能解决结构性失衡，反而会加剧产能过剩、抬高杠杆率和企业成本，加剧这种失衡。供给侧结构性改革，重点是解放和发展社会生产力，用改革的办法推进结构调整，减少无效和低端供给，扩大有效和中高端供给，增强供给结构对需求变化的适应性和灵活性。

　　供给侧结构性改革，不是西方供给学派的翻版，而是对马克思主义政治经济学原理的科学运用。西方供给学派强调供给会自动创造需求，主张通过减税刺激储蓄和投资从而扩大供给规模，其实质是以牺牲雇佣劳动者利益为代价重建资本积累的有利条件。我国的供给侧结构性改革，既强调供给又关注需求，既突出发展社会生产力又注重完善生产关系，既发挥市场在资源配置中的决定性作用又更好发挥政府作用，既着眼当前又立足长远，其根本是使我国供给能力更好满足广大人民日益增长、不断升级和个性化的物质文化和生态环境需要，从而实现社会主义生产目的。深化供给侧结构性改革，总的要求是"巩固、增强、提升、畅通"八字方针。要巩固去产能、去库存、去杠杆、降成本、补短板成果，增强微观主体活力，提升产业链水平，畅通国民经济循环。

　　从生产端发力优化供给结构，不可能一蹴而就，这必定是一个从局部到整体、从量变到质变的动态调整过程。在这个过程中，供给和需求保持大体稳定的总量平衡，是顺利推进供给侧结构性改革的必要条件。放弃需求侧的总量稳定谈供给侧的结构调整，这在理论上是片面的，在实践中更是危险的，有可能造成宏观经济剧烈震荡，威胁社会经济的稳定局面。绝不能把供给侧结构性改革和稳健的总需求管理对立起来。面对周期性因素和结构性因素叠加、短期问题和长期问题交织、外部冲击和疫情冲击碰头等多重影响，总需求不足凸显为我国经济运行面临的突出矛盾。因此，必须以满足国内需求为基本立足点，发挥好宏观政策的逆周期调节作用，依托超大规模市场优势，坚定实施扩大内需战略，保证国内总需求的稳定增长，确保经济运行在合理区间，把实施扩大内需战略同深化供给侧结构性改革有机结合起来，逐步形成需求牵引供给、供给创造需求的更高水平动态平衡。

### 4. 建设现代化经济体系

实现经济高质量发展，必须跨越转变发展方式、优化经济结构、转换增长动力的关口。建设现代化经济体系，是跨越关口的迫切要求和我国发展的战略目标，是中国特色社会主义经济发展规律的必然要求。只有建成现代化经济体系，才能更好顺应现代化发展潮流，赢得国际竞争主动，为其他领域现代化提供有力支撑，为不断满足人民对美好生活的需要打下坚实而强大的物质基础。

现代化经济体系，是由社会经济活动各个环节、各个层面、各个领域的相互关系和内在联系构成的有机整体。中国建设现代化经济体系，不能复制发达国家的资本主义现代化经济体系。我们要坚持社会主义现代化发展的根本方向，充分体现社会主义市场经济的特点和优势。建设符合中国国情、具有中国特色的社会主义现代化经济体系，包括创新引领、协同发展的产业体系，统一开放、竞争有序的市场体系，体现效率、促进公平的收入分配体系，彰显优势、协调联动的城乡区域发展体系，资源节约、环境友好的绿色发展体系，多元平衡、安全高效的全面开放体系，充分发挥市场作用、更好发挥政府作用的经济体制。

建设现代化经济体系，要推动实体经济、科技创新、现代金融、人力资源协同发展，使科技创新在实体经济发展中的贡献份额不断提高，现代金融服务实体经济的能力不断增强，人力资源支撑实体经济发展的作用不断优化；要促进市场准入畅通、市场开放有序、市场竞争充分、市场秩序规范，加快形成企业自主经营公平竞争、消费者自由选择自主消费、商品和要素自由流动平等交换的现代市场体系；要实现收入分配合理、社会公平正义、全体人民共同富裕，推进基本公共服务均等化，逐步缩小收入分配差距；要推动区域良性互动、城乡融合发展、陆海统筹整体优化，培育和发挥区域比较优势，加强区域优势互补，塑造区域协调发展新格局；要推动绿色循环低碳发展、人与自然和谐共生，牢固树立和践行绿水青山就是金山银山的理念，形成人与自然和谐发展现代化建设新格局；要发展更高层次开放型经济，推动开放朝着优化结构、拓展深度、提高效益方向转变；要深化经济体制改革，坚决破除各方面体制机制弊端，完善现代化经济体系的制度保障。

### 三、加快构建新发展格局

进入新发展阶段，无论是国内发展的要素禀赋，还是世界经济的外部环境，都发生了重大的历史性变化，市场和资源两头在外的国际大循环动能明显减弱，而国内大循环的活力则随着内需潜力的不断释放日益强劲，客观上二者有着此消彼长的态势。党中央从统筹中华民族伟大复兴战略全局和世界百年未有之大变局出发，提出构建以国内大循环为主体、国内国际双循环相互促进的新发展格局。这是在危机中育先机、于变局中开新局，与时俱进重塑我国国际经济合作和竞争新优势的战略抉择。

构建新发展格局，是对经济发展客观规律的科学认识，是把握发展主动权的先手棋。回顾历史可以发现，大国经济的共同特征是内需为主导、内部可循环，国内供给和国内需求对经济循环起到主要的支撑作用。作为一个人口众多和超大市场规模的社会主义国家，中国迈向现代化必将改变世界现代化发展格局，必然要承受其他国家都不曾遇到的各种压力和严峻挑战，只有实现内部可循环才能把发展主导权牢牢掌握在自己手中。改革开放以来，我们遭遇过很多外部风险冲击，最终都能化险为夷，靠的就是办好自己的事、把发展立足点放在国内。特别是在当前国际形势不稳定性不确定性加剧的背景下，"堵点""断点"和"卡脖子"问题造成供求脱节，严重阻碍了社会再生产的循环畅通。如果没有强大的国内经济循环体系和稳固的基本盘，我们就无法有效化解外部冲击和外需下降带来的消极影响，难以保证发展的安全性稳定性，更难以形成强大的国际竞争力和驾驭全球资源配置的能力。立足国内、依托国内大市场优势，充分挖掘内需潜力，是在极端情况下保证我国经济基本正常运行和社会大局总体稳定的关键。

推动形成国内大循环的主体地位，绝不是要退回到封闭的孤岛，绝不是关起门来搞国内循环，而是要站在历史正确的一边，顺应经济全球化的历史潮流，坚定不移全面扩大开放，推动建设开放型世界经济。在经济全球化大背景下，中国早已同世界经济和国际体系深度融合，同全球很多国家的产业关联和相互依赖程度都比较高，我们的内外需市场相互依存、相互促进。构建新发展格局，要更好地利用国内国际两个市场、两种资源，使国内市场和国际市场更好联通，以国内大循环吸引全球资源要素，提高我国在全球配置资源的能力，增强我国在全球产业链供应链创新链中的影响力，更好争取开放发展中的战略主动。

> 我们只有立足自身，把国内大循环畅通起来，努力炼就百毒不侵、金刚不坏之身，才能任由国际风云变幻，始终充满朝气生存和发展下去，没有任何人能打倒我们、卡死我们！加快构建新发展格局，就是要在各种可以预见和难以预见的狂风暴雨、惊涛骇浪中，增强我们的生存力、竞争力、发展力、持续力，确保中华民族伟大复兴进程不被迟滞甚至中断。
>
> ——习近平

从马克思主义的社会再生产观点看，构建新发展格局，关键在于经济循环的畅通无阻。经济活动是一个动态的周而复始的循环过程，需要各种生产要素的组合在社会再生产各环节有机衔接，从而实现循环流转。要遵循经济循环的客观规律，打通"堵点"，提升和改善社会再生产的循环效率。因此，构建新发展格局，要解决的不是内外问题而是循环问题。要以新发展理念为指引，以创新驱动社会再生产循环的优化升级，促进生产要素实现更加灵活、更有效率的流动，推动生产、分配、流通和消费的优化升级，形成更有效率更高质量的生产、更平等更协调的收入分配、更顺畅更开放的市场流通、更能满足人民对美好生活需要的消费，使国内大循环更有效率，国内国际双循环更加顺畅，为经济高质量发展开辟更为广阔的时空格局。

我国是一个发展潜力巨大的社会主义经济大国，拥有构建新发展格局的大国优势和制度优势。我国拥有全世界最为齐全、规模最大的工业体系，最充足的人力资源储备，是世界制造业第一大国和货物贸易第一大国，经济发展呈现出显著的规模效应和协同效应。我国还拥有规模庞大、供求多元、创新活跃、拉动力强的超大规模市场优势，14亿多人口中的中等收入群体超过4亿，稳居世界第二大消费国。基于这些显著优势，我们能够保持战略定力，从容应对国内外各种风险挑战，积极构建新发展格局，实现高质量发展。

## 📑 分析与思考

1. 经济全球化曾经被人们视为"阿里巴巴的山洞"，现在又被不少人看作"潘多拉的盒子"。如何辩证分析和看待当代经济全球化的发展趋势？

2. 中国提出的新发展理念对新时代中国和当代世界发展具有哪些重要意义？

3. 如何理解构建新发展格局是中国在经济全球化浪潮中把握发展主动权的先手棋？

# 第二章　当代世界政治

当今世界，国际政治格局正在发生深刻调整，世界秩序加快重塑。要运用马克思主义的科学方法，树立正确历史观和大局观，端起历史规律的望远镜观望世界政治风云变幻，从当代世界政治演变机理中、从林林总总的现象中把握本质和全局，抓住主要矛盾和矛盾的主要方面，努力把握长远趋势。同时从负责任大国出发，认清中国在世界格局演变中的地位和作用。中国坚持走和平发展道路，提出一系列新理念新倡议，致力推进世界多极化和国际关系民主化，倡导以政治谈判的方式解决国际争端，推动构建新型国际关系。坚持走中国特色社会主义政治发展道路，坚持和完善中国特色社会主义政治制度与国家治理体系，发展全过程人民民主，为促进人类政治文明发展贡献中国智慧。

## 第一节　百年变局中的当代世界政治

世界政治格局向着多极化方向加速演进，国际力量对比朝着有利于和平与发展方向变化，和平发展大势与曲折动荡并存，是百年变局中当代世界政治的显著特征。科学把握世界动荡变革期国际形势的演变规律，既要充分估计国际格局发展演进的复杂性，更要看到世界多极化向前推进的态势不会改变；既要充分估计国际秩序之争的长期性，更要看到国际体系合理变革的方向不会改变。

## 一、世界多极化的趋势与曲折演进

世界多极化的趋势，是在复杂多变的历史进程中逐步显现出来的。多极化中的"极"不仅体现在数量的增加上，还体现在内涵的变化上。多极化趋势与世界和平发展大势相一致，但多极化格局的形成道阻且长，将经历曲折和长期的发展过程。

### 1. 世界多极化的趋势

20 世纪 80 年代末 90 年代初，以东欧剧变、苏联解体为标志，第二次世界大战后形成的两极格局宣告结束。两极格局的终结对整个世界形成了巨大冲击，但历史并没有按照西方国家所希望的那样，向资本主义一统天下迈进，而是朝着多极化的大方向加速演进。

在当代，影响世界秩序的因素更加复杂多元，各种力量此消彼长，对世界政治格局产生重大影响。西方国家在面对国内各种问题和挑战的同时，仍试图继续维持其在国际上的主导地位和单极世界秩序。美国政府奉行的"美国优先"政策和单边主义、保护主义、极端利己主义，对世界秩序造成严重危害；欧盟提出"战略自主"概念，不愿成为地缘政治的角逐场，但在安全与防务等领域难以摆脱对美国的依赖，且面临内部分裂、族群冲突等各种危机。东欧剧变、苏联解体后，一些国家虽陆续加入欧盟，但其利益诉求和政治主张各不相同。冷战时期的一些边缘国家和被认为无法影响国际关系发展的国家，拥有了更多的自主权。特别是新兴市场国家和发展中国家群体性崛起，在推动世界多极化进程中扮演越来越重要的角色，近代以来"西强东弱"的格局呈现出"东升西降"的趋势。中国作为新兴大国发挥日益重大的作用，既是世界格局多极化的一种表现，又推动着世界格局多极化均衡发展。

总之，当代世界秩序变革之活跃远远超出了两极格局时期，一些新特点逐渐从复杂多变的历史进程中显现出来，并体现了一个日益明显的基本面，这就是世界朝着多极化方向加速演进的大势。

### 2. 世界多极化的时代特征

国际政治格局，是指国际社会中的主要政治力量在一定历史时期内相互联系和作用而形成的一种对比状态。国际政治格局中具有较强的综合实力、能够对国际关系产生重要影响力的"力量中心"，即"极"。"极"可以是一个国家，也可以是国家集团和战略联盟。与冷战时期的两极格局相比，世界多极化主要呈现以下三方面的新特征。

一是世界多极化中"极"的内涵发生新变化。在旧的两极格局中，"极"的基本内涵是控制力和支配力，美国和苏联两个超级大国形成各自势力范围，相互封闭和对抗；在各自阵营内部则实行经济、政治和军事的高度控制，保障超级大国的意志在本阵营内部得到贯彻实施。世界多极化格局中"极"的内涵，不仅体现在数量的增加上，更重要的是体现在权力结构和关系层面的变化上。在多极化格局中，"极"的基本内涵是自主自立。各"极"之间要求以开放代替封闭，以对话代替对抗；某些由多国构成的"极"也不再有一个明显的权力中心，而是更多地强调国家的自主性，各国根据自身优势和特点，在不同层面上发展与"极"的关系，展开竞争与合作。

二是作为"极"的要件发生了变化。作为多极化格局中的一极，既要具备较强的经济、军事、科技实力和文化软实力等，还要拥有国际影响力，在国际事务中有话语权，能在全球事务中发挥重要作用；战略运用得当，能得到其他国家的支持，具备凝聚力和吸引力。

三是多极化格局以"去中心化"为核心。在多极化格局中，"极"的调整和变化的速度在加快，其趋势不再是形成类似冷战时期美国、苏联那样的超级强国和北约、华约那样的军事政治集团，而是要变革由少数国家主导的局面，在现有国际秩序基础上，建立完善平等、互利、互信和更加公正合理的政治秩序。

### 3. 世界多极化在曲折中演进

世界格局向多极化的转变，虽然不可能从根本上消除战乱和冲突，但对霸权主义形成了制约，为维护世界和平与发展奠定了重要基础，成为不可抗拒的历史潮流。"当今世界，和平合作的潮流滚滚向前。和平与发展是世界各国人民的共同心声，冷战思维、零和博弈愈发陈旧落伍，妄自尊大或独善其身只能四处碰壁。"[1]

世界多极化与经济全球化、社会信息化相互促进，使各国之间的联系和依存越来越紧密，推动和平发展的潮流奔涌向前。各种国际主体的利益诉求越来越多元化，各极力量都要维护自己的利益，必然要求一种多极均衡的格局。由一个国家主宰世界事务不符合世界多极化的发展趋势，全球反对单极、主张多极的力量越来越强大。

求和平、谋发展的新兴市场国家和发展中国家，成为推动世界和平发展的重要力量。作为世界上最大的发展中国家，中国坚持走和平发展道路，致力于为世界谋和平谋发展，越来越成为维护世界和平与发展的中坚力量。习近平强调："为了和平，中国将始终坚持走和平发展道路。中华民族历来爱好和平。无论发展到哪一步，中国都永远不称霸、永远不搞扩张，永远不会把自身曾经经历过的悲惨遭遇强加给其他民族。"[2]

世界多极化有利于推动国际政治体系和治理体系变革完善，有利于促进世界政治经济文化协调平衡发展，有利于维护世界和平与安全。但

---

[1] 习近平：《开放共创繁荣　创新引领未来：在博鳌亚洲论坛 2018 年年会开幕式上的主旨演讲》，人民出版社 2018 年版，第 6 页。

[2] 《习近平谈治国理政》第二卷，外文出版社 2017 年版，第 446—447 页。

也要清醒认识到，一些西方大国不甘心放弃自己的单极独霸地位，世界多极化进程必然受到霸权主义、单边主义的阻挠，其发展必然艰难曲折。当前国际上各种力量仍在分化改组，国际体系和国际秩序仍在深度调整，世界多极化的发展将是一个充满矛盾和斗争的曲折过程。

## 二、现行国际秩序的破坏性因素

当代世界，和平、发展、合作、共赢是时代潮流，但在国际政治现实中，零和博弈、丛林法则依然盛行，和平赤字、发展赤字、安全赤字、治理赤字仍在加重。主要原因是：冷战思维阴魂不散，霸权主义、单边主义大行其道，地区冲突战乱此起彼伏，恐怖主义和极端主义蔓延肆虐。

### 1. 冷战思维阴魂不散

冷战思维是指冷战时期形成的认识和处理国际事务的思维方式和行为准则，它以传统国际政治中的权力政治为基点，以意识形态为载体，以缔结军事同盟为手段，以对抗为核心。冷战结束后，一些西方国家并没有结束冷战思维。冷战思维在实践中又有了新的表现形式，主要包括：更加突出意识形态的对立，提出所谓"共产主义失败论""历史终结论"等；更加强调政治制度、外交政策等软实力在国际交往中的地位和作用，对外输出西方民主和价值观；更加强调对国际经济的主导权和话语权，控制国际经济组织和规则的制定，利用投机资本、金融衍生工具等手段掠夺财富，动用经济制裁、贸易战和科技战等手段维护本国经济政治利益；坚持不摒弃旧的集团政治，肆意扩张势力范围，更加重视战略优势和军事力量的威慑。

中国是冷战思维的受害者。为遏制中国发展，美国等一些西方国家交替利用各种围堵打压手段，企图迟滞和打断中国发展进程，改变中国的前进方向。例如，美国特朗普政府以霸凌手段向中国发动贸易摩擦，拜登政府把中国定位为"战略竞争对手"，视中国为美国"最大的安全威胁"，搞"脱钩断链"并在印太地区拼凑各种围堵中国的"联盟"；将新冠疫情污名化、病毒标签化、溯源政治化，向中国"甩锅"、推责；对中国进行意识形态渗透，意图挑动"颜色革命"；利用所谓台湾、香港、西藏、新疆等问题干涉中国内政，挑衅和牵制中国；在人权、宗教、知识产权等问题上不断向中国发难；等等。这些都是冷战思维远未根除的突出表现。冷战思维对世界和平与发展构成重大威胁，严重阻碍国际关系民主化的进程和新型国际关系的建立。

### 2. 霸权主义、单边主义大行其道

霸权主义是指强国凭借经济、政治、军事实力，置国际法与通行的国际准则于不顾，侵犯别国主权，干涉别国内政，甚至直接用军事战争手段颠覆别国政权，以达到扩大和加强势力范围的目的。与霸权主义相联系的强权政治理论也认为，国际政治是争夺权力的斗争，国际政治中的权力斗争主要表现为维持权力、增加权力和显示权力，为此可以不择手段。

冷战结束至今，一些西方国家凭借其实力，对第三世界国家交替使用或者同时使用经济制裁、政治打压、外交孤立、军事入侵以及文化、意识形态上的心理战等手段，对世界和平构成重大威胁和挑战，成为引发一些国家和地区局势紧张乃至战乱的主要原因。比如，在西亚、北非地区，原本就复杂的民族宗教矛盾，由于西方国家插手干预而变得更加激化。2010年底发端于突尼斯的动荡，引发埃及、利比亚、也门、叙利亚等国剧变，影响到整个西亚、北非地区的稳定。2011年叙利亚冲突爆发后，其国内真正存在的问题久拖不决，人民饱受战乱之苦，原因就在于介入叙利亚问题的国际势力固守利益博弈的传统地缘政治思维。西方国家反恐政策的双重标准，使中东地区战乱一直不能平息。可见，恃强凌弱的强权霸道仍然是当代威胁世界和平稳定的主要因素。尊重各国自

主选择的社会制度和发展道路，摒弃霸权思维和强权政治，才是维护世界和平的正道。

单边主义是指美国等西方国家在国际事务中谋求本国私利、罔顾国际社会共同利益、拒绝平等协商的我行我素和任意妄为的霸道行为，是孤立主义和保守主义在 21 世纪新的表现形式，与霸权主义和强权政治相辅相成。2001 年恐怖袭击事件后，美国政府提出"先发制人战略"，抛开联合国发动对外战争。此后美国无视多边主义原则，蔑视国际规则，不断"退群毁约"，不但逃避自己应当承担的国际义务，而且把谋取一己之私利建立在损害别国正当利益之上，动辄采取封锁、极限施压等霸凌操作对他国进行单边制裁，或以各种借口实行"长臂管辖"，对外国实体和个人进行肆意打压，成为当代国际秩序的最大破坏者。单边主义破坏了《联合国宪章》规定的不得干涉"本质上属于任何国家国内管辖之事件"等原则，是对各国正当权利和尊严的践踏，严重危害国际安全，也加剧了世界诸多地区的失序和混乱。事实证明，单边主义不得人心、没有出路，同舟共济、携手合作才是正道。

### 3. 地区冲突战乱此起彼伏

"纵观人类文明发展进程，尽管千百年来人类一直期盼永久和平，但战争从未远离，人类始终面临着战火的威胁。"[1] 第二次世界大战结束以来，虽然全球没有再爆发大规模的世界性战争，但局部战争和武装冲突此起彼伏，许多国家和地区的民众依然生活在战火硝烟之中。

与冷战时期相比，当代世界的冲突战乱呈现出新的特点：一是数量和发生频率显著上升，远远高于冷战时期；二是平均持续时间相对缩短，但烈度增加且破坏力更大；三是以国内战争和地区冲突为主，内部冲突主要由宗教、种族、贫困和分配不公等问题引发，地区国家间冲突主要

---

① 《习近平谈治国理政》第三卷，外文出版社 2020 年版，第 433 页。

源于边界领土争端和国家安全权益等问题。地区冲突和战乱的背后，常常可以看到西方国家所谓"颜色革命"的推波助澜。一些西方国家打着自由、民主、人权的旗号，但在处理国际关系上的所作所为却处处暴露着霸权性和自私性，给他国带去的不是和平与自由，而是动荡不安；不仅没有解决被干涉国的所谓人权问题，反而给被干涉国带来严重的人道主义灾难。

### 4. 恐怖主义和极端主义蔓延肆虐

恐怖主义是对平民或非武装人员有组织地使用残暴血腥的手段，以达到某种政治目的的行为。恐怖主义被称为"21 世纪的政治瘟疫"，是当今国际社会的一大公害。

近年来，恐怖主义呈全球扩张趋势和本土化趋势，恐怖组织通过网络传播极端主义和恐怖主义思想，组织、策划和实施恐怖活动。总的来看，国际社会对恐怖主义的打击取得了一些进展，全球恐怖主义事件数量明显减少。

冷战结束后，以极端民族主义和宗教极端主义为主要特征的极端主义思潮在全球兴起并蔓延。极端主义打着民族、宗教的旗号，煽动偏狭的民族情绪，破坏正常的宗教活动和信教自由以及不同民族的正常交往，采取非人道、残忍的手段，违背公认的国际准则。极端主义体现了狭隘的自私利益，是恐怖主义盛行的重要原因。极端主义的代表"伊斯兰国"就是其中的典型。2017 年底，"伊斯兰国"实体瓦解，但全球反对极端主义、反对恐怖主义的压力并未减轻，极端主义思想仍在许多国家和地区渗透，未来仍可能催生新的恐怖主义形态，国际反恐形势依然严峻，反恐斗争任重道远。

恐怖主义和极端思潮泛滥，是对和平与发展的严峻考验。中国坚决反对和打击恐怖主义，主张"恐怖主义不分国界，也没有好坏之分，反恐不能搞双重标准。同样，也不能把恐怖主义同特定民族宗教挂钩，那样只会制造民族宗教隔阂。没有哪一项政策能够单独完全奏效，反恐必须坚持综合施策、标本兼治"[①]。

# 第二节　当代国际政治秩序的变革完善

国际上的事要由各国共同协商，建立国际机制、遵守国际规则、追求国际正义是多数国家的共识，当代国际政治秩序变革正处在历史转折点上。同时，各国对变革国际政治秩序也有着不同的主张，存在合理变革与维持不合理秩序的分野。中国是国际政治秩序的积极维护者和建设者，坚定捍卫真正的多边主义，维护以联合国为核心的国际体系、以国际法为基础的国际秩序、以《联合国宪章》宗旨和原则为基础的国际关系基本准则，坚持共商共建共享的全球治理观，弘扬全人类共同价值，努力推动国际政治秩序朝着更加公正合理的正确方向发展。

## 一、国际政治秩序的维护与变革

西方国家主导下的国际政治秩序，已无法有效应对层出不穷、日益多样的各种全球性挑战。应在坚持国际社会公认基本原则的基础上，推动国际政治秩序朝着更加适应时代要求、更加符合各国人民期待的方向发展。

### 1. 现有国际政治秩序需要更加公正合理

现有国际政治秩序，与世界多极化的发展趋势和时代需求不相适应，不符合"国际上的事情由各国商量着办"的要求。现有国际政治秩序是以西方价值观为主导建立的，坚持的是以西方为中心的标准，即以西方

---

① 《习近平谈治国理政》第二卷，外文出版社 2017 年版，第 462 页。

的自由市场经济原则指导国际经济规则的制定，以西方的民主标准判断国际行为的合法性，以西方的人权观为制定国际规范的原则。这种根本否定其他规则、标准的合理性的国际政治秩序，是导致当代国际政治领域出现种种问题、难以有效应对挑战的重要原因。

国际力量对比的变化和人类共同面临的全球性挑战，对当代国际政治秩序的深刻调整产生了重大影响。当今国际力量对比发生深刻变化，新兴市场国家和一大批发展中国家快速发展，国际影响力不断增强。很多问题不再局限于一国内部，很多挑战也不再是一国之力所能应对，全球性挑战越来越需要各国的通力合作。变革现有国际政治秩序，不仅事关国际秩序和国际体系的发展方向，而且事关各国在国际秩序和国际体系中的地位和作用。实践证明，联合国是世界多边主义的重要基石，是全球最重要的集体安全机制和多边合作平台。在联合国框架内依据国际法基本准则解决国际矛盾，是各国的共同愿望，也应成为国际政治秩序变革的基础。当代世界政治领域存在种种不公正不合理现象，不是因为《联合国宪章》的宗旨和原则过时了，而是由于这些宗旨和原则未能得到有效履行。

## 2. 国际政治秩序变革的方向之争

随着国际力量对比消长变化和全球性挑战日益增多，加强全球治理、推动全球治理体系变革已是大势所趋。虽然变革国际政治秩序越来越成为各国共识，但在如何变革这个方向性问题上，各国的主张却存在明显的分歧甚至对立，特别是在少数发达国家与广大发展中国家之间存在根本分歧。

发达国家对现有国际政治秩序的态度相对一致，就是要维持由发达国家主导的，以其社会制度、发展模式和价值观为基础的国际政治秩序。而占世界大多数的发展中国家长期被排斥在重大国际事务之外，强烈要求变革国际政治秩序，更充分有效地参与国际事务的决策过程。以金砖国家为代表的新兴市场国家也主张以发挥联合国中心作用、尊重国际法为基础，推动形成更加公平、民主、多极化的国际秩序；主张遵守《联合国宪章》原则，秉持团结、互信、互利、平等、合作的精神，共同应对全球性挑战、实现可持续和平。

中国历来是推动国际政治秩序合理变革的建设性力量。中国始终主张，要推动国际秩序朝着更加公正合理的方向发展，更好维护广大发展中国家共同利益，促进世界和平与发展。对国际体系和国际秩序进行必要的改革完善，不是推倒重来，也不是另起炉灶，而是要在维护联合国权威和作用的前提下强化多边机制，实现世界公平、共赢和稳定。习近平强调："无论中国发展到什么程度，我们都不会威胁谁，都不会颠覆现行国际体系，都不会谋求建立势力范围。中国始终是世界和平的建设者、全球发展的贡献者、国际秩序的维护者。"① 在国际政治秩序变革完善进程中，中国坚持共商共建共享的全球治理观，坚定捍卫《联合国宪章》宗旨和原则，维护以联合国为核心的国际体系，维护以国际法为基础的国际秩序。少数国家所谓"以规则为基础的国际秩序"似是而非，反映的是少数国家的规则，并不代表国际社会的意志。中国要维护的是普遍认可的国际法，主张国际规则应该是世界各国共同认可的规则，而不应是少数人制定的规则。

> 我们要坚持走多边主义道路，维护以联合国为核心的国际体系。全球治理应该秉持共商共建共享原则，推动各国权利平等、机会平等、规则平等，使全球治理体系符合变化了的世界政治经济，满足应对全球性挑战的现实需要，顺应和平发展合作共赢的历史趋势。
>
> ——习近平

---

① 《习近平著作选读》第二卷，人民出版社 2023 年版，第 143 页。

## 二、中国是国际政治秩序的积极维护者建设者

中国始终倡导和平共处五项原则，坚持走和平发展道路，摒弃传统零和思维，树立国际安全新理念，秉持正确义利观，积极推动构建新型国际关系。中国的理念主张，得到国际社会特别是广大发展中国家的广泛认可，为促进世界和平与发展作出了中国贡献。

### 1. 坚持和平共处五项原则

和平共处五项原则，是中国外交政策的基石，也是中国推动国际政治秩序变革的基础。"和平共处五项原则作为一个开放包容的国际法原则，集中体现了主权、正义、民主、法治的价值观。"[1]

和平共处五项原则生动反映了《联合国宪章》宗旨和原则，并赋予这些宗旨和原则以可见、可行、可依循的内涵，经受了国际风云变幻的考验，在实践中展现了强大生命力。第一，和平共处五项原则，适用于各种社会制度、发展水平、体量规模国家之间的关系，已经成为国际关系基本准则和国际法基本原则。第二，和平共处五项原则的精髓是所有国家主权一律平等，反对任何国家垄断国际事务，对于广大发展中国家维护权益，促进南南合作、推动南北关系改善和发展具有重要作用。第三，和平共处五项原则为和平解决国家间历史遗留问题及国际争端开辟了崭新道路，在推动建立更加公正合理的国际政治经济秩序过程中已经并将继续发挥重要的积极作用。习近平强调："新形势下，和平共处五项原则的精神不是过时了，而是历久弥新；和平共处五项原则的意义不是淡化了，而是历久弥深；和平共处五项原则的作用不是削弱了，而是历

---

[1] 习近平：《弘扬和平共处五项原则　建设合作共赢美好世界——在和平共处五项原则发表 60 周年纪念大会上的讲话》，人民出版社 2014 年版，第 4—5 页。

久弥坚。"①

## 2. 提出全球安全倡议

当代世界，传统安全威胁和非传统安全威胁相互交织，扩展到人类社会生活的一切领域，突破各种新老安全屏障，对国家、个人等所有行为体构成安全威胁。面对日益突出的全球安全问题，需要超越传统的零和安全观，建构一种新安全观，在世界各种行为体之间实现共同安全，在各领域实现综合安全，各国合作共同解决安全问题，确保现实安全及未来持久安全。

安全是发展的前提，人类是不可分割的安全共同体。为促进世界安危与共，中国提出以共同、综合、合作、可持续的安全观为核心的全球安全倡议。新安全观是有别于西方传统安全观的国际安全新理念，具有独特鲜明的理论内涵，是总体国家安全观在国际政治领域的坚持和运用，是对国际安全理念的重大创新，对于推动建立更加公正合理的国际政治秩序具有重大意义。共同，就是要重视各国合理安全利益和关切，秉持安全不可分割原则，尊重和保障每一个国家的安全。安全应该是普遍的，不能是一个国家安全而其他国家不安全，一部分国家安全而另一部分国家不安全，更不能把本国安全建立在他国不安全的基础之上，甚至以扩张军事集团来谋求自身所谓"绝对安全"；安全应该是平等的，各国都有平等参与国际和地区安全事务的权利，也都有维护国际和地区安全的责任；安全应该是包容的，应尊重各国自主选择的社会制度和发展道路。综合，就是要统筹维护传统领域和非传统领域安全，共同应对地区争端和恐怖主义、气候变化、网络安全、生物安全等全球性问题；既着力解决当前突出的安全问题，又统筹谋划如何应对各类潜在的安全威胁。合

---

① 习近平:《弘扬和平共处五项原则　建设合作共赢美好世界——在和平共处五项原则发表 60 周年纪念大会上的讲话》，人民出版社 2014 年版，第 6—7 页。

作，就是要通过对话协商以和平方式解决国家间的分歧和争端，寻找安全利益的交汇点，不能采取双重标准。可持续，就是要坚持发展和安全并重，只有安全和发展同时实现才能标本兼治，实现持久性安全。

中国积极推动建设开放、透明、平等的安全合作新架构，主动参与国际热点难点问题的政治解决进程，推动各国共同维护地区和世界和平安全。中国始终站在和平一边，着眼事情本身的是非曲直，秉持客观公正立场，积极劝和促谈、推动紧张局势降温；支持一切致力于和平解决国际重大冲突的努力，反对拱火浇油。复杂问题没有简单解决办法，需要各方秉持共同、综合、合作、可持续的安全观，坚持平等、理性、务实对话协商，找到解决危机的合理途径。

### 3. 树立正确义利观

中国提出的正确义利观，回答了中国以什么样的身份参与国际事务，以什么样的理念和行动与外部世界交往，既是中国外交理念的重大创新，也为当代世界各国处理相互关系提供了有益借鉴。

正确义利观就是辩证地处理好道义和利益的关系，实现二者的有机统一。中国在对外交往中，强调义利兼顾、以义为先，反对见利忘义。新时代的中国，既是社会主义大国，同时也是发展中国家。正确的义利观，明确体现在中国按照亲诚惠容理念深化同周边国家友好互信和利益融合、秉持真实亲诚理念加强同发展中国家团结合作和共谋发展的一系列政策上。中国始终视自己为第三世界的一员，对其他国家坚持平等相待，绝不唯利是图、斤斤计较，援助他国不附加任何条件，在自身发展的同时支持广大发展中国家的发展。

树立正确的义利观，既要在谋求中国自身发展与实现世界共同发展问题上实现义利的辩证统一，也要把维护国家核心利益与关注世界共同利益统一起来。中国的核心利益包括国家主权、国家安全、领土完整、国家统一、中国宪法确立的国家政治制度和社会大局稳定、经济社会可持续发展的基本保障，这是不能进行交易或退让的重大利益。面对外部讹诈、遏制、封锁、极限施压，中国坚持国家利益为重、国内政治优先，在斗争中维护国家尊严和核心利益。任何国家都不要指望中国会拿自己的核心利益做交易，不要指望中国会吞下损害自己主权、安全、发展利益的苦果。只有各国都走和平发展道路，各国才能共同发展，国与国才能和平相处。世界和平是中国和平发展的有利外部条件，中国和平发展也是对世界和平的重要贡献。当今世界，各国越来越成为利益攸关的共同体，中国与其他国家的利益汇合点也日益增多。坚持正确的义利观，要在维护国家核心利益的前提下，与世界各国一道共同维护人类共同利益、解决全球性问题。中国在经济、金融、气候、环境、维和、反恐等领域，为维护世界和平与发展作出了积极贡献，发挥了一个负责任大国的重要作用。

### 4. 推动构建新型国际关系

中国提出要推动构建新型国际关系，坚持以相互尊重为基础，以公平正义为原则，以合作共赢为愿景，更好地处理同世界各国的关系。

相互尊重是构建新型国际关系的基础。国家不分大小、强弱、贫富，都是国际社会的成员，都有平等参与国际事务的权利。相互尊重，既体现为尊重各国主权、独立和领土完整，不干涉别国内政，也体现为尊重各国自主选择社会制度和发展道路的权利，尊重各国推动经济社会发展、改善人民生活的实践。

公平正义是构建新型国际关系的原则。主要体现在：一是推进国际关系民主化，不能搞"一国独霸"或"团伙共治"。世界命运应该由各国共同掌握，国际规则应该由各国共同书写，全球事务应该由各国共同治理，发展成果应该由各国共同分享。协商是民主的重要形式，应该成为现代国际治理的重要方法，要倡导以对话解争端、以协商化分歧。二是推进国际关系法治化，推动各方在国际关系中遵守国际法和公认的国际关系基本原则，用统一适用的规则来明是非、促和平、谋发展。在国际社会中，法律应该是共同的准绳，适用法律不能有双重标准，没有只适用他人、不适用自己的法律，也没有只适用自己、不适用他人的法律，必须反对歪曲国际法、以"法治"之名行侵害他国正当权益的行为。三是推进国际关系合理化，推进全球治理体系改革，充分体现各方关切和诉求。特别是要让新兴市场国家和发展中国家更多参与到全球治理体系中来，拥有更多的代表性和话语权，让全球治理体系更加全面地反映大多数国家的意愿和利益。

合作共赢是构建新型国际关系的目标和路径。合作共赢强调共同发展、利益共享，使各方在合作中互惠互利、相得益彰。在旧的国际关系中，结盟对抗是主旋律，国家之间的矛盾分歧难以化解。只有合作才能抑制冲突，防止对抗，维护世界和平发展。共赢是区别于零和博弈、赢者通吃的传统国际关系模式的根本特征，它要求各国在追求本国利益时兼顾别国利益，在寻求自身发展时兼顾别国发展，最终实现共同发展与普遍繁荣。

中国在推进构建新型国际关系的实践中，致力于促进大国协调和良性互动，推动构建和平共处、总体稳定、均衡发展的大国关系格局。近年来，西方一些学者炒作所谓"修昔底德陷阱"，认为中国迅速发展后，必将与美国等传统强国发生冲突，陷入"实力决定论"和"战争获益论"的认识误区。和平、和睦、和谐是中华民族5000多年来一直追求和传承的理念，中华民族的血液中没有侵略他人、称王称霸的基因。历史和实践都表明，"国强必霸"不是历史定律，强国只能追求霸权的主张不适用于中国。中国不认同"国强必霸"的陈旧逻辑。当今世界，殖民主义、霸权主义的老路不仅走不通，而且一定会碰得头破血流。只有和平发展道路可以走得通。"世界上本无'修昔底德陷阱'，但大国之间一再发生战略误判，就可能自己给自己造成'修昔底德陷阱'。"[1]中国是快速发展

① 《习近平关于中国特色大国外交论述摘编》，中央文献出版社2020年版，第172页。

的新兴大国，但中国的发展是和平发展，主张同世界各国共同构建新型国际关系，共同构建人类命运共同体。中国创造性地开展大国外交，坚持不冲突不对抗、相互尊重、合作共赢，是符合时代潮流的正确选择。

同时，中国坚持结伴而不结盟，在国际和区域层面深化拓展平等、开放、合作的伙伴关系，走出了一条国与国交往的新路。结盟的实质是拉拢一部分国家，孤立一部分国家。伙伴关系则是"朋友"关系，没有"圈子"，志同道合是伙伴，求同存异也是伙伴。中国率先把建立伙伴关系确定为国家间交往的指导原则，并不断充实伙伴关系内涵。中国已经同100多个国家、地区和地区组织建立了不同形式的伙伴关系，实现了对世界各个地区、不同类型国家的全覆盖，形成了全方位、多层次和立体化的外交布局。通过积极结伴，中国与他国政治关系更加友好、经济纽带更加牢固、安全合作更加深化、人文联系更加紧密。中国通过上海合作组织等平台，确定不针对其他国家和国际组织的原则，构建起不结盟、不对抗、不针对第三方的建设性伙伴关系，超越了文明冲突、冷战思维、零和博弈等陈旧观念，确立了国与国交往应当遵循的基本准则，在国际上获得广泛认同和支持。

## 第三节    中国特色社会主义政治及对世界的贡献

每个国家的政治制度和政治发展道路，都内生于本国的社会土壤，不存在适用于一切国家的政治制度和政治发展模式。中国坚持以马克思主义为指导，立足中国国情，在实践中逐步探索形成了中国特色社会主义政治制度，走出了一条中国特色社会主义政治发展道路。中国的政治制度和国家治理体系，既为当代中国取得历史性成就、实现历史性跨越提供了根本政治保证，也为人类政治文明发展作出了独特贡献。

## 一、中国的政治发展道路

中国是一个发展中大国，坚持正确的政治发展道路是关系根本、关系全局的重大问题。独特的文化传统、独特的历史命运、独特的基本国情，注定了中国必然要走适合自己特点的发展道路。"中国特色社会主义政治发展道路，是近代以来中国人民长期奋斗历史逻辑、理论逻辑、实践逻辑的必然结果"[①]，为实现最广泛的人民民主确立了正确方向。中国走的是中国特色社会主义政治发展道路，有科学的指导思想、严谨的制度安排、明确的价值取向、有效的实现形式和可靠的推动力量，其核心思想、主体内容、基本要求，都在宪法中得到了确认和体现。

走中国特色社会主义政治发展道路，必须坚持党的领导、人民当家作主、依法治国有机统一。党的领导是人民当家作主和依法治国的根本保证，人民当家作主是社会主义民主政治的本质特征，依法治国是党领导人民治理国家的基本方式，三者是一个相辅相成的有机整体。任何把党的领导、人民当家作主、依法治国割裂开来、对立起来或者相互取代的主张和做法，都不符合社会主义民主政治的根本性质、核心理念和实践要求。

尤其需要强调的是，在中国，党是领导一切的。坚持党的领导、人民当家作主、依法治国有机统一，最根本的是坚持党的领导。习近平指出："党的领导是中国特色社会主义法治之魂，是我们的法治同西方资本主义国家的法治最大的区别。"[②] 党和法的关系问题，是政治和法治关系问题的集中反映。"法治当中有政治，没有脱离政治的法治。西方法学家也认为公法只是一种复杂的政治话语形态，公法领域内的争论只是政治争论的延伸。每一种法治形态背后都有一套政治理论，每一种法治模式当

---

① 《习近平著作选读》第二卷，人民出版社 2023 年版，第 29 页。

② 《习近平关于社会主义政治建设论述摘编》，中央文献出版社 2017 年版，第 31 页。

中都有一种政治逻辑，每一条法治道路底下都有一种政治立场。"[①] 因此，不存在所谓"党大还是法大"的问题。中国必须走适合自己的民主法治发展道路，绝不能走西方所谓"宪政""三权分立""司法独立"的路子。民主和法治建设具有一体性。在推进全面依法治国的实践中，形成了习近平法治思想。习近平法治思想又为中国民主政治建设提供了法治保障。

中国特色社会主义政治发展道路，是中国共产党和中国人民的伟大创造，是符合中国国情、保证人民当家作主的正确道路。事实充分证明，走中国特色社会主义政治发展道路，有效保障了我国经济实力、综合国力、人民生活水平不断跨上新台阶，不断战胜前进道路上各种世所罕见的艰难险阻，有效维护了各民族长期共同繁荣发展、社会长期和谐稳定。坚定中国特色社会主义制度自信，首先要坚定对中国特色社会主义政治制度的自信，增强走中国特色社会主义政治发展道路的信心和决心。

## 二、中国的政治制度和国家治理体系

政治制度在一个国家经济社会发展中具有重要作用。每个国家的政治制度都是历史的、具体的，不能脱离特定社会政治条件和历史文化传统来抽象评判一个国家的政治制度是否民主和有效。中国特色社会主义政治制度和国家治理体系是在长期实践中形成的，是理论创新、实践创新、制度创新相统一的成果。

### 1. 没有政治制度上的"飞来峰"

世界上没有两片完全相同的树叶，政治制度同样如此。各国国情不同，每个国家的政治制度都是独特的，都是在这个国家历史传承、文化

---

① 《习近平关于社会主义政治建设论述摘编》，中央文献出版社 2017 年版，第 98 页。

传统、经济社会发展的基础上长期发展、渐进改进、内生性演化的结果。设计和发展国家政治制度，必须注重历史和现实、理论和实践、形式和内容的有机统一。"要坚持从国情出发、从实际出发，既要把握长期形成的历史传承，又要把握走过的发展道路、积累的政治经验、形成的政治原则，还要把握现实要求、着眼解决现实问题，不能割断历史，不能想象突然就搬来一座政治制度上的'飞来峰'。"①

政治制度是用来调节政治关系、建立政治秩序、推动国家发展、维护国家稳定的，不可能脱离特定社会政治条件来抽象评判，不可能千篇一律、归于一尊。在政治制度上，看到别的国家有而我们没有就简单认为有欠缺，要搬过来；或者，看到我们有而别的国家没有就简单认为是多余的，要去除掉。这两种观点都是简单化的、片面的，因而都是不正确的。一些发展中国家照搬西方政治制度和政党制度模式，结果导致政治动荡、社会动乱，人民流离失所。习近平指出："评价一个国家政治制度是不是民主的、有效的，主要看国家领导层能否依法有序更替，全体人民能否依法管理国家事务和社会事务、管理经济和文化事业，人民群众能否畅通表达利益要求，社会各方面能否有效参与国家政治生活，国家决策能否实现科学化、民主化，各方面人才能否通过公平竞争进入国家领导和管理体系，执政党能否依照宪法法律规定实现对国家事务的领导，权力运用能否得到有效制约和监督。"②事实充分证明，中国特色社会主义政治制度是民主的、有效的，具有显著优势和强大生命力。中国特色社会主义的一整套政治制度安排，能够有效保证人民享有更加广泛、更加充实的权利和自由，保证人民广泛参加国家治理和社会治理；能够有效调节国家政治关系，形成安定团结的政治局面；能够集中力量办大事，有效促进社会生产力解放和发展，满足人民日益增长的美好生活需

---

① 《习近平著作选读》第一卷，人民出版社 2023 年版，第 261—262 页。
② 《习近平著作选读》第一卷，人民出版社 2023 年版，第 263 页。

要；能够有效维护国家独立自主，有力维护国家主权、安全、发展利益。中国特色社会主义政治制度之所以行得通、有生命力、有效率，就是因为它是从中国的社会土壤中生长起来的。中国特色社会主义政治制度过去和现在一直生长在中国的社会土壤之中，未来要继续茁壮成长，也必须深深扎根于中国的社会土壤。

> 西方国家策划"颜色革命"，往往从所针对的国家的政治制度特别是政党制度开始发难，大造舆论，大肆渲染，把不同于他们的政治制度和政党制度打入另类，煽动民众搞街头政治。当今世界，意识形态领域看不见硝烟的战争无处不在，政治领域没有枪炮的较量一直未停。
>
> ——习近平

### 2. 中国特色社会主义政治制度具有鲜明特色

一个国家的政治制度决定于这个国家的经济社会基础，同时又反作用于这个国家的经济社会基础。中国实行工人阶级领导的、以工农联盟为基础的人民民主专政的国体，实行人民代表大会制度的政体，实行中国共产党领导的多党合作和政治协商制度，实行民族区域自治制度，实行基层群众自治制度，具有鲜明的中国特色。这样一套制度安排，是中国共产党和中国人民的伟大创造，必须长期坚持、全面贯彻、不断发展。

人民代表大会制度是坚持党的领导、人民当家作主、依法治国有机统一的根本政治制度安排。人民代表大会制度是中国人民在人类政治制度史上的伟大创造，在中国政治发展史乃至世界政治发展史上都具有划时代意义。中国共产党领导的多党合作和政治协商制度是我国的一项基本政治制度，是从中国土壤中生长出来的新型政党制度。这一新型政党制度，新就新在它是马克思主义政党理论同中国实际相结合的产物，能够真实、广泛、持久代表和实现最广大人民根本利益、全国各族各界根本利益；新就新在它把各个政党和无党派人士紧密团结起来、为着共同目标而奋斗；新就新在它通过制度化、程序化、规范化的安排集中各种意见和建议、推动决策科学化民主化法治化。协商民主是中国特色社会主义民主政治的特有形式和独特优势，深深嵌入了中国特色社会主义民主政治全过程。民族区域自治制度是我国的一项基本政治制度，是中国特色解决民族问题的正确道路的重要内容和制度保障，既保证了国家团结统一，又实现了各民族共同当家作主。基层群众自治制度是我国人民在长期实践中创造出来的自我管理、自我服务、自我教育、自我监督的一项基本政治制度，是人民当家作主的民主政治的基础构成和全过程人民民主的重要体现。

### 3. 坚持和完善中国特色社会主义政治制度与国家治理体系

当今世界国与国的竞争，归根结底是国家制度的竞争。中国发展呈现出"风景这边独好"的局面，很重要的原因就在于，中国特色社会主义制度和国家治理体系是以马克思主义为指导、根植中国大地、具有深厚中华文化根基、深得人民拥护的制度和治理体系，是具有强大生命力和巨大优越性的制度和治理体系，是能够持续推动拥有14亿多人口大国进步和发展、确保拥有5000多年文明史的中华民族实现"两个一百年"奋斗目标进而实现伟大复兴的制度和治理体系。"在人类文明发展史上，除了中国特色社会主义制度和国家治理体系外，没有任何一种国家制度和国家治理体系能够在这样短的历史时期内创造出我国取得的经济快速发展、社会长期稳定这样的奇迹。"[①] 衡量一个国家的制度和治理体系是否成功、是否优越，一个重要方面就是看其在重大风险挑战面前，能不能号令四面、组织八方共同应对。中国统筹疫情防控和经济社会发展取得

① 《习近平著作选读》第二卷，人民出版社2023年版，第283页。

重大积极成果，充分彰显了我国国家制度和国家治理体系的优越性。

中国特色社会主义政治制度是个新事物，也是个好事物，但这并不是说，中国政治制度就完美无缺了，就不需要完善和发展了。制度自信不是自视清高、自我满足，更不是裹足不前、故步自封，而是要把坚定制度自信和不断改革创新统一起来，在坚持根本政治制度、基本政治制度的基础上，不断推进制度体系完善和发展，把我国政治制度优势更好转化为国家治理效能，推进国家治理体系和治理能力现代化。

应该看到，我国社会主义民主政治在体制、机制、程序、规范以及具体运行上还存在不完善的地方，在保障人民民主权利、发挥人民创造精神方面还存在一些不足。因此必须积极稳妥推进政治体制改革，进一步健全人民当家作主的制度体系，包括坚持和完善人民代表大会制度，支持和保证人民通过人民代表大会行使国家权力；坚持和完善中国共产党领导的多党合作和政治协商制度，加强中国特色社会主义政党制度建设，构建程序合理、环节完整的协商民主体系；巩固和发展最广泛的爱国统一战线；坚持和完善民族区域自治制度，坚定不移走中国特色解决民族问题的正确道路，打牢中华民族共同体思想基础；健全充满活力的基层群众自治制度。只有不断推进社会主义民主政治制度化、规范化、程序化，才能更好发挥中国特色社会主义政治制度的优越性。

### 三、为人类政治文明作出中国贡献

习近平指出："中国特色社会主义是不是好，要看事实，要看中国人民的判断，而不是看那些戴着有色眼镜的人的主观臆断。中国共产党人和中国人民完全有信心为人类对更好社会制度的探索提供中国方案。"[①]中国特色社会主义民主政治建设的理论和实践，开创了政治发展新道路，

---

① 《习近平谈治国理政》第二卷，外文出版社 2017 年版，第 37 页。

为人类文明新形态增添了政治底色。中国特色社会主义政治制度正在彰显更加强大的制度活力和治理效力，与当今西方民主制度出现的危机和国家治理面临的困境形成鲜明对比，用事实宣告了所谓"历史终结论"和以西方民主制度模式为归宿的历史观的破产。

## 1. 西方民主陷入制度困境

长期以来，在很多人的视野中，发展民主政治只有西方民主制度一种模式。特别是东欧剧变、苏联解体后，世界社会主义运动陷入低潮，西方一些人士更加认为只有西方的民主政治模式才是人类政治文明发展的唯一正确道路。美国学者福山在《历史的终结》一文中宣布：自由民主制度也许是"人类意识形态发展的终点"和"人类最后一种统治形式"，并因此构成"历史的终结"。换句话说，福山认为，在此之前的种种政体具有严重的缺陷及不合理的特征，从而导致其衰落，而自由民主制度却正如他们所证明的那样不存在这种根本性的内在矛盾。

但历史的发展却与福山的预言背道而驰。2008 年国际金融危机爆发后，当代资本主义陷入系统性危机，越来越多的有识之士开始反思和质疑西方民主制度，认为西方民主制度的内在矛盾是与生俱来的，也不可能为自身所克服，以美国为代表的自由民主制国家正承受着严重的政治衰败。早在 1891 年，恩格斯为《法兰西内战》再版写的《导言》中，就深刻揭示了美国的民主制度必然把政治变成一种"生意"的非民主本质，指出："正是在美国，同在任何其他国家中相比，'政治家们'都构成国民中一个更为特殊的更加富有权势的部分。在这个国家里，轮流执政的两大政党中的每一个政党，又是由这样一些人操纵的，这些人把政治变成一种生意，拿联邦国会和各州议会的议席来投机牟利，或是以替本党鼓动为生，在本党胜利后取得职位作为报酬。"① 美国两大政党把政治作为

---

① 《马克思恩格斯选集》第三卷，人民出版社 2012 年版，第 54 页。

"投机"和"生意"的本质，至今没有变化。

西方民主制度在历史上发挥过积极作用，但经过几百年的发展，其内在矛盾也随着时间的推移逐步显露出来，政党政治演变为政党恶斗，权力制衡演化为"否决政治"，国家发展的重大议题成为长期争议的拉锯战。从根本上说，当今西方民主遭遇的困境，折射出的是资本主义私有制和自由市场经济无法自我克服的内在矛盾。西方民主制度是建立在私有制基础上的，这就决定了其民主只是少数人逐利的工具，本质上被垄断资本控制，这是西方民主出现种种乱象的根本原因。

### 2. 中国政治发展道路对人类政治文明发展的贡献

中国的政治发展实践表明，衡量民主制度的标准并不是唯一的。中国特色社会主义政治发展，突破了把是否实行西方民主模式作为衡量是否民主的认识藩篱，对人类政治文明发展作出了重大贡献。比如，在政党制度方面，最主要的应该看这一制度是否能够顺畅表达和有效整合民意，而不在于采取的是一党制还是多党制。从中国土壤中生长出来的中国政党制度，新就新在它有效避免了旧式政党制度代表少数人、少数利益集团的弊端，有效避免了一党缺乏监督或者多党轮流坐庄、恶性竞争的弊端，有效避免了旧式政党制度囿于党派利益、阶级利益、区域和集团利益决策施政导致社会撕裂的弊端。正是从这个意义上讲，中国的新型政党制度，是对人类政治文明的重大贡献。与西方政治制度相比，中国把政治发展和政治制度建设纳入国家和社会发展的总体框架，而不是孤立地突出民主价值。习近平强调："民主不是装饰品，不是用来做摆设的，而是要用来解决人民需要解决的问题的。"① 从根本上说，民主作为国家制度，其作用是保障国家政治生活的健康、鲜活，它不是某个单一价值的展示，而是多重价值相互推进的过程。

---

① 《习近平著作选读》第二卷，人民出版社 2023 年版，第 529 页。

　　真正的民主必定是人民民主和国家意志的有机统一。马克思主义认为，民主就是人民主权、人民意志的实现，就是人民自己创造、自己建立、自己规定国家制度，并运用这种国家制度决定自身事务的过程与结果。我国宪法规定，中华人民共和国的一切权力属于人民，国家权力是为人民服务的。在民主实践中，党和国家致力于丰富民主形式、拓宽民主渠道，既不断扩大直接民主又发展多种形式的间接民主，使人民的意愿和要求得到最广泛的表达和反映。在此基础上，党发挥总揽全局、协调各方的领导核心作用，把民主选举、民主协商、民主决策、民主管理、民主监督贯通起来，通过就重大问题和决策在人民内部各方面广泛商量，找到最大公约数，经过法定程序上升为统一的国家意志，并通过人民民主监督来确保得到忠实执行。这种民主制度，使得党、国家和人民成为目标相同、利益一致、相互交融、同心同向的整体，从根本上实现了人民民主和国家意志的有机统一。

　　真正的民主必定是形式民主和实质民主的有机统一。民主不仅需要完整的制度程序，而且需要完整的参与实践，更要体现人民利益至上的核心价值，服务于人民当家作主的实际需要。习近平指出："人民是否享有民主权利，要看人民是否在选举时有投票的权利，也要看人民在日常政治生活中是否有持续参与的权利；要看人民有没有进行民主选举的权利，也要看人民有没有进行民主决策、民主管理、民主监督的权利。"[1] "人民只有投票的权利而没有广泛参与的权利，人民只有在投票时被唤醒、投票后就进入休眠期，这样的民主是形式主义的。"[2] 民主不能停留在理念上，也不能只以选举投票来衡量，而要在日常生活中"运转"起来。

　　中国的民主是一种全过程人民民主。"我国全过程人民民主实现了过

_____

[1] 《习近平著作选读》第一卷，人民出版社 2023 年版，第 269 页。
[2] 《习近平著作选读》第一卷，人民出版社 2023 年版，第 270 页。

程民主和成果民主、程序民主和实质民主、直接民主和间接民主、人民民主和国家意志相统一，是全链条、全方位、全覆盖的民主，是最广泛、最真实、最管用的社会主义民主。"[1] 全过程人民民主既保障人民有民主选举的权利，又强调有事好商量，众人的事情由众人商量，有效弥补了单一选举民主的缺陷，体现了人民民主的真谛。在中国，选举民主和协商民主相互补充、相得益彰，共同构成了中国特色社会主义民主政治的制度特点和优势，是对人类政治文明的重大贡献。

　　我国的实践向世界说明了一个道理：治理一个国家，推动一个国家实现现代化，并不只有西方制度模式这一条道，各国完全可以走出自己的道路来。可以说，我们用事实宣告了"历史终结论"的破产，宣告了各国最终都要以西方制度模式为归宿的单线式历史观的破产。

——习近平

　　中国特色社会主义政治发展道路，坚持发展立足中国国情、符合中国实际的社会主义民主政治，为那些既希望发展民主又不希望照搬西方政治模式的发展中国家提供了有益启示，为人类对更好社会制度的探索提供了新的方案。尤为重要的是，中国特色社会主义政治发展道路所蕴含的民主政治发展规律，超越了西方主流政治发展理论，以一系列新概念新范畴新理念丰富发展了马克思主义政治学理论。全世界越来越多人深刻认识到，民主是各国人民的权利，而不是少数国家的专利。一个国家民主不民主，要由这个国家的人民来评判，而不能由少数人说了算。实现民主有多种方式，不可能千篇一律。中国发展民主政治的实践表明，政治制度是丰富多彩的，人类政治文明是五彩缤纷的，西方民主制度模

---

[1] 《习近平谈治国理政》第四卷，外文出版社 2022 年版，第 260—261 页。

式不是其他国家的唯一归宿。善于吸取人类政治文明发展成果，坚持走适合自身的政治发展道路，才是发展民主政治的正道。

## 分析与思考

1. 当今世界正在经历百年未有之大变局，要善于端起历史规律的望远镜观望世界，从现象中发现本质，把握历史规律，认清世界大势。请运用马克思主义科学方法分析当代世界政治现状，明确世界政治发展趋势。

2. 在国际秩序变革的历史转折点上，中国为推动国际政治秩序朝着更加公正合理的方向发展贡献了独特的智慧。请结合当代中国与世界的关系，谈谈你对当代中国马克思主义国际关系理论的理解。

3. 中国特色社会主义政治发展道路和当代中国马克思主义政治发展理论，为人类政治文明发展贡献了中国方案。请从中西政治制度和政治绩效的对比中分析和思考为什么要坚定对中国特色社会主义的制度自信。

# 第三章　当代世界文化

　　文化是一个国家和民族的灵魂，也是人类进步和社会发展的重要推动力量。当今时代，文化在人类社会发展中的地位和作用更加突出，各国越来越重视文化发展。随着经济全球化深入推进，各种文化交流交融不可阻挡，文化交锋日趋频繁，文化的渗透和反渗透斗争更加尖锐。每个国家都有自己独特的历史文化和具体国情，世界各国应坚持互尊互信、开放包容，尊重各国自主选择的发展道路，反对"西方文明优越论""文明冲突论"，弘扬全人类共同价值，加强文化交流、文明互鉴。我们要把握当代世界文化的发展趋势，坚持以习近平文化思想为行动指南，加强对思想舆论的积极引领，坚定文化自信，增强文化自觉，在新的历史起点上继续推进文化繁荣、建设文化强国、建设中华民族现代文明，为强国建设、民族复兴提供坚强思想保证、强大精神力量、有利文化条件。

## 第一节　当代世界文化的发展趋势

　　文化是一定社会政治和经济的反映，又影响和作用于一定社会的政治和经济。当今时代，世界多极化、经济全球化、社会信息化仍是大势所趋，新一轮科技革命和产业变革深入发展，极大推动了人类文化多样化和深度交流交融交锋。只有主动顺应文化多样化和文明交流互鉴的时代趋势，才能引导世界文化朝着正确方向发展。

## 一、文化在当代世界的地位和作用日益凸显

当今时代，国家核心竞争力中的文化因素越来越突出，文化在世界格局变化中的地位越来越重要。谁拥有了强大的文化软实力，谁就能够在激烈的国际竞争中占据主动、赢得未来。在世界百年未有之大变局的今天，提高国家文化软实力，不仅关系一个国家在世界文化格局中的定位，而且关系一个国家的国际地位和国际影响力，关系一个国家和民族的前途命运。

### 1. 文化是一个国家和民族的灵魂

对于一个国家和民族来说，文化始终是血脉和纽带，铭刻着一个民族的集体记忆，寄托着一个民族的共同追求，国家和民族的认同从根本上说就是文化的认同。如果不珍惜自己的思想文化，丢掉了思想文化这个灵魂，这个国家、这个民族是立不起来的。"人类社会每一次跃进，人类文明每一次升华，无不伴随着文化的历史性进步。"[1] 文化最大的特质，就是具有极强的渗透性、持久性，像空气一样无时不有、无处不在，能够以无形的意识、无形的观念，深刻影响有形的存在、有形的现实。

文化是引领国家和民族前进的旗帜和号角，民族的觉醒首先是文化的觉醒，社会的进步总是以文化的进步为先导。近代中国重新踏上民族复兴之路，也正是从文化的觉醒、新文化运动的兴起开始的。事实证明，

---

[1] 《习近平关于社会主义文化建设论述摘编》，中央文献出版社 2017 年版，第 5 页。

文化深刻体现着一个民族和国家的创造力、生命力，是民族生存发展、国家繁荣兴盛的精神支柱和力量源泉。没有文化的自立自强自信，就没有国家的自立自强自信。

### 2. 文化是社会文明进步的重要标识

经济、政治、文化、社会、生态全面协调发展是现代化国家的必然要求。随着人类实践的不断发展，越来越多的人认识到，文化不仅是现代化建设的重要保证，而且是经济社会发展不可或缺的重要内容和重要目标。文化不仅直接贡献于经济增长，而且在提升发展质量中发挥着越来越重要的作用。文化资源日益成为经济发展的重要资源，文化消费日益成为拉动经济增长的强大引擎，文化产业不仅日益成为经济结构调整和转变经济发展方式的着力点，而且日益成为提升人民生活水平的重要支撑。只有当文化发展与经济发展良性互动的时候，当文化表现出更强大力量的时候，当经济增长具有更多文化含量的时候，才能实现更高层次、更高质量、更高水平的经济发展。

文化是社会的"润滑剂""减压阀"，实现人与社会、人与人的和谐，离不开人文精神的培育，离不开优秀文化的滋养。人创造了文化，文化也塑造着人。文化对人来说，是一种精神上的内在需求、普遍需求，也是终身相伴的需求。人们需要通过文化来启蒙心智、认识社会，获得思想上的教益，也需要通过文化愉悦身心、陶冶性情、提升自身，获得精神上的满足和依归。精神文化上的充实和丰盈，始终是幸福生活和美好人生的内在要求，文化越来越成为保障、改善民生和提高生活质量的重要内容。

### 3. 文化是综合国力竞争的重要支撑

当代世界，文化在综合国力竞争中的地位和作用更加凸显，文化领域的竞争能力在很大程度上决定了一个国家在世界中的地位，文化软实力成为不可忽视的"硬实力"。许多国家都把提高文化软实力作为重要战略，利用文化展示本国形象、拓展国家利益。美国制定了《国家战略传播构架》，把文化输出作为其谋求实现全球霸权的重要手段。欧盟 20 多个国家发表了各自的文化政策官方文件。日本和韩国也都提出了文化立国的战略。目前，一些发达国家文化产业增加值已在其国内生产总值中占据重要分量，这不仅给它们带来了丰厚的经济利益，也传播了它们的价值观念。

## 二、当代世界文化交流交融交锋深度发展

当前，世界多极化、经济全球化、社会信息化、文化多样化深入发展，各种思想文化交流交融交锋更加频繁。要准确把握这一趋势和特点，以更加开放的姿态加强民族间的文化交流，维护世界文化多样性，促进不同文化的相互交融、取长补短，积极应对日趋激烈的文化交锋。

### 1. 文化交流空前活跃

文化因交流而多彩。文化交流是人类活动的重要组成部分，通过文化交流，人们可以沟通心灵、开阔眼界、增进共识、提升素养。文化交流成为构建人类命运共同体的重要路径。应对共同挑战、迈向美好未来，既需要经济科技力量，也需要文化文明力量。

经济全球化的快速发展使文化交流空前活跃，为世界各国各民族开展文化交流提供了重要前提。人们在接受世界各地物质产品的同时也产生了了解学习其背后精神文化的需求，经济全球化程度越高，这种需求越旺盛。经济全球化的深入发展，既推动了世界经济政治格局的深刻变化，也推动了世界文化交流。特别是网络信息传播技术的飞速发展及其普及应用，极大提高了文化产品、文化观念的传播速度，满足人们多样化文化需求的方式更加便捷，文化交流的活跃度大大

提高。

## 2. 文化交融日益加深

文化因交融而出新。文化交融是指不同类型的文化之间相互结合、相互吸收的过程。在这一过程当中，各种文化之间相互渗透。在当代世界，不同文化之间相互影响、相互借鉴的趋势更加突出。

文化交融体现为不同文化背景下人们的语言、思维、风俗、价值观的相互渗透，体现为不同国家、不同民族文化的相互促进。文化交融不是不同文化之间的无序融合，而是通过对不同文化的比较与选择，推动文化的变革创新和发展进步。不同文化交融发展，深刻改变了人们的生活方式，推动了世界多元文化环境的形成，人们在日常生活的各个方面都可能受到不同文化的影响，文化生活的国际化趋势日益显著。在当代世界，没有一种文化可以完全不受其他文化的影响而发展，不同国家、不同民族的人们都受到世界文化交融的影响。文化交流互鉴应该是平等的、多元的、多向的，而不应该是强迫的、一元的、单向的。不同国家、不同民族的文化交融应遵循相互尊重的原则，不能将文化交融变成一个"大鱼吃小鱼"式的文化侵略过程。

## 3. 文化交锋复杂尖锐

不同国家和民族由于历史和传统不同，必然存在文化差异。任何一种思想文化，都是在与不同文化的相互碰撞、相互借鉴中不断发展的。在文化交流互鉴的过程中，既有学习、消化、融合、创新，也会伴随着冲突、矛盾、疑惑、拒绝；既有相互联系、相互影响，又有相互渗透、相互斗争。文化因平等才有交流互鉴的前提，了解各种文化的真谛，必须秉持平等、谦虚的态度。如果居高临下对待一种文化，不仅不能参透这种文化的奥妙，而且会与之格格不入，甚至激化不同文化之间的交锋与冲突。

当代世界存在着不承认各种文化应当平等交流的文化霸权倾向。唯我独尊的文化心态和文化行为，阻碍了正常的文化交流。一些发达国家宣扬西方文化普世论，向其他国家输出其价值观，推行文化霸权主义，甚至公然丑化并企图消灭他国文化。西方文化霸权主义在扩张过程中，必然会遭到发展中国家的抵制和反对。历史和现实都表明，傲慢和偏见是文化交流互鉴的最大障碍。

## 三、顺应文化多样化和交流互鉴的时代趋势

文化因多样才有交流互鉴的价值。人类在漫长的历史长河中，创造和发展了多姿多彩的文化。各种独特的文化形态、不同的历史文化渊源，决定了当代世界文化及其发展的多样化态势。必须遵循求同存异的原则，顺应文化多样化的发展趋势，尊重不同民族独特的文化发展道路，并且在相互学习借鉴中推动文化繁荣发展。

### 1. 维护世界文化多样化

和而不同是事物发生发展的规律，世界文化的发展也不例外。每一个国家和民族的文化都扎根于本国本民族的土壤之中，都有自己的本色、长处、优点，都有自己存在的价值。保持每个民族文化的特色和生命力，不仅是本民族生存发展的需要，也是其他民族发展的需要。多样化是世界文化的基本属性和基本样态，多样的世界文化是世界多样性的重要内容。文化存在先进和落后的区别，但文化的更新需要通过本国人民的自觉自省和不同文化的交流来实现，不能通过"文化优越""文化霸权"来实现。

维护文化多样化是推动世界文化健康发展的必然要求。维护文化多样化，要求不同国家、不同民族维护本国本民族文化的独立性，并在此基础上加强文化的相互交流、相互学习、相互借鉴，而不能相互隔绝甚

至相互排斥、相互取代。任何想用强制手段来解决文化差异的做法，都是文化霸权主义和文化利己主义的表现，非但不会成功，反而会给世界文化带来灾难。

## 2. 尊重各国各民族文化

没有各国各民族文化的健康发展，就没有世界文化的健康发展。每个国家、每个民族不分强弱、不分大小，其思想文化都应该得到承认和尊重。之所以要维护和弘扬本国本民族的文化传统，是由文化的独特价值决定的。首先，文化是一个民族生存赓续的血脉。不同国家、不同民族的文化各有千秋、各具特色。文化特别是蕴含其中的核心价值观，是一个国家、一个民族的灵魂；一个国家的历史及其记忆，积淀在文化中；一个民族的生命力，聚集在文化中；一个事业的前途命运，蕴含在文化中。其次，文化的先进与否是在本民族发展进程中表现出来的，对一个民族的文化性质与现状的判断，本民族最有发言权。每个民族的文化都既有精华也有糟粕，但各民族的文化中哪些是精华哪些是糟粕，要由各民族人民在生活和实践中自己作出判断，不能由他人做裁判员。任何国家和民族都不能站在所谓的"文化顶峰"，把自己的文化视为最优秀的而强加于其他国家和民族，不能充当文化霸主、搞文化霸权。最后，文化多样性是人类文化发展的正常生态。任何一个国家、一个民族都是在承先启后、继往开来中走到今天的，世界是在人类各种文明交流交融中成为今天这个样子的。因此，维护和弘扬本国本民族的文化传统，就是维护人类文化的多样性，就是维护世界文化的正常生态。

当代中国是历史中国的延续和发展，当代中国思想文化也是中国传统思想文化的传承和升华。要认识今天的中国、今天的中国人，就要深入了解中国的文化血脉，准确把握滋养中国人的文化土壤。中国人民的理想和奋斗，中国人民的价值观和精神世界，是始终深深植根于中华优秀传统文化沃土之中的，同时又是随着历史和时代前进而不断与日俱新、与时俱进的。我们要科学对待民族传统文化，科学对待世界各国文化，用人类创造的一切优秀思想文化成果武装自己。

### 3. 促进世界文化交流互鉴

文化具有流动性和开放性。任何一种文化，不管它产生于哪个国家、哪个民族的社会土壤，都是流动的、开放的，这是文化发展的重要规律。在经济全球化背景下，开放是各民族生存发展的基础和条件，不同文化的相互开放、相互学习已经成为不同国家、不同民族发展进步的重要途径。国家之间、民族之间的隔阂常常源自对彼此文化认知上的缺乏，文化开放可以增进不同国家、不同民族的相互理解。

在进行文化学习借鉴实践中，必须坚持从本国本民族实际出发，坚持取长补短、择善而从，讲求兼收并蓄。同时，反对囫囵吞枣、莫衷一是，坚持去粗取精、去伪存真。历史表明，那种不顾本国本民族文化实际，简单移植或盲目排斥外来文化的做法都不利于本国本民族文化的健康发展。各个国家、各个民族要珍惜和维护自己的文化，也要承认和尊重别国别民族的文化。对人类创造的一切优秀文化成果，应该采取学习借鉴的态度，积极吸纳其中的有益成分。推动一切文明中的优秀文化基因与当代文化相适应，与现代社会相协调，弘扬跨越时空、超越国度、富有永恒魅力、具有当代价值的优秀文化精神。

# 第二节　社会思潮中的文化渗透与思想引领

社会思潮是思想文化的集中反映，表达了特定的阶级利益和政治诉求。当代世界，各种社会思潮纷繁复杂，对人们的思想乃至行为产生更加深刻的影响。正确认识和分析当代社会思潮的本质及影响，对于坚持和巩固马克思主义在意识形态领域的指导地位，防范化解意识形态领域风险，发展积极健康向上的主流思想文化具有重要意义。

## 一、社会思潮是社会意识形态的特殊形式

社会思潮具有鲜明的意识形态属性。正确的社会思潮可以促进社会发展和时代进步，错误的社会思潮会误导人们的认知，扰乱社会思想，甚至引发社会动荡。

### 1. 社会思潮及其特点

社会思潮一般是指在一定时期内，以特定的社会存在为基础，以较为直观的方式，反映某一阶级、阶层或群体的利益和要求，广泛传播并对社会生活产生一定影响的思想趋势或思想倾向。作为思想文化的集中反映和意识形态的重要组成部分，不同的社会思潮，对社会发展和人们的精神世界会产生不同性质、不同程度的影响。对社会思潮的正确辨别和有效应对是政治辨别力、政治领悟力和政治执行力的重要体现。

社会思潮具有以下主要特点：

倾向性。社会思潮是特定历史条件下的产物，是社会存在的反映。它代表了特定社会阶级、阶层或群体维护自身利益的思想主张，具有鲜明的倾向性。

多样性。当代社会经济结构、社会组织、就业方式、分配方式日益多样化，引起社会思想更加多元多样多变，相应地使社会思潮也呈现多元多样的态势，即在一定时期内会出现反映现阶段不同群体利益诉求的多种社会思潮。

易变性。社会思潮尽管依赖理论观点的支撑，但作为感性的情绪表达，它更容易受到不断变化的社会环境、社会实践、社会心理和社会情绪的影响，具有较强的易变性。

扩散性。某种社会思潮一旦形成，往往会影响和干预人们的思想和

现实生活，从而引起较大的社会关注。同时，社会思潮多以情绪性、大众性和流行性的方式表达，在传播中更易于扩散。

可塑性。多样化的社会思潮并不是完全无序的，往往会受更强大、更有说服力的意识形态的影响，具有可以被引导的特点。用主流意识形态引领社会思潮是国家治理的需要，是社会主流思想文化的基本功能。

### 2. 社会思潮的产生及影响

社会思潮之所以能够在社会的一定范围内传播，并在相当程度上为社会个体所接受，一方面是因为社会思潮多运用表达一定政治诉求的学术话语来征服人心（消极甚至错误的思潮往往具有一定的理论迷惑性）；另一方面是因为社会思潮还常常表征着一定的社会心理和社会情感，具有较强的感染力。当一种理论或价值取向能够调动相当数量群众的情绪时，就有可能产生一定的社会共鸣，进而形成社会思潮。

马克思、恩格斯指出："意识在任何时候都只能是被意识到了的存在，而人们的存在就是他们的现实生活过程。"[1] 社会思潮作为一种社会意识，同样是对现实生活的一种反映。在阶级社会或有阶级存在的社会里，作为社会经济、政治条件反映的社会思潮无不带有鲜明的阶级烙印。从表现形式来看，社会越是处在变革时期，各种社会矛盾越是错综复杂，社会人群越是多元分化，社会思潮就越可能表现出多样性。随着受教育程度普遍提高，民众的民主意识、参与意识、权利意识增强，对社会政治及理论的关注加强，加之大众传媒尤其是互联网、移动终端等新媒介的应用日益广泛，社会思潮便更易于形成和传播。

具有不同性质和特点的社会思潮会产生不同的影响。一般来说，科学进步、积极向上的社会思潮，有利于拓展人们的视野，推动思想文化创新和社会变革，激发社会活力和创造力；而错误落后、消极保守的

---

[1] 《马克思恩格斯选集》第一卷，人民出版社 2012 年版，第 152 页。

社会思潮，则会扰乱人们的思想，破坏社会的稳定，甚至阻碍社会的进步。

### 3. 思想舆论斗争的新特点

冷战结束以后，世界范围内思想舆论斗争呈现出更加复杂的态势，思想文化上的交流交融交锋更加频繁，意识形态领域的斗争时而隐蔽时而公开且更为复杂尖锐，并呈现出新的特点。在当代，意识形态渗透成为西方国家西化、分化其他国家的主要手段，这些国家企图利用思想文化独霸天下，推行文化霸权的行径更加肆无忌惮。

当今世界，西方敌对势力将我国视为意识形态上的主要对手，把我国的发展壮大视为对其价值观和制度模式的挑战。它们极力构建所谓"价值观联盟"，对我国加紧思想文化渗透，使思想文化领域、意识形态领域的斗争变得胶着持久，并且和国内意识形态斗争密切交织。从根本上说，这种意识形态斗争反映的是两种价值观、两条道路、两种制度的较量，其趋势是长期、复杂甚至是十分尖锐的，我们要做好打持久战的准备。

西方敌对势力利用多种方式方法手段，加紧对我国进行意识形态渗透，在中国培植其利益代言人、代理人。一些腐朽落后思想文化沉渣泛起，意识形态问题在政治、经济、文化等多个领域存在，并与民生问题密切交织，一些错误思想观点时有出现。在政治上，解构歪曲党史、新中国史，否定四项基本原则，否定中国特色社会主义民主政治制度，宣扬多党制和"三权分立"；在经济上，以"反思改革"为名否定改革开放，制造改革开放前后两个历史时期的对立，否定公有制的主体地位，宣扬私有化；在文化上，否定马克思主义，鼓吹西方价值观，宣扬所谓的"普世价值"。另外，西方敌对势力利用其网络技术优势建立网络文化同盟、文化水军，不断抹黑中国，对我国进行文化围剿，大肆进行意识形态渗透。互联网已经成为意识形态斗争的主战场、主阵地、最前沿。

## 二、资本主义价值观及其对当代社会思潮的影响

资本主义价值观主要是指近代以来在资本主义发展过程中形成和发展起来的、适应资本主义经济政治制度、以资产阶级意识形态为主导的价值观。利用错误社会思潮输出资本主义价值观，是西方国家进行"颜色革命"的主要方式。错误社会思潮是资本主义价值观在政治、经济、文化上的集中体现，抵制和批判错误社会思潮是当前意识形态斗争的重要内容。

### 1. 资本主义价值观的形成与演变

资本主义价值观是随着资本主义生产方式的出现和发展，经过长期历史过程逐渐形成的。随着统治地位的巩固，资产阶级逐渐建立了一整套体现其利益的经济、政治、文化和社会制度，并在此基础上形成了反映本阶级利益诉求的价值观。资本主义价值观的核心是个人主义，强调个人利益至上，宣扬自由主义、功利主义等。

资本主义价值观作为历史的产物，曾对人类社会发展起到过积极作用。它为反对宗教神权和封建专制扫清了思想障碍，促进了资本主义生产关系的发展，为近代以来资本主义工业化、市场化、现代化进程的开启提供了思想条件。但它主要适应资本主义生产方式发展的需要，体现资产阶级的利益，是为资产阶级服务的。在政治上，它是资产阶级维护统治的思想工具，是资本主义制度的理论支撑和思想前提；在经济上，它为资本主义雇佣劳动关系和市场经济准则提供价值观基础，并作出道义上的辩护；在文化上，它反映资产阶级的道德准则和价值诉求，它作为出发点的"人"，是利己主义的个人，而不是人民大众，这是资本主义精神的内核。

在夺取政权并牢固建立了自己的阶级统治以后，资产阶级就逐渐背离了当初的宣言，不断强化阶级专政。资产阶级标榜的自由、民主、平

等、博爱、人权等价值观念，实质上是为了维护其对财产占有和使用的自由，维护资本在市场上进行交换和竞争的自由。资产阶级以法律形式上的权利平等，维护着事实上的不平等。只要资产阶级的统治受到威胁，他们就立即把"自由、平等、博爱"这句格言代以毫不含糊的"步兵、骑兵、炮兵"。

### 2. 当代错误社会思潮的主要表现及对中国的影响

改革开放以来，西方错误社会思潮借机大举进入中国并发展演变，成为西方国家对中国进行意识形态渗透、和平演变的重要方式。虽然这些错误思潮不断变化形式，但实质上都是否定中国共产党的领导和社会主义制度，都是资产阶级自由化思潮。其根源是对西方的盲目崇拜，主张中国的现代化就是要"全盘西化"。科学揭露批评错误社会思潮的表现、本质及危害是我国社会主义意识形态建设的重要任务。当前，错误社会思潮主要包括以下七种：

西方宪政民主。这是一种典型的西方政治思潮，有着鲜明的政治内涵和指向。它鼓吹要在全球建立西方资本主义政治制度，实行"三权分立"、多党制、普选制、司法独立、军队国家化。西方宪政民主思潮具有一定的迷惑性、欺骗性。它借用"依法""依宪"等观念，把中国共产党的领导与宪法和法律实施对立起来，把讲政治和讲法律对立起来，企图把依宪执政与西方宪政民主等同起来，以西方政治制度和政治理念置换实施社会主义宪法、维护中国宪法法律尊严等概念，其最终目的就是要把西方宪政和资本主义民主搬到中国来，使中国改旗易帜、改弦更张。

历史虚无主义。近年来，境内外一些人以"重新评价历史"为名，歪曲党史、新中国史，否定和歪曲被压迫人民和民族争取解放的斗争，宣扬革命是一种单纯破坏的力量，为历史上各色反动人物评功摆好并大肆翻案，企图通过否定历史来从根本上否定中国共产党的历史地位和作用。这一思潮奉行唯心主义历史观，不顾历史事实地刻意抹黑，违背了研究历史的客观真实原则；在政治上配合国外反动势力西化、分化中国的政治图谋，起到搞乱思想、涣散人心的消极作用，目的就是从根本上否定马克思主义指导地位和中国走向社会主义的历史必然性，煽动推翻中国共产党领导和中国社会主义制度。这一思潮的泛滥妨碍人们对历史的科学认知，割裂革命与建设、历史与现实的有机联系，妨碍历史共识与政治共识的形成，造成了严重的思想混乱。认清这一思潮的实质，关键要运用唯物史观，揭示其唯心主义本质和理论上的荒谬性。要坚持从普遍联系中把握历史的真实，反对玩弄实例和随意肢解历史，反对用抽象人性论看待历史，反对用改良否定革命的错误观点，反对夸大历史人物作用的英雄史观，更要反对为反动历史人物翻案等错误主张。

新自由主义。这一社会思潮是当代国际垄断资本的政治纲领和经济范式，本质上反映了垄断资产阶级的利益，是为国际垄断资本全球扩张服务的，是一种资本主义意识形态。它在经济上主张完全自由化、全面私有化和市场化，攻击、否定公有制和国有企业，否定政府宏观调控；在政治上全面否定社会主义制度，鼓吹多党制；在国际战略和政策上鼓吹以超级大国为主导的全球经济、政治、文化一体化，即全球资本主义化。近年来，一些国家极力传播扩散新自由主义社会思潮，给不少发展中国家带来了灾难性后果。这一思潮在当代中国有比较大的影响和危害，其核心是要根本改变中国的基本经济制度。要认清这一思潮的实质，决不能动摇社会主义公有制的主体地位，否则中国现行的基本经济制度和政治制度将改变性质，发展社会主义就会成为一句空话。

"普世价值"。这一社会思潮是把资本主义的政治价值观及其制度设计泛化为"普世价值"和"普世模式"，即把西方的自由民主制度普世化。资本主义价值观是在资本主义生产方式的基础上形成的，从根本上说，是为资产阶级利益服务的。资产阶级把自己的利益说成是全体社会成员的共同利益，把自己的价值观以全人类的共同价值观装饰起来，目的就是巩固其统治地位。政治价值观及其制度设计由于其鲜明的阶级性和直接现实性而不可能具有普世性，没有一种国家制度是全世界都适用的。一些国家、势力把在全世界推行所谓的"普世价值"作为意识形态渗透的主要方式，这是我国坚持和发展中国特色社会主义、深化改革开放所必须克服的重大干扰。因此，问题的根本不在于是否承认人类有某些共同的价值追求，而在于为什么不能用所谓的"普世价值"来指引我国的改革实践。

"公民社会"。这是西方一些人为适应发达资本主义国家在世界各国扩大经济、政治、文化影响的需要而鼓吹的社会思潮。它把国家的阶级统治关系歪曲为所谓"个人权利"与"公权力"间的对抗，故意夸大非政府组织的作用，刻意淡化某些非政府组织的政治图谋，其目的是推销西方的政治模式。近年来，一些国家在全世界推行"新干涉主义"，到处搞"颜色革命"，"公民社会"思潮充当了其思想工具。事实上，这些国家的所谓"公民社会组织"并不像公民社会思潮宣扬的那样，是"超政府"的，而是大多在垄断资本和政府控制之下。一些人之所以要在中国宣扬这一思潮，鼓吹"小政府、大社会"，其目的就是要争夺基层组织的领导权，使基层群众自治组织的发展排斥和脱离党的领导，成为与基层政权乃至国家相对抗的力量，进而制造"颜色革命"。一些人打着捍卫公民权利的旗号，目的是制造人民群众与各级党委、政府的对立，否定党的领导和人民民主专政制度。

西方新闻观。这一社会思潮以抽象的"人性""理性"为出发点，鼓吹无条件的、绝对的、超阶级的新闻自由，标榜新闻媒体是"社会公器""第四权力"。但实际上，新闻作为上层建筑的组成部分，意识形态属性是其重要属性。任何新闻都蕴含着一定的价值观，都受一定的意识形态影响，总是以不同的表达方式表现其阶级性和政治性，表现其一定的政治倾向、价值立场。在发达资本主义国家，新闻媒体的创办权、使用权和新闻信息的发布权，大都掌握在垄断资本集团及其代理人手中，媒体受金钱的支配和资本的奴役，新闻自由实际上是垄断资产阶级及其利益维护者的信息自由。从根本上说，西方宣扬的新闻报道的"纯粹客观性"、标榜的"新闻自由"是不存在的。

质疑改革开放、质疑中国特色社会主义的社会主义性质。一些人看不到改革是社会主义制度的自我完善和发展，把发展中的矛盾和问题归咎于改革开放，认为改革"改过了头""背离了社会主义方向"，质疑中国还是不是社会主义，甚至攻击中国特色社会主义是"国家资本主义""官僚资本主义""权贵资本主义"等；一些人则宣扬"改革停滞论""政治体制改革滞后论"，主张按照"全盘西化"的方案搞所谓"彻底的改革"。否定中国的改革开放，就是否定党的十一届三中全会以来的路线方针政策，否定中国特色社会主义，进而否定新中国和中国共产党。

各种错误社会思潮的共同特征就是极力宣扬、鼓吹和追求资产阶级的自由民主，企图把西方的政党轮替、三权分立、投票民主的所谓自由民主制度，追求游戏人生、快乐至死的生活方式，享乐主义、拜金主义、极端个人主义的价值观"引进"或渗入我国的政治、经济、社会、文化生活中来，从原则上否认、反对和破坏中国的社会主义事业，否认、反对和破坏中国共产党对于中国特色社会主义事业的领导。错误社会思潮的实质，就是要求在政治、经济、社会、文化领域内摆脱社会主义的轨道，实行资产阶级的所谓自由民主制度。坚持用马克思主义立场观点方法，客观辩证地分析各种错误社会思潮，有助于辨明其意识形态本质和政治倾向，增强政治鉴别力与政治敏锐性，更好地引领社会思潮。

### 三、用社会主义核心价值观引领社会思潮

倡导富强、民主、文明、和谐，倡导自由、平等、公正、法治，倡导爱国、敬业、诚信、友善，与中国特色社会主义发展要求相契合，与中华优秀传统文化和人类文明优秀成果相承接，是推进中国特色社会主义伟大事业、实现中华民族伟大复兴的思想保障。用社会主义核心价值

观引领多样化社会思潮，是巩固马克思主义在意识形态领域指导地位、巩固全党全国各族人民团结奋斗的共同思想基础的必然要求，也是提升国家文化软实力、推动社会主义文化繁荣发展的必然要求。

### 1. 当代中国社会思想舆论的现状

当代中国社会思想舆论的总体态势是进步、积极、向上的。马克思主义在意识形态领域指导地位的根本制度进一步巩固；中国特色社会主义道路、理论、制度、文化成为全党全国各族人民的普遍共识，道路自信、理论自信、制度自信、文化自信更加坚定；文化事业和文化产业呈现繁荣发展的良好局面，文化强国建设扎实推进；社会主义核心价值观的引领作用充分彰显，以爱国主义为核心的民族精神和以改革创新为核心的时代精神深入人心，集体主义传统在社会主义市场经济条件下获得了新的坚实基础。

但是，当代中国社会思想舆论也出现了一些复杂的新情况。随着经济体制深刻变革、社会结构深刻变动、利益格局深刻调整，社会各阶层之间的利益关系更加复杂，与群众切身利益密切相关的问题增多，多个领域的社会矛盾和问题相互叠加、相互交织、集中呈现，人们思想活动的独立性、选择性、多变性、差异性明显增强，各种社会群体竞相发声。社会思想文化多元多样多变的现象更加突出，各种思潮此起彼伏，主流与非主流的思想观念并存。互联网时代，思想舆论传播格局发生了根本变革，人人都可以是自媒体，信息传播方式由单向式、广播式传播转为交互式、裂变式传播。资本操纵舆论风险凸显，境内外敌对势力深度介入，网上网下、国际国内意识形态斗争密切交织，使信息来源难以追溯、信息内容难辨真伪、信息流向难以控制，斗争形势错综复杂，互联网管理的难度进一步加大。这些都进一步增加了思想舆论斗争的复杂性、艰巨性。

同时，随着中国对外开放的扩大和对外交往的增多，西方社会思想文化越来越多地涌入中国。一些敌对势力借此对中国实施西化、分化图谋，进行意识形态渗透、文化渗透、价值观渗透，企图利用"西方文明中心论""文明冲突论""西方文明优越论"等冲击中国的文化自信；利用涉港、涉台、涉疆、涉藏等敏感问题制造谣言，污蔑抹黑中国，试图瓦解中国人民共同奋斗的思想基础；通过夸大、歪曲、炒作中国的一些偶发突发事件、社会热点问题，攻击社会主义制度，挑战马克思主义的指导地位和中国共产党的领导。

党的十八大以来，我国意识形态领域形势发生全局性、根本性转变。我们有效解决了意识形态领域党的领导弱化问题，立破并举、激浊扬清，就意识形态领域许多方向性、战略性问题作出部署，确立和坚持马克思主义在意识形态领域指导地位的根本制度，健全意识形态工作责任制，旗帜鲜明反对各种错误观点和错误思潮。我们从正本清源入手加强宣传思想工作，廓清了理论是非，校正了工作导向，思想文化领域向上向好态势不断发展。高度重视传播手段建设和创新，推动媒体融合发展，提高新闻舆论传播力、引导力、影响力、公信力。巩固和发展主流思想舆论，必须坚持社会主义先进文化前进方向，树立高度的文化自觉和文化自信，在与各种社会思潮更广泛的交流、更积极的交融和更激烈的交锋中，进一步巩固马克思主义指导地位，筑牢人民群众团结奋斗的共同思想基础。

## 2. 正确引领社会思潮

当前，世界百年未有之大变局加速演进，各种社会思潮活跃是正常现象，思想舆论斗争也不可避免，这就要求我们必须进一步大力加强理论学习、理论武装，加强思想理论辨析，真正用先进理论把关定向，主动科学地引领社会思潮，通过大力加强社会主义意识形态建设营造积极健康的社会精神文化氛围。

掌握马克思主义世界观和方法论。正确认识和引领社会思潮，要求我们必须坚持辩证唯物主义和历史唯物主义的立场观点方法，尤其是要不断增强辩证思维能力，提高驾驭复杂局面、处理复杂问题的本领，认清各种错误思潮的片面性、表面性和欺骗性。要大力加强群众性的马克思主义学习教育，大力加强传播手段和话语方式创新，让马克思主义中国化时代化最新成果"飞入寻常百姓家"，真正做到用习近平新时代中国特色社会主义思想武装头脑、指导实践。

善于用生动实践批驳各种错误社会思潮。各种错误社会思潮往往从抽象的观念出发，用抽象的理论裁剪丰富的实践，又用裁剪过的片面实践否定我们的基本理论和基本实践。要善于用事实说话，用不断发展的具体实践抵制和批判错误社会思潮，深刻揭示其脱离当代中国发展实践的实质和危害，揭露其空洞性和荒谬性。要从历史和现实、理论和实践、国内和国际结合上，注重对中国特色社会主义伟大实践不断进行理论概括和总结，增强人们对中国特色社会主义的认同感。

正确开展思想舆论斗争。我们的斗争是有方向、有立场、有原则的，大方向就是坚持中国共产党领导和我国社会主义制度不动摇。凡是危害中国共产党领导和我国社会主义制度的各种风险挑战，凡是危害我国主权、安全、发展利益的各种风险挑战，凡是危害我国核心利益和重大原则的各种风险挑战，凡是危害我国人民根本利益的各种风险挑战，凡是危害我国实现第二个百年奋斗目标、实现中华民族伟大复兴的各种风险挑战，只要来了，我们就必须进行坚决斗争，而且必须取得斗争胜利。要发扬斗争精神、增强斗争本领，敢于斗争、善于斗争，坚持和运用马克思主义的实践观、群众观、阶级观、发展观、矛盾观，不断提高政治判断力、政治领悟力、政治执行力，真正做到旗帜鲜明坚持真理、立场坚定批驳谬误。坚持党性和人民性相统一，通过对错误思潮的不断甄别、批判，对其本质、危害以及迷惑性、欺骗性进行深入揭露，做大做强主流思想舆论，把体现党的主张和反映人民心声统一起来，在以立为本、立破并举中建设具有强大凝聚力和引领力的社会主义意识形态。

### 3. 凝聚和培育当代中国社会的价值共识

社会主义核心价值观是社会主义核心价值体系的内核，体现社会主义核心价值体系的根本性质和基本特征，反映其丰富内涵和实践要求，是其高度凝练和集中表达。社会主义核心价值观是当代中国社会在价值诉求上的最大公约数，是抵制各种错误社会思潮的思想理论武器。

> 核心价值观，承载着一个民族、一个国家的精神追求，体现着一个社会评判是非曲直的价值标准。
>
> ——习近平

要以先进的思想和彻底的理论为指导。核心价值观背后表达的是利益诉求。在无数的利益诉求中，究竟什么样的利益诉求能得到历史的承认和人民的拥护，没有先进的理论指导和有效的理论武装，是无法作出科学预测的。在价值观多元多样多变的今天，只有在科学思想理论的指导下，才能够自觉培育和践行社会主义核心价值观。

要体现社会主义的精神追求。社会主义在长期的历史发展进程中形成了独特的精神追求：体现劳动和劳动人民在社会生活中崇高地位的"劳动伟大""劳动光荣"，体现人民作为国家真正主人的"为人民服务""以人民为中心"，体现社会主义制度优越性的"共同富裕"等。凝聚和培育当代中国社会的价值共识，一定要始终坚持人民至上，光大中国共产党人的精神谱系，赓续中国共产党人的精神血脉，引导更多人真正将爱党、爱国、爱社会主义统一起来。

要立足中华优秀传统文化。牢固的核心价值观，都有其固有的文化根基。抛弃传统、丢掉根本，就等于割断了自己的精神命脉。博大精深的中华优秀传统文化是我们在世界文化激荡中站稳脚跟的根基。中华文化源远流长，积淀着中华民族最深层的精神追求，代表着中华民族独特的精神标识，为中华民族生生不息、发展壮大提供了丰厚滋养。中华传统美德是中华文化的精髓，蕴含着丰富的思想道德资源。脱贫攻坚、抗疫斗争等伟大实践一次次证明，社会主义核心价值观、中华优秀传统文化具有强大的精神动力，是凝聚人心、汇聚民力的强大力量。

要融入社会生活。一种价值观要真正发挥作用，必须融入社会生活，让人们在实践中感知它、领悟它。要注意把我们的倡导与人们日常生活紧密联系起来，在落细、落小、落实上下功夫。要积极践行社会主义核心价值观，并与错误言行进行坚决斗争，确立良好的价值导向和行为规范。要使社会主义核心价值观的基本精神，融入法律法规以及各行各业的规章制度、市民公约、乡规民约和学生守则等行为准则，使其成为人们行为规范的基本遵循。

# 第三节  建设社会主义文化强国

文化兴国运兴，文化强民族强。没有社会主义文化繁荣发展，就没有社会主义现代化。建设社会主义文化强国，是丰富人民群众精神生活的迫切需要，是建成社会主义现代化强国的重要支撑，是中华民族伟大复兴的鲜明标志。

## 一、建设文化强国必须坚持马克思主义指导地位

马克思主义是我们立党立国的根本指导思想，也是文化强国建设的根本指针。要把坚持马克思主义的指导地位贯彻到社会主义文化强国建设全过程，为中国特色社会主义文化繁荣发展提供根本保证。

### 1. 马克思主义意识形态决定我国文化前进方向和发展道路

意识形态具有鲜明的阶级属性和价值导向，决定文化的性质和方向。

马克思主义作为科学的意识形态，是科学性与阶级性、人民性的统一。马克思主义深刻阐明了文化与经济、政治、社会的辩证关系，提出只有正确反映人类社会历史规律的文化，才是符合未来发展趋势的文化。以马克思主义为指导，我国的文化建设才能正确反映经济社会发展的需要，并对经济社会发展产生积极作用和影响，才能具有强大的生命力。作为无产阶级阶级意识的表达，马克思主义蕴含着以人民为中心的价值理念，强调以无产阶级为代表的广大人民群众是人类文化的创造者，强调为人民服务和以人民为中心是先进文化的鲜明特征，符合人民群众根本利益和历史必然趋势才是文化发展的正确道路。

　　历史表明，科学越是大公无私，就越符合人民群众的利益和愿望。在中国共产党实现第一个百年奋斗目标的光辉历程中，马克思主义发挥了科学批判、思想引领、指导实践、凝聚人心等重要作用。在我国第二个百年奋斗目标新征程上，特别是在社会主义文化强国建设进程中，马克思主义同样可以发挥这样的重要作用。

### 2. 坚持用马克思主义指导哲学社会科学繁荣发展

　　哲学社会科学是人们认识世界、改造世界的重要工具，是推动历史发展和社会进步的重要力量，其发展水平反映了一个民族的思维能力、精神品格、文明素质，体现了一个国家的综合国力和国际竞争力。哲学社会科学事业是中国特色社会主义事业的重要组成部分，发展好哲学社会科学，关键是始终坚持马克思主义在我国哲学社会科学领域的指导地位。习近平指出："在我国，不坚持以马克思主义为指导，哲学社会科学就会失去灵魂、迷失方向，最终也不能发挥应有作用。"[1] 在坚持以马克思主义为指导的问题上，一些模糊认识甚至错误认识和错误现象的存在

---

① 习近平：《在哲学社会科学工作座谈会上的讲话》，人民出版社 2016 年版，第 9 页。

严重影响我国哲学社会科学的健康发展。例如，对马克思主义认识不深、理解不透，在运用马克思主义立场观点方法上不自觉、不彻底，或贴标签似的两张皮，或说教式地喊口号；在建设以马克思主义为指导的学科体系、学术体系、话语体系上功力不足、高水平成果不多。有人认为马克思主义已经过时，有人认为马克思主义只是一种意识形态说教，没有学理性和科学性。这些错误认识和现象的实质就是否定马克思主义在哲学社会科学中的指导地位，致使一些哲学社会科学研究失去灵魂、迷失方向，跟着西方学术跑，对我国哲学社会科学的健康发展造成严重损害。必须搞清楚在学术研究中并没有纯粹的"价值中立"，只有坚持马克思主义的指导地位，哲学社会科学才能有真正的科学性、学术性。

> 坚持以马克思主义为指导，是当代中国哲学社会科学区别于其他哲学社会科学的根本标志，必须旗帜鲜明加以坚持。
>
> ——习近平

### 3. 深化马克思主义理论研究和建设

理论与实践的统一是一个螺旋式上升的过程，是一个理论创新与实践创新良性互动的过程。当代中国新的实践要求和当代世界的深刻变化，都需要深化马克思主义理论研究和建设，这也是社会主义文化强国建设的重要内容。

在当代中国马克思主义理论研究中，存在一些不良倾向，如轻视马克思主义基本理论研究的倾向、轻视理论与实践相结合的倾向、"西化"的倾向等。这些倾向的存在已经对马克思主义理论研究和建设造成了许多消极影响，需要采取有力措施加以纠正。我们应该将马克思主义中国化时代化最新成果的研究和马克思主义基本理论的研究结合起来，坚持以科学的态度对待马克思主义，反对各种错误倾向。

马克思主义中国化时代化最新成果需要在深化马克思主义理论研究和建设中加以科学阐发。切实加强对习近平新时代中国特色社会主义思想的研究，推进这一马克思主义中国化时代化最新成果体系化、学理化，用以指导构建我国哲学社会科学的学科体系、学术体系、话语体系，建构中国自主的知识体系。坚持意识形态属性和科学属性相统一，用中国道理总结中国经验，把中国经验提升为中国理论，用中国理论解读中国奇迹，充分展示中国特色社会主义道路的独特创造、理论的独特贡献、制度的独特优势、文化的独特价值。

## 二、坚定文化自信是建设文化强国的出发点和落脚点

坚定中国特色社会主义道路自信、理论自信、制度自信，说到底是要坚定文化自信，文化自信不仅是前三个自信合乎逻辑的延伸，更是中国特色社会主义在新时代日臻完善的必然结果。文化自信，是更基础、更广泛、更深厚的自信，是最基本、最深沉、最持久的力量。文化自信来自我们的文化主体性，是事关民族精神独立性的大问题。有文化自信的民族，才能立得住、站得稳、行得远。习近平文化思想是新时代党领导文化建设实践经验的理论总结，丰富和发展了马克思主义文化理论，明确了新时代文化建设的路线图和任务书。在新的历史起点上继续推动文化繁荣、建设文化强国、建设中华民族现代文明，必须坚持以习近平文化思想为指引，坚定文化自信、担当使命、奋发有为，不断培育和创造新时代中国特色社会主义文化。

### 1. 必须传承发展中华优秀传统文化

习近平指出："坚定文化自信，离不开对中华民族历史的认知和运用。历史是一面镜子，从历史中，我们能够更好看清世界、参透生活、认识自己；历史也是一位智者，同历史对话，我们能够更好认识过去、把握

当下、面向未来。"①中华优秀传统文化是中华民族历史的重要组成部分，也是我们坚定文化自信的重要历史根据。一个国家、一个民族只有对自身文化理想、文化价值充满信心，对自身文化生命力、创造力充满信心，才能有坚持坚守的定力、奋起奋发的勇气、创新创造的活力。中华优秀传统文化是中华民族的精神命脉，是涵养社会主义核心价值观的重要源泉，也是我们在世界文化激荡中站稳脚跟的坚实根基。坚定文化自信，必须传承发展中华优秀传统文化，坚持创造性转化、创新性发展，使其在世界文化发展、社会进步中发挥更重要作用。

中华优秀传统文化蕴含的思想观念、人文精神、道德规范，是我们宝贵的精神财富，必须继承好、发展好。在马克思主义指导下传承发展中华优秀传统文化，必须对传统文化进行创造性转化、创新性发展。创造性转化，就是要按照时代特点和要求，对中华优秀传统文化中有借鉴价值的内容加以改造，赋予其新的时代内涵及当代表达形式，激活其生命力。创新性发展，就是要按照时代的新进步和新要求，对中华优秀传统文化的内涵加以补充、拓展、完善，增强时代感和影响力。创造性转化和创新性发展是内在联系在一起的，并非截然不同的两个环节，创造性转化本身就意味着创新性发展，而创新性发展则蕴含着创造性转化。中华优秀传统文化与社会主义市场经济、民主政治、先进文化、社会治理等还存在需要协调适应的地方。弘扬中华优秀传统文化，要处理好继承和创新性发展的关系。要进一步加强对中华优秀传统文化的挖掘和阐发，使中华民族最基本的文化基因在新的时代条件下焕发生机与活力。

传承发展中华优秀传统文化，要把握好马克思主义基本原理同中华优秀传统文化相结合的精神实质和实践意义。马克思主义和中华优秀传统文化来源不同，但彼此存在高度的契合性。相互契合才能有机结

---

① 《习近平著作选读》第一卷，人民出版社 2023 年版，第 538 页。

合。马克思主义同中华优秀传统文化"结合"的结果是互相成就，造就了一个有机统一的新的文化生命体，让马克思主义成为中国的，中华优秀传统文化成为现代的，让经由"结合"而形成的新文化成为中国式现代化的文化形态；"结合"筑牢了道路根基，让中国特色社会主义道路有了更加宏阔深远的历史纵深，拓展了中国特色社会主义道路的文化根基；"结合"打开了创新空间，让我们掌握了思想和文化主动，并有力地作用于道路、理论和制度，是又一次的思想解放；"结合"巩固了文化主体性，最有力的体现是习近平新时代中国特色社会主义思想的创立。

### 2. 必须弘扬革命文化

中国共产党在领导中国人民进行反帝反封建的革命斗争中，不仅使中国人民站起来了，而且创造了灿烂的革命文化。革命文化蕴含和彰显的无数革命先辈坚定的理想信念、崇高的价值追求和巨大的人格魅力，共同凝聚成强大精神力量，在艰苦卓绝的革命斗争中激励着广大民众勇往直前。毛泽东指出："革命文化，对于人民大众，是革命的有力武器。革命文化，在革命前，是革命的思想准备；在革命中，是革命总战线中的一条必要和重要的战线。"[①] 革命文化具体体现为中国共产党领导中国革命在不同阶段形成的一系列革命精神，如井冈山精神、长征精神、延安精神、西柏坡精神等，是科学的民主的大众的文化。这些革命精神集中体现了革命文化的时代特征，与社会主义先进文化具有内在统一性。

革命文化是坚定文化自信的坚强基石。习近平多次强调，要把红色资源利用好、把红色传统发扬好、把红色基因传承好。必须通过理论阐释、宣传教育、红色产业、革命文物保护等系统工作，全面揭示红色文

---

① 《毛泽东选集》第二卷，人民出版社 1991 年版，第 708 页。

化的丰富内涵、价值意蕴、功能作用、表现形式、内在机理，彰显红色文化的独特魅力，为坚定文化自信提供丰厚精神养分。

> 一百年前，中国共产党的先驱们创建了中国共产党，形成了坚持真理、坚守理想，践行初心、担当使命，不怕牺牲、英勇斗争，对党忠诚、不负人民的伟大建党精神，这是中国共产党的精神之源。
>
> ——习近平

### 3. 必须繁荣发展社会主义先进文化

没有先进文化的积极引领，没有人民精神世界的极大丰富，没有民族精神力量的不断增强，一个国家、一个民族不可能屹立于世界民族之林。在当代中国，建设社会主义先进文化，必须在继承和发扬革命文化的同时，充分发掘以爱国主义为核心的民族精神和以改革创新为核心的时代精神。在社会主义建设进程中形成的雷锋精神、大庆精神、"两弹一星"精神等，以及涌现出来的一批批先进群体与英雄模范，都是新中国传承革命文化的集中体现，都是先进文化的重要内容。改革开放特别是党的十八大以来，中国共产党团结带领全国各族人民坚持不懈地进行中国特色社会主义伟大实践，形成了以特区精神、伟大抗疫精神、脱贫攻坚精神等为标志的社会主义先进文化，成为坚定文化自信的重要基础。

社会主义先进文化，是面向现代化、面向世界、面向未来的文化，是科学的民主的大众的文化。繁荣社会主义先进文化，就是要加强社会主义精神文明建设，培育和践行社会主义核心价值观，传承和弘扬中华优秀传统文化，坚持以科学理论引路指向，以正确舆论凝心聚力，以先进文化塑造灵魂，以优秀作品鼓舞斗志，大力弘扬爱国主义、集体主义、社会主义精神，不断增强全民族理想信念和文化自信，不断提升国家文化软实力和中华文化影响力。

## 三、建设文化强国既要激发内在活力又要提升国际影响力

在我国已经站起来、富起来并逐步强起来的今天，我们的文化影响力与我国在世界的地位还不相匹配。当前，建设文化强国，要坚持习近平文化思想，按照党的二十大关于文化建设的战略部署，不断深化文化体制改革，提高文化软实力，不断培育和创造新时代中国特色社会主义文化。要坚定文化自信，坚持守正创新，秉持开放包容，推动中国文化更好走向世界。

### 1. 着力推动文化事业和文化产业繁荣发展

文化事业和文化产业的繁荣发展，是建设文化强国的迫切需要。文化体制改革是解放和发展文化生产力，增强文化发展活力，推动文化事业和文化产业繁荣发展的根本出路。当前，我国文化建设进程中面临着许多新情况、新问题，迫切要求加快改革步伐，进一步革除制约文化发展的体制性障碍，建立科学合理、灵活高效的文化管理体制和文化产品生产经营机制，进一步提高文化软实力。

文化体制改革要坚持以人民为中心的创作导向。坚持以人民为中心的创作导向，必须深刻认识和把握好文艺与人民的辩证关系：一是人民需要文艺，二是文艺需要人民，三是文艺要热爱人民。必须清醒认识文艺的意识形态属性，始终坚持文艺为人民服务、为社会主义服务，不断推出反映时代新气象、讴歌人民新创造的文艺精品。

为人民提供丰富的精神食粮、推动文化繁荣发展，关键在于沿着正确前进方向、发展道路推进改革。衡量文化产业发展的质量和水平，最重要的不是看经济效益，而是看能不能提供更多既满足人民文化需求又增强人民精神力量的文化产品。要把握文化创作生产传播特点，既进一

步发挥市场在文化资源配置中的积极作用，又不盲信市场、迷信市场，积极稳妥推进文化体制机制创新，完善文化管理体制。加快构建把社会效益放在首位、社会效益和经济效益相统一的体制机制，形成有利于创新创造的文化发展环境，调动全社会参与文化改革发展的积极性、主动性、创造性。

文化体制改革必须充分考虑我国国情和文化领域的意识形态特点。把文化与意识形态割裂开来甚至对立起来，借口繁荣文化、活跃学术而模糊原则界限，躲避思想舆论斗争，淡化文化的意识形态属性，是我们长期面对的严峻挑战之一。必须正确处理意识形态属性和产业属性、社会效益和经济效益的关系，牢记"始终坚持社会主义先进文化前进方向，始终把社会效益放在首位。无论改什么、怎么改，导向不能改，阵地不能丢"①。这是我们推动文化事业繁荣发展和文化产业加快发展必须坚守的根本原则。

## 2. 推动中国文化更好走向世界

近年来，随着我国经济社会发展和国际地位提高，国际社会对中国的关注度越来越高。国外很多人对中国发展的奇迹有着浓厚兴趣，想破解中国成功的秘诀，对我国发展道路和发展模式的理性认识逐步加深。但同时，一些西方国家仍然在唱衰或捧杀中国，"中国威胁论""中国崩溃论"等论调不绝于耳。在这样复杂的形势下，我们必须推动中国文化更好地走向世界，向世界展现一个真实的中国、立体的中国、全面的中国。

提升中华优秀传统文化的国际影响力。中华优秀传统文化有很多重要元素，共同塑造出中华文明突出的连续性、创新性、统一性、包容性、和平性，形成了充满活力的中国精神和中国道路，为扩大中华优秀传统

---

① 《习近平关于总体国家安全观论述摘编》，中央文献出版社2018年版，第105页。

文化的国际影响力奠定了丰厚的文明根基。中华优秀传统文化蕴含的天下为公、民为邦本、为政以德、革故鼎新、任人唯贤、天人合一、自强不息、厚德载物、讲信修睦、亲仁善邻等，是中国人民的伟大思想创造，也为解决当今世界性问题提供了宝贵思想智慧，是人类共同的精神财富。要坚定历史自信和文化自信，加强对中华优秀传统文化中具有现代性、世界性的精神内涵的挖掘和阐发，提升国际传播能力，创新话语表达，不断推进中国文化走出去。扩大中华优秀传统文化的国际影响力，是增强中国国际话语权的关键。

讲好中国故事。读懂今天的中国，必须读懂中国共产党。因此，要加强对中国共产党的宣传阐释，帮助国内外民众特别是国外民众认识到中国共产党是真正为中国人民谋幸福而奋斗的党，了解中国共产党为什么能、中国特色社会主义为什么好、马克思主义为什么行、中国化时代化的马克思主义为什么行。在此基础上，讲好中国的故事、中国特色社会主义的故事、中国人民的故事、中国式现代化的故事，展示文明大国的形象、东方大国的形象、负责任大国的形象、社会主义大国的形象。

### 3. 做全人类共同价值的倡导者、践行者

当今世界，各国相互联系和依存的程度空前加深，全人类生活在互联互通的地球村，身处一个挑战层出不穷、风险日益增多的时代，前途命运休戚相关，因此必须从全人类的共同价值出发，携手应对全球性挑战。习近平指出："我们要共同倡导弘扬全人类共同价值，和平、发展、公平、正义、民主、自由是各国人民的共同追求，要以宽广胸怀理解不同文明对价值内涵的认识，不将自己的价值观和模式强加于人，不搞意识形态对抗。"[1] 中国率先举起全人类共同价值的旗帜，成为中国文化走出

---

[1]　习近平：《携手同行现代化之路——在中国共产党与世界政党高层对话会上的主旨讲话》，人民出版社 2023 年版，第 8 页。

去的一个重要标志，彰显了中国始终做世界和平的建设者、全球发展的贡献者、国际秩序的维护者的决心和信心。

> 中国共产党将继续同一切爱好和平的国家和人民一道，弘扬和平、发展、公平、正义、民主、自由的全人类共同价值，坚持合作、不搞对抗，坚持开放、不搞封闭，坚持互利共赢、不搞零和博弈，反对霸权主义和强权政治，推动历史车轮向着光明的目标前进！
>
> ——习近平

全人类共同价值尊重文明多样性，以承认多种价值观的差异和共存为前提，其内容既融合了中华优秀传统文化、革命文化、社会主义先进文化的精髓，又吸收了世界上其他国家和地区优秀文化的有益营养。它建立在对人类文明进步的坚定信念和不懈追求基础上，顺应人类社会发展进步的时代潮流，体现着价值观多样性中的共同性，体现着世界人民对美好生活的期待，体现着人类社会共同努力的前进方向，正在成为现代国际社会普遍认同的共同价值观。"在各国前途命运紧密相连的今天，不同文明包容共存、交流互鉴，在推动人类社会现代化进程、繁荣世界文明百花园中具有不可替代的作用。……我们要共同倡导尊重世界文明多样性，坚持文明平等、互鉴、对话、包容，以文明交流超越文明隔阂、文明互鉴超越文明冲突、文明包容超越文明优越。"[1]唯有如此，我们才能与世界各国一起努力构建人类命运共同体，共同建设更加美好的世界。

---

[1]　习近平：《携手同行现代化之路——在中国共产党与世界政党高层对话会上的主旨讲话》，人民出版社 2023 年版，第 7—8 页。

## 🔲 分析与思考

1. 经济全球化推动了不同民族文化的交流交融，也引发了不同思想文化观念的交锋。试用马克思主义的历史观和文化观分析当代世界文化发展的趋势，认清西方文化霸权主义的实质和危害。

2. 当今社会思潮复杂多变，请运用马克思主义立场、观点和方法剖析错误思潮的本质，并思考如何提高政治鉴别力，不被错误社会思潮误导，增强对社会主义意识形态的价值认同。

3. 怎样理解在 5000 多年中华文明深厚基础上开辟和发展中国特色社会主义，把马克思主义基本原理同中国具体实际相结合、同中华优秀传统文化相结合是必由之路？

# 第四章　当代社会问题

　　当代世界，社会发展的不稳定性不确定性加剧，经济全球化遭遇逆流、世界经济复苏乏力、国际局势复杂多变、局部地区冲突战争不断等因素，使得当代社会问题更为复杂严峻。如何持续加强社会治理，有效解决复杂的社会问题，日益成为各国必须应对的共同挑战。社会治理的基本任务是协调社会关系、规范社会行为、解决社会问题、化解社会矛盾、促进社会公正、应对社会风险、保持社会和谐稳定，从而有效促进社会经济进步。党的十八大以来，我国统筹国内国际两个大局，不断推进社会治理创新、完善社会治理体系，以共建共治共享拓展社会发展新局面，为解决世界性的当代社会问题贡献中国智慧。

## 第一节　当代社会问题及原因分析

　　当代世界，许多国家和地区都出现了不同类型的社会问题，具体体现在发展失衡、资源紧缺、社会动荡、生态环境破坏、公共卫生事件频发、不确定性加剧等多个方面。解决这些社会问题，不仅是各国加强社会治理面临的内部挑战，而且是全球治理面临的共同难题，需要各国在增强本国社会治理能力的同时，积极参与到全球治理中来。

## 一、当代世界的主要社会问题

社会问题一般与各国基本国情、社会发展阶段、历史文化传统和社会主要矛盾等因素紧密相关。在经济全球化曲折发展的今天，各国又面临着需要共同应对的一些社会问题。当代世界的主要社会问题有人口与就业问题、贫富差距问题、社会稳定问题、公共安全问题。

### 1. 人口与就业问题

人口是社会构成的基本要素，是社会生产和生活的主体。人口问题尽管在各个国家不同阶段的表现形式各异，但实质是人口再生产与社会物质资料再生产之间的不平衡，根本上是人口增长与经济发展水平、资源环境承载能力的比例失调所导致的。

当代人口问题主要表现在一些发展中国家人口过度增长和一些发达国家生育率低、人口老龄化严重等方面。大多数发展中国家的生育率保持在较高位，人口过度增长使得合理的扩大再生产难以维持，影响经济社会发展、人民生活水平提高，引发一系列社会问题，如就业困难，住房紧张，教育、医疗、养老资源紧缺等。发达国家人口出生率低，部分国家甚至出现人口负增长，人口老龄化、性别失衡、贫富差距拉大等总量问题和结构性问题，引发劳动力紧缺、社会负担加重、可持续发展困难等社会问题。

就业问题与人口增长、社会制度密切相关。提升就业率在每一个国家的现代化建设进程中都是重中之重，事关经济增长和社会稳定。随着科学技术的发展，尤其是人工智能、大数据等信息技术的普遍应用，一方面，出现了新的工种和工作岗位，创造了新的就业机会；另一方面，导致用工结构发生改变，结构性失业率呈现上升趋势。失业既是对人力资源的浪费，也会造成大量社会问题。资本主义国家因其生产方式固有的内在矛盾，失业问题持续存在且表现出周期性恶化的态势，劳动保障不充分，人民生活水平下降，社会不满情绪加重，社会问题不断增加，甚至导致社会动荡。

## 2. 贫富差距问题

在私有制社会中，阶级差别、收入差距、分配不公是长期存在的。在当代，贫富差距问题是一些国家出现社会危机和社会动荡最直接最主要的原因，并且逐步演变为全球性问题。发达国家分配不公问题突出，资本垄断使富者更富、穷者更穷，经济资源和社会财富很大程度上集中在少数人手中，劳动者的相对贫困程度持续加剧，低收入群体的绝对贫困问题日益凸显。简单化的机会均等口号使公平问题被掩盖，社会的层次分化更加明显，社会阶层固化现象严重，甚至出现社会阶层之间的断裂，贫困群体数量不断增加。

贫困问题是贫富差距问题的突出表现，大面积、长时期地存在于一些发展中国家，同时在发达国家也依然存在。贫困意味着一部分人收入微薄，无法应对疾病或灾难带来的影响，意味着这些人发展能力匮乏，甚至导致贫困代际传递。贫富差距在全球范围内集中表现为南北差距。受制于不公正不合理的国际经济秩序，发展中国家处于不利地位，落后地区日益被边缘化，从而又加大了南北差距，使地球村的贫富更为悬殊。全球性的社会分配不公和贫富差距，成为滋生国际恐怖主义的土壤，导致整个世界的不稳定性增加。

## 3. 社会稳定问题

社会要发展，就会有变化。如果不能妥善处理发展与稳定的关系，就难以把控社会变化的方向、范围、程度，造成社会整体局面的动荡。当今世界，一些国家或地区出现大规模的社会动荡，甚至在个别地方出现失控状态，频繁发生社会冲突事件、大规模难民潮。随着难民的流动，难民潮问题引发的难民危机，成为一些国家不得不面对的社会难题。

频繁发生的冲突事件是社会动荡不安的主要表现。2008 年国际金融危机后，特别是新冠疫情发生以来，多数国家的发展遭受重大冲击，社会经济复苏乏力，不同地区、不同种族、不同群体之间的利益矛盾进一步加剧，社会冲突时有发生。社会冲突引发社会动荡，在一些欠发达国家发生大规模内乱，部分发达国家如美国、法国、德国均发生过大规模的社会动乱事件。导致社会不稳定的原因是多方面的，既有国内各种矛盾激化的内部因素，也有全球性社会矛盾加剧的外部影响，一些发展中国家的社会不稳定常常是发达国家干涉的结果。

### 4. 公共安全问题

在当代，世界范围内的社会公共安全问题日益凸显，与失业、贫困、大规模社会无序流动等问题相交织，犯罪活动出现了新变化，公共安全事件频发。除了犯罪主体年轻化、犯罪行为有组织化特征更为明显，犯罪活动的影响越来越广，社会危害程度有所加重，极端犯罪案件时有发生。跨国犯罪活动增多，跨境毒品交易、洗钱销赃、人口贩运等成为各国共同关注的严重问题。近些年来，网络犯罪活动激增，网络金融诈骗所涉金额、人数远远超过以前，盗卖个人信息、侵犯个人隐私等行为对个人安全构成严重威胁。有些网络犯罪甚至是国家行为，直接侵犯别国的公民权利和国家安全。

公共安全事件、重大安全事故频频发生。不少发展中国家民众深受公共安全事件困扰，一些发达国家民众同样严重缺乏安全感。意大利、法国、德国、美国近年来均出现过重大安全事故，日本福岛核泄漏事故影响至今。一些极端组织频频制造恐怖事件，造成重大人员伤亡、财产损失。《2022 年美国侵犯人权报告》指出，美国人口不到世界人口的 5%，却拥有全球民用枪支的 46%。美国的枪支拥有率、涉枪凶杀率和大规模枪击事件数量均居世界第一。根据"枪支暴力档案"网站统计的数

据，近年来美国的大规模枪击数量显著增长，2022 年美国枪支暴力致死
43 341 人，致伤 37 763 人，发生大规模枪击事件 636 起，平均每天发生 2
起。一些恶性案件的发生，与既得利益集团维护自身利益而导致严重的
社会失衡失控具有直接的关系。

腐败是公共安全事件的重要诱因，越来越成为世界各国需要共同应
对的一个问题。多数国家都存在不同程度的腐败问题，个人或团体滥用
权力牟取私利、贪污受贿，破坏社会规范，败坏社会风气，造成严重的
社会负面影响。

同时，教育问题、道德问题、种族问题、暴力问题、青少年问题、
环境污染、性别歧视、公共食品安全等，也是当代世界各国普遍关注的
社会问题。

## 二、当代社会问题产生的根源

当代社会问题复杂多样，产生的原因主要有以下几个方面。

第一，资本主义现代化的历史后遗症是当代社会问题产生的根本原
因。马克思主义认为，一切历史冲突都根源于生产力和交往形式的矛盾。
西方现代化是资本任性逐利导向的现代化，决定了它是以物为本、盲目
扩张、恃强凌弱、掠夺开发、两极分化的现代化，是不断制造人与人、
人与自然对抗的现代化。西方国家几百年的全球扩张，成为当代世界社
会问题的根源。当今世界，大多数发展中国家在资本主义世界体系被边
缘化，经济发展举步维艰，社会矛盾交叉叠加，出现种种社会问题。在
资本主义社会，生产资料私有制固有的社会剥削和压迫，导致社会财富
分配失衡，两极分化扩大，以及人与人之间在社会地位、发展机会、社
会资源上的不平等，产生了一系列社会问题。发达国家为维护其现代化
利益格局的种种倒行逆施，成为当代社会周期性失业、贫富差距扩大、
冲突事件频发、生态环境污染、跨国犯罪增多等各种社会问题产生的最

深层原因。

第二，不公正不合理的国际秩序是当代社会问题产生的重要原因。在经济全球化的今天，一些国家社会问题的产生既与其国内矛盾密切相关，也与不公正不合理的国际经济政治秩序有着不可忽视的联系。由于历史原因，现行国际经济政治秩序是由少数发达国家主导的。当今世界许多重要的国际组织，如世界银行、国际货币基金组织、世界贸易组织等成立之初，皆是少数发达国家利用自己在技术和资金上的优势来确保自身在世界经济中占据支配地位的工具。2008 年国际金融危机使一些发达国家深陷危机而迟迟难以摆脱困境，经济全球化的深入发展使它们的垄断地位受到挑战。一些发达国家在化解危机时不仅没有承担本应履行的大国责任，反而凭借在国际经济政治领域的主导地位，想尽办法转嫁危机，这在一定程度上加重了发展中国家的国内危机，使得这些国家社会矛盾进一步激化、冲突进一步加剧。

第三，文化霸权和意识形态渗透是当代世界社会问题产生的思想根源。在世界范围内，社会变革加速并带来内部结构和体制机制的急剧变动，人类的生产方式、生活方式和交往方式发生深刻的调整变化，既有的社会观念、行为规范、法律制度等面临着诸多挑战，导致各种社会问题凸显。经济全球化的深入发展，为西方价值观扩张提供了便利，加大了错误观念蔓延的风险。发达国家为了维护既有的利益格局，不断强化价值观渗透和文化霸权，搞所谓"颜色革命"，导致当今世界更加动荡不安。

除了上述几个方面的原因，不同国家社会问题的产生还有着各自具体的、特殊的原因。特别是一些社会问题，一旦与种族矛盾、民族矛盾、宗教矛盾等相互交织，就会变得更为复杂而敏感，解决的难度也大大增加，甚至会演变为大规模的社会动乱或战争冲突。如何应对这些社会问题，从根源上清除其产生的基础，是摆在世界各国面前的重大难题。

# 第二节　当代社会治理的探索

面对全球性的种种问题与挑战，各国需要共同采取切实行动，积极推进全球治理。当代社会治理同全球治理密切相联，不仅是全球治理的重要组成部分，也是化解众多当代社会难题的主要手段。健全社会治理体系，提升社会治理效能，越来越成为世界各国的共识。

## 一、当代社会治理的基本途径

当今世界，各个国家为维护社会稳定和促进经济发展，不断调整和完善社会治理方式，在探索与本国相适应的社会治理模式方面，积累了有益经验。创新社会治理，必须了解和把握各国在解决社会问题方面采取的有效措施，不断拓展社会治理的路径方式。当代社会治理需要各国合作，促进全球治理，同时要依据各国具体情况进行探索，没有统一的模式。

### 1. 制定有效的社会政策

在当代社会治理实践中，社会政策繁杂多样，包括社会保障政策、文化教育政策、医疗卫生政策、城市规划与住房政策、人口政策、就业政策、公共安全政策等。为解决经济发展和城市化进程中人口流动、食品药品安全、公共环境卫生、传染病防治等问题，政府制定出台安全生产、环境污染防治等一系列公共安全政策。政府通过制定禁止雇用童工、妇女劳动保护、最低工资限制、带薪休假等政策，协调劳动关系，保护劳动者权益，维持劳动力市场稳定。

许多国家在解决社会问题时，充分利用社会政策的灵活性，一旦出现社会热点问题或凸显一些矛盾，就在政策层面及时跟进，从而实现了较好的社会治理效果。另外，随着人口老龄化、失业率上升、贫富差距加大等社会问题凸显，一些国家在制定社会政策时，也会在赡养老年人、支持就业、促进分配公平与机会公平等政策上有所偏重，使社会政策更具有针对性、科学性和实效性。

### 2. 完善社会保障体系

现代社会保障体系主要包括社会保险、社会救助和社会福利。社会保险是国家以立法形式，按照权利与义务对等原则，确保丧失或暂时失去劳动能力以及失去工作机会的劳动者满足基本生活需要的一项社会保障制度，主要包括养老保险、医疗保险、失业保险等。社会救助是根据维持人的最起码的生活需求设立一条最低生活保障线，当社会成员收入水平低于该线时，能够得到国家和社会按一定标准提供的现金和实物救助。社会福利也是基础性的社会保障，通常由政府财政拨款支付，使低收入者或某些特定人群能够享受某些权益，如保障少年儿童享受义务教育，保障贫困者的基本生活等。社会保险、社会救助与社会福利相辅相成，是一个国家社会保障体系的重要组成部分。

构建完善的社会保障体系，有利于缓和社会矛盾、维护社会稳定、防范社会风险。为更好地给民众提供基本社会保障，一些国家还通过多种方式确保社会保障制度的执行。例如，加强法律保障，完善社会保障法律制度；加大政府对社会保障的投入，扩大保障的覆盖范围，维持社会保障制度的持续运转等。

### 3. 完善社会服务

在社会治理实践中，社会服务主要包括公共服务、市场化服务、志愿服务等内容。公共服务既可以通过政府公共管理部门直接提供，也可以通过政府资助的社会组织、企业或个人提供，涉及领域一般包括广播、教育、电力服务、消防治安、公共交通、社会住房、通信、城镇计划、废物管理、供水服务、公共信息（如图书馆）、环境保护等。市场化服务是政府以特许或其他形式吸引中标企业参与提供公共服务，并允许企业有投资收益权的方式。志愿服务是指由个人或社会组织发起，志愿贡献个人的时间及精力，在不为取得任何物质报酬的情况下，为改善社会关系、促进社会进步而提供的服务。一些国家志愿服务活动开展得十分活跃，有较广泛的群众基础和良好的社会声誉，逐渐步入组织化、规范化和系统化的轨道，成为完善社会治理的重要手段。

完善社会服务需要发挥社会组织的作用。社会组织是指由一定数量的社会成员按照一定的规范、围绕一定的目标组成的社会群体，为社会提供公共服务。社会组织类型多种多样，服务的领域也很广泛，包括医疗、文化、教育、社会保障，同时还涉及公共决策咨询、民意调研等方面。面对大量的、复杂的社会问题，一些国家开始鼓励、支持社会组织参与社会治理。为了动员社会组织参与社会治理，一些国家还制定了针对社会组织的鼓励扶持政策和办法。例如，实行一定的免税政策，提供公共财政支持，给社会组织成员提供专门培训等。

### 4. 协调社会关系

协调社会关系是社会治理的重要内容，也是社会治理的重要途径和方式。协调好社会关系，可以为社会治理提供良好的环境，也有利于化解社会矛盾和社会纠纷，促进社会发展与稳定。

在协调社会关系的实践中，多元参与和合作共治的理念逐渐形成并被广泛接受。受这一理念的影响，在实践中形成了许多协调社会关系的做法。不少国家重视政府与市场之外的第三方的作用，这实际上是一种社会权力结构的调整。政府将大量社会服务项目推向市场和社会，或者在社会服务中引入市场运作理念，这样有助于调动多方的积极性。有的国家非常重视政府与非营利组织的协作，政府通过直接补助、减免税费、购买服务等多种方式对这些组织进行扶持，而这些组织则提供许多政府做不到、做不好或不便做的社会服务。

　　协调社会利益也是协调社会关系的重要内容。以劳资纠纷为例，在一些发达国家，工会周期性地与雇主协会就一系列涉及双方利益的问题进行协商、谈判。当谈判陷入僵局时，还可以由劳资双方或政府指定的第三方或政府直接出面调解、仲裁。这些做法确实在一定程度上缓解了社会矛盾，但是这种外科手术式治理还是难以从根本上解决问题。

## 二、当代社会治理的主要经验

　　虽然世界各国进行社会治理的措施和方式不尽相同，但也有其共通性和普遍性。总的说来，当代世界社会治理的主要经验包括正确发挥市场和政府作用、依靠法律制度、利用自治手段、运用科技手段和加强各方合作等。

### 1. 正确发挥市场和政府作用

　　政府作用和市场作用是相辅相成、相互促进、互为补充的。一方面，多数国家在社会治理中注重运用经济手段，倾向采用市场化方式调节社会关系，解决社会矛盾。这种方式的优势在于：在公共领域引入竞争机制，实现政府与市场机制相结合，这不仅有利于提高政府部门的工作效率，也使市场主体通过获得更多的公共财政支持而与政府保持一致；通过购买服务、合同外包等方式，将政府原有的部分职能向市场和社会转移，有利于调整和优化政府职能，精简政府机构，一定程度上有利于节约行政成本、提高治理效率；有利于调动社会大众的积极性，激发民间活力，扩大社会治理的参与面，避免矛盾焦点过于向政府集中，缓解社会冲突。另一方面，重视发挥政府作用，通过完善宏观调控政策，深化社会体制改革，创新社会治理方式，利用"看不见的手"和"看得见的手"两种手段，充分发挥多主体协同、多元化治理的优势，力图解决各种社会问题。

## 2. 依靠法律制度

完善的法律制度是社会治理的重要支撑，是制度之治最基本最稳定最可靠的保障。不少国家的社会治理体系比较严密，社会治理手段多样，而这一切均与法治联系在一起。这些国家基于法治的社会治理有两大策略值得关注。其一是底线治理。国家的法律和规章制度很细致且违规成本高，只要公民不违反法律、不触犯社会道德底线，国家和政府部门一般不予干预。这种底线治理方式，有利于降低治理成本、提高治理效率。其二是注重监管，不仅重视法律的制定，更注重法律的实施。政府将大量的法治资源投入执法和监管环节，确保法律和制度的实际落实，依靠法治化来支撑社会治理效能的提升。

## 3. 利用自治手段

现代化的社会治理应该是全社会的共同行为，人人参与、人人有责是社会治理的制度优势有效转化为治理效能的关键。民众具备较强的社会自治意识、较高的社会参与能力，既是社会自治的重要前提，也是培养公共精神的有效手段。发达国家在利用自治手段推进社会治理方面，有着长期的实践和探索。首先，西方社会倡导的个人主义价值观具有两重性，当个人自我负责的责任意识较为突出、能压倒自私自利时，在一定程度上会有助于自治，而当一味强调个人偏好而无视集体目标时，则可能导致社会混乱。其次，政府鼓励公民积极参与社会治理，自觉承担抵抗各类风险的责任，不仅降低了政府承担的风险和压力，节约了公共财政开支，而且有利于民众对所制定的社会政策予以理解和支持。最后，政府注重通过社会组织、社区治理体系建设来激发民众有效参与社会治理。

## 4. 运用科技手段

现代社会中，人们的社会关系、社会行为、思想意识日趋复杂多元，尤其是在互联网条件下形成的新的人际交往模式、经济运行模式，引发了社会治理的深刻变革。在信息化的现代社会，单靠人力已经无法满足现实的社会治理需要，加快科学技术与社会治理融合，可以为社会治理提供有力支持。例如，一些国家利用科技手段实现公民个人信息的大范围快速查询、社会资源的跨系统跨区域整合调配、社会纠纷的大面积动态监控等，使得社会治理的效率和精准度明显提升。

### 5. 加强各方合作

当代世界，社会问题越来越复杂，大量问题仅靠单一的国家或政府部门难以解决，跨国跨地域跨部门的协同合作成为社会治理的迫切需要。国家内部的社会治理合作，主要包括政府与非政府组织、公共机构与私人机构之间的合作，使各方利益能够及时得到协调。同时，随着各国经济政治联系的日益紧密，许多社会问题的治理需要发挥国际组织的作用，加强各国之间的合作。例如，各国在应对全球金融风险中，重视与国际经济组织、跨国公司等的合作；在打击跨国犯罪问题上，重视与国际刑警组织和其他国家的合作；在应对全球性疾病威胁时，重视与世界卫生组织、国际红十字会以及诸多民间社团组织之间的合作，从而共同有效地抵御风险。

## 三、对当代社会治理的反思

尽管世界各国都一直在努力探索有效的社会治理，也取得一些进展，但总体而言，社会治理现代化还是世界性难题。我们应辩证看待当代世界尤其是西方国家社会治理的理论、政策和手段，既要看到其经验与良策，也要看到其不足与局限，通过合理吸收借鉴找到创新社会治理的途径办法。

### 1. 过度自由化与市场化放大市场经济的固有弊端

自由化和市场化的环境一方面激发了社会各类主体的活力，另一方面也容易造成社会的混乱。过度强调市场的作用，使政府在社会治理过程中丧失主导权，容易导致一系列社会问题的出现。资本市场的高速自由运转以及花样翻新的"金融创新"，使得社会财富"变幻莫测"，贫富差距急剧扩大。尤其应该反思的是，一些国家社会公共政策制定的出发点并没有真正落实到民生上，本质上仍然是为资本逐利服务，受到市场强势主体特别是一些利益集团的影响。

### 2. 失控的政党政治竞争降低社会治理效能

西方国家的政党代表不同的利益集团，在许多社会政策上难以形成共识，一些政党为了赢得选举什么都可以承诺，但最后往往都是空头支票。这种党派之间的恶性竞争，不仅会降低社会治理的效率，而且会导致社会的不稳定。无论哪一个党派执政，在制定社会政策时往往会遇到反对党为了反对而反对的情况，致使一些政策悬而不决。同时受利益集团诉求、选情需要、舆情民意等因素制约，这些政党无法从全局和长远出发为民众谋福利，导致某些社会领域治理的缺失。正因如此，西方国家一些尖锐的社会问题长期得不到有效解决，这不仅成为社会骚乱的根源，也成为推进社会改革和创新社会治理的重大障碍。

### 3. 过度张扬的个人主义导致社会共识缺失

个人主义是资本主义价值观的核心，而个人主义的过度张扬则成为社会治理的障碍。在极端个人主义的支配下，一些人把追求个人利益当作唯一目的，把国家和社会看作满足个人利益、实现个人诉求的工具或手段，造成个人与国家、社会的对立。以个人主义为核心体现在资本主义制度、社会生活各个方面，一些人片面追求思想、言论自由，阻碍社会共识的达成，损害社会和谐共存的基础，也降低了社会治理的实施成效。此外，个人主义盛行还出现"养懒人"现象，西方国家希望通过福利制度缓解社会问题，但过高福利除了增加政府财政困难，还会助长一些人"不劳而获"的懒惰心理，导致部分公民责任感下滑。近些年来，尽管深陷经济危机，一些西方国家仍维持较高社会福利，财政赤字不断扩大；一些社会群体因福利降低或受损而出现极端行为，这也是导致一些西方国家出现民粹主义情绪和强烈排外倾向的重要原因。在全球经济长期低迷的背景下，个人主义急剧恶性膨胀，产生了阶层利己主义和国家利己主义等个人主义的"变体"，不但严重危害社会治理，而且成为经济全球化的逆流。

西方国家的社会治理赤字，本质上与资本主义生产方式和社会制度密切相关，根源在于资本主义制度本身。只要资本的逐利本性得不到遏制，资本主义生产方式不彻底改变，西方社会治理问题就不可能得到根本解决。

# 第三节　社会治理创新的中国方案

中国坚持从社会主义初级阶段基本国情出发，在吸收借鉴国际社会治理有益经验的基础上，明确提出创新社会治理这一重大时代课题。在社会主义现代化建设的实践中，我国建立和完善中国特色社会治理体系，积极探索社会建设的有效途径和办法，有力保障了改革开放和社会主义现代化建设大局，确保人民安居乐业、社会安定有序、国家长治久安，这既是中国式现代化的重要内容，又为其他发展中国家完善社会治理提供了中国方案，同时也为解决当代世界社会问题提供了中国智慧。

## 一、当代中国社会治理思想的形成

马克思主义关于社会建设思想的内容十分丰富，是当代中国社会治理实践的根本指导。马克思主义认为，社会是人们交互活动的产物，人们的物质关系形成他们一切关系的基础。"现在的社会不是坚实的结晶体，而是一个能够变化并且经常处于变化过程中的有机体。"[①] 社会是不断运动的，也是充满矛盾和挑战的，会产生各种各样的问题。在资本主义社会，社会矛盾与问题更为凸显。在社会主义革命胜利后，要进行社会改造和社会建设，为迎接新社会的到来和建设新社会创造更充分的条件。马克思、恩格斯设想，在未来社会中，生产将以所有的人富裕为目的，所有人共同享受大家创造出来的福利。他们还阐明，在社会主义条件下，社会应该"给所有的人提供健康而有益的工作，给所有的人提供充裕的物质生活和闲暇时间，给所有的人提供真正的充分的自由"[②]。马克思主义的社会建设思想，深刻揭示了现实社会问题产生的根源和解决社会问题的基本途径，为推进当代社会治理提供了科学的世界观和方法论。

新中国成立后，中国共产党在社会建设方面进行了不懈探索，积累了宝贵经验。改革开放以来，中国坚持运用马克思主义关于社会建设的思想指导社会建设实践，提出一系列重要理论观点。主要包括：解放和发展生产力是解决社会问题的根本途径，坚持以经济建设为中心，促进社会建设与经济建设相适应相协调；以实现最广大人民的根本利益为目的，着力解决好人民群众最关心最直接最现实的利益问题，建立更加公平可持续的社会保障制度，努力为社会提供多样化服务，更好满足人民需求；公平正义是中国特色社会主义的内在要求，必须坚持维护社会公平正义，在全体人民共同奋斗、经济社会稳步发展的基础上，逐步建立以权利公平、机会公平、规则公平为主要内容的社会公平保障体系，保证人民平等参与、平等发展的权利；社会和谐是中国特色社会主义的本质属性，要把保障和改善民生放在更加突出的位置，团结一切可以团结的力量，最大限度增加和谐因素，增强社会创造活力，确保人民安居乐业、社会安定有序、国家长治久安；正确处理改革、发展和稳定的关系，

① 《马克思恩格斯全集》第四十三卷，人民出版社 2016 年版，第 20 页。
② 《马克思恩格斯全集》第二十八卷，人民出版社 2018 年版，第 652 页。

使社会各方面的利益关系得到妥善协调，人民内部矛盾和其他社会矛盾得到正确处理，人民的合法权益得到切实维护，努力构建社会主义和谐社会；等等。这些观点进一步丰富和发展了马克思主义社会建设思想，深化了对经济社会发展规律的认识。

从加强社会建设到创新社会治理，既继承了共产党领导的人民社会人民建的优良传统，又汲取了社会治理的现代化因素，是一个不断探索和深化认识的过程。党的十八大以来，以习近平同志为核心的党中央从统筹推进"五位一体"总体布局和协调推进"四个全面"战略布局高度，在社会治理方面提出了许多新理念，阐明了一系列重大原则，深化了对社会治理规律的认识。党的十八届三中全会提出了"推进国家治理体系和治理能力现代化"的战略目标；党的十九届四中全会进一步提出"坚持和完善共建共治共享的社会治理制度，保持社会稳定、维护国家安全"的战略部署；党的二十大提出"完善社会治理体系。健全共建共治共享的社会治理制度，提升社会治理效能"的战略任务，规划了我国社会治理的路线图。

我国高度重视社会治理问题，把加强和创新社会治理作为完善和发展中国特色社会主义制度、推进国家治理体系和治理能力现代化的重要内容。在我国，社会治理由中国共产党全面领导，由政府组织和主导，吸纳社会组织和公众等多方面社会力量有序参与。我国的社会治理，突出强调要坚持以人民为中心的发展理念，以最广大人民根本利益为根本坐标，充分调动各方面积极性，最大限度增强社会发展活力，充分发挥人民群众首创精神，使全社会创造能量充分释放。我们突出制度和体系建设在社会治理格局中的基础性、战略性地位，树立大社会观、大治理观，使社会治理的成效更多、更公平地惠及全体人民，不断增加人民的获得感、幸福感、安全感。我国善于把党的领导和社会主义制度优势转化为社会治理优势，着力推进社会治理系统化、科学化、智能化、法治化，增强社会治理的整体性和协同性，探索走出一条符合中国社会发展实际、更可持续的中国特色社会主义治理之路，打造共建共治共享的社会治理格局。这一系列新思想新战略，反映了我国对社会运行规律和治理规律认识的深化，是社会治理理念的一次重大变革，是推进国家治理体系和治理能力现代化的重要体现，为在新时代加强和创新社会治理指明了方向。

## 二、中国社会治理创新的思路和举措

党的十八大以来，我国在社会建设领域推出了一大批创新举措，有效破解了一系列社会治理难题，社会治理体系不断完善，社会安全稳定形势持续向好，人民生命财产安全得到有效维护，平安中国建设取得重大进展。与此同时，也要清醒地看到，在社会大局总体稳定的同时，社会利益关系日趋复杂，社会阶层结构分化明显，社会矛盾和问题交织叠加，人民群众对社会事务的参与意愿更加强烈，社会治理面临的形势与环境更为复杂。而对新形势新问题，我国在实践中提出了加强社会治理的一系列新思路新举措，有力推动了当代中国的社会治理创新。

### 1. 中国社会治理创新的原则和总体思路

解决我国在社会建设领域存在的问题，要自觉坚持党的领导，从我国实际出发，遵循社会治理规律，把握时代特征，创新社会治理的理念、体制机制、方法手段，确保社会既充满活力又和谐有序。

一是坚持以人民为中心。社会治理创新，最根本的是坚持以人民为中心的发展思想，这既是马克思主义根本立场和中国共产党全心全意为人民服务根本宗旨的集中体现，也是加强社会建设、创新社会治理体系的基本遵循。党的十八大以来，中国共产党顺应人民对美好生活的向往，把实现人民幸福作为一切工作的出发点和归宿，把以人民为中心这一原则贯彻到构建社会治理体系的方方面面，体现到加强社会建设的全过程，人民群众的获得感、幸福感、安全感不断增强。

二是坚持系统治理、依法治理、综合治理、源头治理相统一。坚持系统思维和整体设计，守牢政治引领制高点，夯实自治基础立足点，抓细法治保障关键点，选准德治先导结合点，撬动智治支撑创新点，以"五治"促"共治"。加强党委领导，发挥政府主导作用，鼓励和支持各方面力量参与社会治理，实现政府治理和社会自我调节、城乡居民自治良性互动。加强社会治理的法治保障，运用法治思维和法治方式化解社会矛盾、维护社会秩序，推动法治国家、法治政府、法治社会建设。运用综合手段解决社会问题，实现社会治理由过去单纯依靠行政管理转向行政、法律、经济、科技、教育等综合施策，特别是注重加强价值观的引领，使人们能够自觉遵守社会规范。遵循标本兼治、重在治本原则，以预防为先、动态治理的形式实现治理环节前移，以网格化管理、社会化服务为方向，及时反映和协调人民群众各方面、各层次利益诉求，满足人民群众合理需求，把社会矛盾尽可能化解在基层和源头。

三是加强社会领域制度建设。遵循社会主义基本经济制度、根本政治制度以及社会主义核心价值观的要求，体现社会治理的特点特色，探索并建立具有自身特点的社会保障制度、公共安全制度、基层自治制度等。在社会治理内部制度建设过程中，逐步建立与完善社会组织管理、社会服务管理、社会治理工作队伍建设、社会治理评价等相关制度。注重公平正义，着力解决制度建设中地区差异大、碎片化问题，增强制度的协同、配套与一致性。

四是形成"党委领导、政府负责、民主协商、社会协同、公众参与、法治保障、科技支撑"的社会治理体系。全面落实各级党委和政府的社会治理主体责任，形成权责明晰、奖惩分明、分工负责、齐抓共管的社会治理责任链条。通过民主协商、社会协同、公众参与，培育和引导各类社会组织积极参与社会治理，实现社会事务的多方共同参与，努力建设人人有责、人人尽责、人人享有的社会治理共同体。把社会治理纳入法治化轨道，充分发挥法治对社会治理的引领、规范和保障作用。充分运用大数据、云计算和物联网等信息技术手段，为提升社会治理整体效能、提高社会治理水平提供有力支撑。

五是提高社会治理的社会化、智能化、专业化水平。强化社会治理的有序参与，支持各类社会主体自我约束、自我管理，发挥市民公约、乡规民约、行业规章、团体章程等社会规范在社会治理中的积极作用，提高社会治理的社会化程度。运用新科技手段优化社会治理环境，实现社会治理资源的整合，建立协同采集、分享使用、高效安全的公共信息系统，增强社会治理的整体性和协同性，推动社会治理的智能化、高效化。遵循社会治理以及人才管理的规律，建设高素质专业化干部队伍和社会治理各类人才队伍，提高社会治理的专业化水平。

六是注重中华优秀传统文化在社会治理中的运用。中华优秀传统文化中蕴藏的社会治理智慧，对当代社会治理发挥着重要作用。传统文化中隆礼重法、德主刑辅、正己修身、知行合一等思想观念，能够与社会治理协力共进、相辅相成，提升社会治理整体效果，推动社会治理共同体建设和基层社会治理。

### 2. 中国社会治理创新的主要举措

我国积极探索和推进各项社会治理的有效举措，始终注重坚守民生底线、突出治理重点、完善社会保障体系、引导社会心理，出台了一系列惠民生、保民生的举措，实现了社会治理的创新发展。

第一，坚守民生底线。我国在创新社会治理过程中，始终从人民最关心最直接最现实的利益问题出发，牢牢把握分配、就业、教育、住房、健康等民生基本保障问题。

分配制度是促进共同富裕的基础性制度。在社会治理进程中，我国逐步形成了按劳分配为主体、多种分配方式并存的分配制度，构建了初次分配、再分配、第三次分配协调配套的制度体系。通过建立特色鲜明的分配制度，努力提高居民收入在国民收入分配中的比重，提高劳动报酬在初次分配中的比重。在具体的制度设计上，鼓励勤劳致富，促进机会公平，努力实现多劳多得，增加低收入者收入，扩大中等收入群体。同时，完善按要素分配政策制度和个人所得税制度，探索多种渠道增加中低收入群众要素收入，多渠道增加城乡居民财产性收入；规范收入分配秩序和财富积累机制，保护合法收入，调节过高收入，取缔非法收入。

就业是最大的民生，保就业就是保民生，保障就业就是保障稳定收入。新产业革命背景下以人工智能、工业机器人为核心的新业态会导致技术性失业，但与此同时，新的技术也会催生新的职业。以信息化、数字化、智能化、网络化为支撑的数字经济不断催生各种新就业形态，创造出相较于传统就业而言更加自主自由、更加弹性灵活的工作机会。社会治理领域也在因时而动，不断探索适合中国国情的弹性就业制度，使数字经济红利惠及更多劳动者。

坚持优先发展教育事业，构建高质量教育体系，努力办好人民满意的教育。坚持社会主义办学方向和教育公益性原则，促进教育公平，着力构建优质均衡的基本公共教育服务体系。突出职业技术（技工）教育类型特色，深入推进改革创新，优化结构与布局，大力培养技术技能人才。推进高等教育分类管理和高等学校综合改革，构建更加多元的高等教育体系，分类建设一流大学和一流学科，支持发展高水平研究型大学。全面深化教育领域综合改革，建立健全新时代教育评价制度和机制。扩大教育对外开放，优化教育开放全球布局。发挥在线教育优势，完善终身学习体系，建设学习型社会。

住房问题是世界各国现代化进程中面临的共同难题，也一直是我国政府特别关注的问题。随着经济社会发展，如何满足居民的住房需求，成为社会治理的重点问题之一。我国强调"房子是用来住的，不是用来炒的"，一方面，着力加强保障性住房建设和管理，加快建立多主体供给、多渠道保障、租购并举的住房制度；另一方面，制定政策法规打击炒房行为，净化市场环境，让住房回归居住属性，努力实现全体人民住有所居。

人民健康是民族昌盛和国家富强的重要标志，也是广大人民群众的共同追求。坚持中国特色卫生与健康发展道路，坚持正确的卫生与健康工作方针，以基层为重点，以改革创新为动力，预防为主，中西医并重，将健康融入所有政策，人民共建共享。坚定不移贯彻预防为主方针，坚持防治结合、联防联控、群防群控，努力为人民群众提供全生命周期的卫生与健康服务。倡导健康文明的生活方式，树立大卫生、大健康观念，把以治病为中心转变为以人民健康为中心，建立健全健康教育体系，提升全民健康素养，推动全民健身和全民健康深度融合。加大心理健康问题基础性研究，做好心理健康知识和心理疾病科普工作，规范发展心理治疗、心理咨询等心理健康服务。

第二，突出治理重点。巩固脱贫攻坚成果、加强网络治理、保障公共安全是我国社会治理的重点和难点。我国通过加强社会建设和治理，在消除贫困、网络治理、公共安全等方面取得了举世瞩目的成就。

巩固脱贫攻坚成果。经过全党全国各族人民共同努力，我国脱贫攻坚战取得了全面胜利，现行标准下 9899 万农村贫困人口全部脱贫，832 个贫困县全部摘帽，12.8 万个贫困村全部出列，区域性整体贫困得到解决，完成了消除绝对贫困的艰巨任务。脱贫摘帽并不是终点，必须切实做好巩固拓展脱贫攻坚成果同乡村振兴有效衔接各项工作，让脱贫基础更加稳固、成效更可持续，坚决守住不发生规模性返贫的底线。

脱贫地区经济社会发展大踏步赶上来，整体面貌发生历史性巨变。贫困地区发展步伐显著加快，经济实力不断增强，基础设施建设突飞猛进，社会事业长足进步，行路难、吃水难、用电难、通信难、上学难、就医难等问题得到历史性解决。……所有深度贫困地区的最后堡垒被全部攻克。脱贫地区处处呈现山乡巨变、山河锦绣的时代画卷！

——习近平

加强网络治理。网络空间是人类共同的活动空间，网络和信息安全牵涉国家安全和社会稳定。面对互联网技术的飞速发展和网络治理面临的严峻挑战，党的十八大以来，我国提出"积极利用、科学发展、依法管理、确保安全"的方针，大力实施网络强国战略、国家大数据战略、"互联网+"行动计划，形成从技术到内容、从日常安全到打击犯罪的互联网管理合力，既确保网络正确运用和安全，又有力促进了互联网和经济社会融合发展。同时，深化国际合作，尊重网络主权，促进实现信息共享、技术共享、资源共享，共同构建和平、安全、开放、合作的网络空间，建立多边、民主、透明的国际互联网治理体系。

保障公共安全。安全是人的基本需求，也是一个社会良性运行的基本保障。面对公共安全这个世界性治理难题，我国把平安中国建设放在更加突出的位置来谋划，确保人民安居乐业、社会安定有序、国家长治久安。在社会治安方面，把整体防范与专项打击结合起来，积极预防、严厉打击各类违法犯罪活动，开展扫黑除恶专项斗争；把重点整治与完善机制结合起来，最大限度地消除各类隐患和治安盲点；把保障安全与服务民生结合起来，全面增强公共安全管理服务效能；把人民群众参与与公共安全治理结合起来，广泛动员人民群众共同维护公共安全。在化解社会矛盾纠纷方面，尽最大努力把矛盾纠纷化解在基层、解决在萌芽状态。

第三，完善社会保障体系。社会保障体系是人民生活的安全网和社会运行的稳定器，与人民幸福安康息息相关，也关系着国家的长治久安。我国注重从实际出发，基本建成了覆盖全民、城乡统筹、权责清晰、保障适度、可持续的多层次社会保障体系，在居民养老、社会保险、社会救助等方面取得了一系列显著成就。

实施积极应对人口老龄化国家战略。优化生育政策，促进人口长期均衡发展，提高人口素质，这是积极应对人口老龄化、持续保持社会活力的治本之策。为了应对人口老龄化，我国实施三孩生育政策，鼓励一对夫妻生育三个子女并给予配套支持措施，促进人口长期均衡发展。同时，积极开发老龄人力资源，发展"银发经济"，推动养老事业和养老产业协同发展。

加强社会保险保障力度。目前我国建立了统一城乡居民基本养老保险制度、企业职工基本养老保险基金中央调剂制度，同时启动了机关事业单位养老保险制度改革，形成了世界上规模最大的养老保障体系。在劳动保障领域，推行工伤保险专项扩面行动计划，通过按项目参保的方式纳入工伤保险保障，创造性解决工程建设领域农民工参保难的问题。近年来，实施失业补助金、临时生活补助等政策，实行保生活、防失业、促就业的失业保险制度，对援企稳岗和职业技能提升发挥了举足轻重的作用。

加强社会救助体系建设。统筹城乡社会救助体系，完善最低生活保障制度，让低收入的困难群众满足个人生存需求。健全重大疾病医疗保险和救助制度，积极发展商业医疗保险。同时，对重点群体进行重点救助，充分保障妇女儿童合法权益，建立健全农村留守儿童和妇女、老年人关爱服务体系，积极发展残疾人事业，不断完善社会救助相关制度与具体政策，让社会救助最大范围覆盖到最需要的人群。

第四，引导社会心理。社会治理不能一味地求快、求高，而要适度，根据经济发展状况确定社会治理水平，合理引导社会心理预期，确保各项社会分配收支平衡，保障制度长期稳定运行。加强社会心理引导，就是要促进社会形成良好舆论氛围和预期，使改善民生始终成为党和政府的工作方向，成为广大人民群众自身奋斗的目标。

坚持从实际出发。民生工作直接同老百姓见面、对账，承诺了的就一定要兑现，要做到件件有着落、事事有回音，让群众看到变化、得到实惠。同时要意识到，群众对美好生活的期待是不断提升的，需求是多样化、多层次的，而我国仍处于并将长期处于社会主义初级阶段，改善民生不能脱离这个最大的实际而提出过高的目标，收入的提高必须建立在劳动生产率提高的基础之上，福利水平的提高也必须建立在经济和财力可持续增长的基础之上。绝不能开空头支票，防止把胃口吊得过高，用过度承诺讨好群众，结果无法兑现、失信于民，而是要同我国经济发展阶段相匹配，推出的每件事都要一抓到底，一件接着一件办，既尽力而为又量力而行。

加强思想教育。思想教育是引导合理预期的重要途径和方式。虽然享受基本社会保障是公民的权利，但自立自强自尊是对现代社会公民的基本要求，要引导群众认识到面对困难首先不是"坐等要"，而是要通过自己的努力去改变。要宣传劳动光荣，彰显劳动价值，突出按劳分配主导，强调获取和奉献、权利和义务的统一，倡导诚实劳动，反对不劳而获，努力促进人的全面发展。

### 3. 中国实现社会治理创新的原因

我国的社会治理起步相对经济、政治建设较为滞后，然而在较短时间内实现了创新性发展，取得了历史性突破，主要原因是：

第一，中国特色社会主义的制度优势。制度的优越性需要通过治理水平和治理能力来检验。我国社会治理的一切工作和活动都依照中国特色社会主义制度展开，保障共同富裕、公共安全、均衡发展的制度设计使社会矛盾能够得到及时化解，这是中国特色社会主义制度优越性的集中体现。

中国特色社会主义政治制度是确保社会治理公众参与落到实处的重要制度支撑，可以有效保证相关治理主体的参与机会和参与权利，调动人民群众参与社会治理的积极性、主动性，实现社会治理参与的有序、有为和有效，为构建社会治理共同体奠定坚实的社会基础。中国特色社会主义法治体系是坚持法治国家、法治政府、法治社会一体建设，解放和增强社会活力、促进社会公平正义、维护社会和谐稳定、确保党和国家长治久安的重要制度，其显著优势已为实践所检验。

第二，坚持人民至上的社会治理理念。在社会治理中，把人民的需要摆在突出位置。在社会利益的协调上，把解决困难群众的生产生活摆在突出位置。在社会问题的解决上，把人民群众最关心最直接最现实的利益问题摆在突出位置。在根本利益的把控上，把关系国家主权、安全、发展的核心利益摆在突出位置。

习近平多次强调："检验我们一切工作的成效，最终都要看人民是否真正得到了实惠，人民生活是否真正得到了改善，人民权益是否真正得到了保障。"[1] 要把以人民为中心的发展思想体现在经济社会发展各个环节，坚持人民主体地位，把人民对美好生活的向往作为奋斗目标，依靠人民创造历史伟业，做到老百姓关心什么、期盼什么，改革就要抓住什么、推进什么，通过改革给人民群众带来更多获得感。

> 坚持贯彻以人民为中心的发展思想。民心是最大的政治。我们党是全心全意为人民服务的党，坚持立党为公、执政为民，把人民对美好生活的向往作为始终不渝的奋斗目标。在近百年的奋斗历程中，我们党不仅是这么说的，也一直是这么做的。
>
> ——习近平

第三，坚持党的领导是我国社会治理创新的政治优势。我国是拥有14亿多人口的大国，社会治理是一项异常艰巨的伟大工程，党的领导是实现社会治理现代化的根本保证。与一些国家社会问题丛生、社会动荡不安形成鲜明对比的是，我国社会总体保持长期稳定局面，充分证明了党的领导特别是以基层党组织为核心的基层治理模式是科学有效的，是代表人民群众最根本利益的。

发挥党的思想建设优势。长期以来，我们党探索建立了特色鲜明的

---

[1] 《习近平著作选读》第一卷，人民出版社2023年版，第212页。

思想政治工作方法，通过加强共产主义理想信念教育，发扬共产党员奉献精神，提高人民的思想觉悟，引导群众正确处理个人利益、集体利益与国家利益以及眼前利益与长远利益的关系，有效解决关系人民群众切身利益的各种社会民生问题。

发挥党的教育引导优势。与西方国家主要依靠法治手段加强社会治理、推进社会建设不同，我国在全面深化依法治国的同时，注重发挥思想政治工作的优势，坚持党的群众路线，一切为了群众，一切依靠群众。通过自我教育、自我管理、自我提高，实行群众自治的社会治理。

## 三、中国社会治理创新的当代意义

中国社会治理创新的实践和成就，不仅维护了我国改革发展稳定，推动了经济社会全面发展，也为世界各国解决社会问题提供了有益参考，特别是给一些发展中国家提升社会治理水平提供了新的路径选择。

### 1. 逐步实现共同富裕

共同富裕既体现了马克思主义的基本原理，也立足于中华优秀传统文化中的社会"大同"思想，在中国特色社会主义伟大实践中得到逐步实现，是中国式现代化的基本特征之一。

党的十八大以来，以习近平同志为核心的党中央明确提出"共同富裕是中国特色社会主义的根本原则，所以必须使发展成果更多更公平惠及全体人民，朝着共同富裕方向稳步前进"[1]。实现全体人民共同富裕是一个长期的历史过程，既不是空中楼阁，也不可能一蹴而就，应该保持历史耐心和进行不懈的努力。中国逐步实现的共同富裕，不是要搞平均主义，而是要在把"蛋糕"做大的同时，通过合理的制度安排把"蛋糕"

---

[1] 《习近平谈治国理政》第一卷，外文出版社 2018 年版，第 13 页。

分好，让发展成果更多更公平惠及全体人民，坚决遏制非法利益集团及利益输送，不允许出现特权阶层。这样的共同富裕，是坚持以人民为中心的发展理念，体现公平正义，通过"先富带后富、帮后富"，切实解决困难群众的生产生活需求，扩大中等收入群体，逐步缩小贫富差距而实现的富裕。这样的共同富裕，不是依靠对外掠夺和不公平竞争，而是依靠亿万人民群众自力更生、共同奋斗，根据需要和可能不断扩大社会公共产品社会供应而实现的富裕。中国特色社会主义进入新时代，这是一个全国各族人民团结奋斗、不断创造美好生活、逐步实现全体人民共同富裕的时代。党的二十大向着更高远的目标谋划共同富裕，提出"扎实推进共同富裕"的新目标。中国特色社会主义制度的优越性将随着共同富裕不断取得实质性进展而进一步彰显。

### 2. 促进人的全面发展

马克思主义关于人的自由而全面发展的思想，为当代社会建设和社会治理指明了前进方向。马克思、恩格斯明确指出，在未来社会，"每个人的自由发展是一切人的自由发展的条件"[①]，并称这是"新社会的本质"。坚持以人民为中心的发展思想，把增进人民福祉、促进人的全面发展作为一切工作的出发点和落脚点，这既是我国社会治理实践长期坚持的一条基本原则，也是可供他国借鉴的重要经验。

在实践中，我国许多社会政策、社会治理举措，都体现了促进人的全面发展这个出发点和落脚点。例如，坚持物质文明建设和精神文明建设"两手抓、两手都要硬"方针；长期坚持实施教育优先发展战略；大力弘扬和培育社会主义道德与社会主义核心价值观，提升全民族的科学文化素质和思想道德素质；强调在保持经济增长的同时，要落实以人民为中心的发展思想，在各个方面持续取得新进展。促进人的全面发展，

---

① 《马克思恩格斯选集》第一卷，人民出版社2012年版，第422页。

不仅要积极满足人民群众物质文化生活方面合理的要求，而且要满足人民群众日益增长的民主、法治、公平、正义、安全、环境等方面的要求，这本身就是全面满足人的需要、促进人的全面发展的必然要求。现代化的本质是人的现代化，创新社会治理的目的也在于更好调节人与人、人与集体、人与社会、人与自然的关系，实现人与人之间的和谐相处。虽然人的自由而全面发展是一个长期的历史过程，但其作为我国社会治理创新的基本原则必须始终坚持，要通过脚踏实地、循序渐进的努力来完成。

### 3. 正确处理共建共治共享的关系

社会治理的一个突出特征是主体多元、协同合作。我国的社会治理创新将共建共治共享统一起来，强调共建不仅是共享的实现途径，也是共治的重要基础；共建才能共享，共建的过程也是共享的过程，共享是共建、共治的目标取向。坚持共建，必须充分发扬民主，广泛汇聚民智，最大程度激发民力，形成人人参与、人人尽力、人人都有成就感的生动局面。确保全体人民共享改革发展成果，是社会主义的本质要求，是全心全意为人民服务根本宗旨的重要体现。改革发展搞得成功不成功，最终的判断标准是人民是否能够共享改革发展成果。坚持共建与共享相统一，必须把共享的理念、制度设计与共建的实践更好统一起来，依靠并动员广泛的社会参与，最终实现良好的社会治理。

一个现代化的社会，应该既充满活力又拥有良好秩序，呈现出活力和秩序有机统一。要完善共建共治共享的社会治理制度，实现政府治理同社会调节、居民自治良性互动，建设人人有责、人人尽责、人人享有的社会治理共同体。要加强和创新基层社会治理，使每个社会细胞都健康活跃，将矛盾纠纷化解在基层，将和谐稳定创建在基层。

——习近平

实现共建共治共享，既需要强有力的组织领导，也需要群众的自觉自愿。社会治理一般都会注重多元主体，但如果缺乏"主心骨"，缺乏统筹安排，就会导致混乱和效率低下。我国在社会治理创新实践中，注重把强有力的组织领导与群众自觉自愿统一起来，有效整合社会治理资源，形成社会治理合力。我国社会治理最显著的特征和优势就是中国共产党的领导。党的领导是中国特色社会主义最本质的特征和最大优势。一方面，中国共产党有强大的政治领导力、思想引领力、群众组织力、社会号召力，中国社会治理离不开党的领导。另一方面，中国共产党与人民群众的关系是紧密相联的，通过充分发挥党员的先锋模范作用引领人民群众，依靠领导干部的率先垂范团结和凝聚各方力量，持续推动社会治理工作。在具体社会治理实践中，还要通过做好群众工作，尤其是群众的思想工作，让群众自觉自愿地接受和参与。例如，我国在基层治理方面强调试点先行，就是这种强有力的领导与群众自觉自愿相结合治理方式的具体体现。当今世界，许多发展中国家也有快速发展的强烈愿望，如何确保稳定与发展的有机统一，我国在处理党的领导和社会参与关系方面的许多经验、方法可供借鉴。

在习近平新时代中国特色社会主义思想指引下，我们正在走出一条中国特色的社会治理道路，既为解决我国的社会问题和加强新时代的社会建设指明了方向，也为世界各国提升社会治理能力和解决复杂的社会问题提供了新的选择。

## 分析与思考

1. 当代世界，社会发展的不稳定性不确定性加剧，社会治理日益成为各国必须面对的全球性问题。请谈谈当代世界社会问题的主要表现及产生的原因。

2. 当前，许多国家为了维护社会稳定和促进社会发展，不断调整和完善社会治理方式。你认为当代世界社会治理的途径和措施主要有哪些？

3. 一个现代化的社会，应该既充满活力又拥有良好秩序，呈现出活力和秩序有机统一。你如何理解中国社会治理创新的世界意义？

# 第五章  当代生态环境

当今时代，面对全球生态环境问题的严峻挑战，国际社会虽然形成了一些基本共识，但是一些发达国家推诿自己应该承担的责任和义务，发展中国家面临着经济发展与环境保护的双重挑战，保护和改善全球生态环境任重道远。作为世界上最大的发展中国家，中国高度重视生态环境问题，明确提出生态文明、绿色发展、人与自然和谐共生等新理念，推动生态文明建设从理论到实践都发生了历史性、转折性、全局性变化，为建设一个清洁美丽的世界提供中国经验、贡献中国智慧。

## 第一节  人类面临的共同挑战

全面深入认识人与自然的关系，科学揭示生态环境问题产生的社会根源，明确解决生态环境问题面临的主要障碍，探讨人与自然和谐共生的现实途径和方法，是构建公平合理、合作共赢的全球环境治理体系的迫切需要。

### 一、生态环境恶化是严重的全球性问题

自工业革命以来，人类改造和利用自然的规模和强度日益增大，生

态环境问题日趋严重。进入 21 世纪，科技革命和经济全球化的深入发展在造福人类的同时，也加剧了生态环境恶化。联合国发布的《2022 年可持续发展目标报告》显示，2021 年与能源相关的二氧化碳排放量增加了6%，达到历史最高水平。近年来，生物多样性丧失、荒漠化加剧、极端气候事件频发，给人类生存和发展带来严峻挑战。

### 1. 生态环境持续恶化

相较于人类社会发展历史上出现的生态环境问题，当代生态环境问题呈现出一些新的特点。

人对自然的破坏加重。20 世纪以来，科技进步极大提高了人类改造自然的能力，人为因素在地球生态系统变化中的作用日益增强。当前，由自然原因造成的生态环境问题虽依然存在，但由过度开采资源、工业生活垃圾污染、化工产品滥用、有害物质排放等人为原因造成的生态环境问题更加突出。

破坏范围和影响日益加大。早期的生态环境问题主要局限于一些国家和地区，对全球生态环境并未构成严重威胁。当代生态环境问题，远远超出某个国家或某个地区的范围，扩展到了整个世界，关系整个人类社会的生存和发展。解决全球生态环境问题，迫切需要世界各国加强协调与合作。

发展中国家成为全球生态环境问题的重灾区。发展中国家生态环境问题持续恶化，既有发达国家对外转移污染产业的原因，也有发展中国家因发展压力和历史欠账巨大而被迫过度开发的原因。发展中国家集聚了前工业时代、工业化时代甚至后工业时代的各种环境问题，产生了严重的负面叠加效应。

### 2. 生态环境风险的凸显与生态安全的重大意义

全球生态环境持续恶化，导致当代世界生态环境风险具有高度的多样性、复杂性和破坏性。其具体表现形式多种多样，如资源能源枯竭、生态环境污染、全球气候变暖、自然灾害频发以及由之引发的社会性群体事件等（见表5-1）。生态环境问题成为世界和平与发展、社会进步与繁荣的重大障碍和威胁。

表 5-1　20 世纪世界八大环境公害事件

| 时间 | 地点 | 事件 | 原因 |
|---|---|---|---|
| 1930 年 | 比利时马斯河谷工业区 | 马斯河谷烟雾事件 | 工业区处于狭窄盆地中，工厂排放的大量烟雾造成空气污染 |
| 1948 年 | 美国宾夕法尼亚州多诺拉镇 | 多诺拉烟雾事件 | 该镇处于山谷当中，工厂排放的烟雾被封锁造成空气污染 |
| 20 世纪 40—60 年代 | 美国洛杉矶市 | 洛杉矶光化学烟雾事件 | 在日光作用下，排放的汽车尾气形成光化学烟雾 |
| 1952 年 | 英国伦敦市 | 伦敦烟雾事件 | 煤烟粉尘和湿气积聚在大气中造成空气污染 |
| 1961—1972 年 | 日本四日市 | 哮喘事件 | 石油冶炼和工业燃油产生的废气造成空气污染 |
| 1953—1956 年 | 日本熊本县水俣市 | 水俣病事件 | 工厂未经处理的废水造成水污染 |
| 1955—1972 年 | 日本富山县神通川流域 | 骨痛病事件 | 含镉废水造成水污染 |
| 1968 年 | 日本北九州市、四国地区 | 米糠油事件 | 食物油加工中的污染造成食品安全问题 |

生态环境风险与社会稳定密切相关。环境恶化已经成为一些地区局势动荡和社会关系紧张的重要原因。同时，生态环境问题也与贫困问题紧密相连。贫困者为生计所迫，往往较少考虑自身行为的生态环境后果，最终造成对自身的伤害，进而形成"贫困—盲目开发—环境退化—更贫

困"的恶性循环。

当今世界由生态环境问题引发的国际冲突与摩擦日益增多，已成为影响国际安全的一大隐患。自然资源的短缺和不可再生性增加了为争夺自然资源而发生冲突的可能性，国际贸易中绿色贸易壁垒加剧了不同国家和地区间的纠纷，环境退化造成大量环境难民流离失所，加剧了地区不稳定局势。由生态环境问题引发的生态环境风险已经影响到国家的总体安全。

有效防范和处置生态环境风险，需要高度重视生态环境安全问题。人不能离开自然生活，然而，全球生态环境问题无一不对人类的生存和发展产生一系列严重的负面影响，直接威胁着人类安全。构建人与自然和谐共生的生态安全，是人类生存与发展的最基本需求，也是一个国家安全体系的重要组成部分，与各种安全问题密切相关。

### 3. 生态环境问题产生的复杂原因

在人类历史上，欧美等西方国家率先实现了资本主义现代化。但是，当代世界发生的一系列重大事件表明，这种现代化并不具有普遍性和唯一性，这种现代化道路也不是地球所能承载的。

西方国家的现代化发展模式是资本主导的发展模式，其核心是追求剩余价值的持续增长和物质财富的过度积累。在这种发展模式主导下，随着人类活动的过度扩张和世界人口总量的指数式增长，人类对自然的索取日益加剧，对生态环境的破坏日益严重，引发了一系列生态环境问题。在当代，西方国家的自然生态环境虽然得到局部改善，但这是以全球资源耗竭和生态环境破坏为支撑的，是通过向发展中国家转移环境污染的方式实现的，是以世界上大多数发展中国家生态环境恶化为代价实现的。这表明，由于资本逐利的本性不会变，其对自然资源的过度索取也不会变，全球生态环境问题在资本主义框架内无法得到彻底解决。

广大发展中国家在摆脱帝国主义、殖民主义的控制后，纷纷走上了发展经济的道路。其中一些国家为了尽快改变落后面貌，存在片面追求经济增长、忽视甚至牺牲保护生态环境的倾向。资金不足、技术落后、观念陈旧、内部纷争等，也是导致发展中国家没有足够能力保护生态环境的重要因素。占主导地位的发达国家将一些落后产业转移到发展中国家，并通过有害废弃物贸易等形式转嫁污染，致使发展中国家不得不承受生态环境恶化的代价。

## 二、解决生态环境问题的主要障碍

虽然人们日益认识到保护生态环境的必要性和重要性，但生态环境问题的产生有着深刻而复杂的原因，因此，解决生态环境问题面临着诸多障碍。

### 1. 西方制度霸权

从根本上来看，全球生态环境问题是由资本主义国家对外扩张造成的。资本主义生产方式建立在对内剥夺劳动者、对外殖民扩张的基础上。发达国家大肆掠夺世界资源能源，肆意向世界各地尤其是发展中国家转嫁环境污染，长时期大规模的碳排放造成和加剧了全球气候暖化，甚至不惜发动具有严重生态环境危害的化学战、生物战、生态战。但是，一些发达国家极力美化西方社会制度，不仅回避资本主义现代化的历史欠债问题和发达国家的现实责任，而且不遗余力地把西方现代化作为人类普适的唯一现代化模式，大搞制度渗透和"颜色革命"，在生态治理方面逃避历史责任，并极力把水搅浑。

少数发达国家把国内法凌驾于国际法之上，把资产阶级民族国家利益凌驾于全人类利益之上，固守有利于本国资产阶级利益的生产方式和生活标准，成为解决生态环境问题的重大障碍。尤其是美国在签署控制全球气候变化的《巴黎协定》上反复无常，给解决气候变化问题带来了极大的不确定性，拖延了全球气候治理的正常进程。同时，这些国家为了维护其霸权地位和既得利益，刀刃向外，罔顾中国实际经济发展水平，试图强行把中国纳入发达国家行列，要求中国承担超出自身发展水平的更多责任。他们利用制度霸权歪曲事情本身的是非曲直，严重干扰了全球生态环境治理的全球共识。

### 2. 西方体制藩篱

在市场经济条件下，纯粹的经济行为往往不考虑生态产品和生态服务的公共性、不反映生产的自然成本和环境代价，许多生态环境问题是由市场经济的逐利性、自发性、滞后性等特点导致的，单纯的市场手段解决不了这些问题，需要政府的干预和调节。但是，由于发达国家的政府代表和维护的是少数人的利益，充当的是利益集团的代言人，扭曲了正常的市场机制和政府干预，从而产生新的制度性障碍。

尽管发达国家鼓吹自由贸易，但由于他们推行的经济全球化是金融资本主导下的全球化，旨在维护不平等的世界体系，因此，他们大肆制造绿色贸易壁垒。一方面，他们限制像中国这样的发展中大国研发的前沿绿色技术和生产的物美价廉的绿色产品向西方发达国家出口，刻意压低别国技术和产品的价格；另一方面，他们限制本国的先进绿色技术和绿色产品向发展中国家出口，肆意抬高本国技术和产品的价格。在这样不平等的世界体系中，穷人和穷国由于用不起、买不起先进的绿色技术和绿色产品，便有可能为急于摆脱贫困而采用那些对环境不友好的技术和生产方式，忽视对生态环境的保护，使得生态环境继续恶化。

### 3. 全球治理失范

在地球村当中，全球生态环境问题必须通过国际社会的合作来解决。但是，造成生态环境破坏的相关各方在立场、能力等方面有差异，特别是缺乏共同认可的利益分配机制，因此往往难以在环境保护方面达成协议，或者即使有了协议也会在执行中走样。尽管一些国际可持续发展文件和协议呼吁发达国家向发展中国家提供资金、技术、人才等方面的援助，以帮助他们摆脱生态环境问题，但这些国家并没有切实有效地履行其国际责任和义务。

一些发达国家长期固守本国优先的陈旧观念，总是把本国发展的生态环境成本转嫁给发展中国家。不少发展中国家则存在着急功近利的倾向，为追求眼前的经济利益而片面追求增长，靠较低的环境门槛来吸引资本粗放式投资，在"效率优先"或"先发展、后治理"等借口下破坏环境。人们对环境污染往往存在认识误区，如认为经济利益和经济增长无条件优先于环境治理，没有认识到良好的生态环境能够创造巨大的发展利益。

生态环境问题在当今世界仍然是重大挑战，人类解决全球生态环境问题依然任重道远，亟待进一步形成共识。

### 三、坚持科学理论指导应对生态环境问题

保护地球家园、解决生态危机，必须坚持以正确的思想理论为指导。我们要坚持学习和实践马克思主义关于人与自然关系的思想，努力走出一条生产发展、生活富裕、生态良好的文明发展道路。

> 人类的认识是螺旋式上升的。很多国家，包括一些发达国家，在发展过程中把生态环境破坏了，搞起一堆东西，最后一看都是一些破坏性的东西。再补回去，成本比当初创造的财富还要多。特别是有些地方，像重金属污染区，水被污染了，土壤被污染了，到了积重难返的地步。要实现永续发展，必须抓好生态文明建设。
>
> ——习近平

### 1. 人与自然的辩证关系

人类史从自然史发展而来，是自然史的一部分。自然界是人类社会存在和发展的客观前提和基础，是人类的生活资料和生产资料的来源。人直接地是自然存在物，靠自然界生活。如果人类计划不以自然规律为依据，必然会招致失败。

人类实践改变了自然的面貌，创造了人化自然，但人化自然同样具有客观性。其实，没有客观存在的自然界，人们什么也不能创造。"我们不要过分陶醉于我们人类对自然界的胜利。对于每一次这样的胜利，自然界都对我们进行报复。"[1]生态环境问题就是"大自然的报复"，是由于人类盲目行为严重破坏了自然界的和谐统一造成的。

人类在同自然的互动中生产、生活、发展。人类善待自然，自然也会馈赠人类；反之，自然就会对人类进行报复。这样，就使人类日益认识到自身和自然界的一体性。在客观存在并无限发展的世界系统中，人与自然构成一个有机系统。我们应该站在辩证唯物主义和历史唯物主义的高度，超越"人类中心主义"和"生态中心主义"的二元对立和抽象争论，科学把握人与自然的辩证关系。

### 2. 人与自然之间物质变换的"断裂"

在现实当中，人与自然的关系总是受人与社会的关系尤其是生产关系的制约和影响。资本主义制度造成了人与自然之间物质变换的严重"断裂"，是造成当下全球生态环境问题的深层根源。

自然界为劳动提供材料，劳动把材料转变为财富，二者共同构成了财富的源泉。在文明发展初期，像土壤的肥力这样的生活资料自然富源具有决定性意义；在较高发展阶段，像森林、金属、煤炭这样的劳动资料自然富源具有决定性意义。人类始终依赖自然界提供的各种资料。自

---

① 《马克思恩格斯选集》第三卷，人民出版社 2012 年版，第 998 页。

然界不仅是使用价值的源泉，而且通过影响劳动生产率参与到了财富形成和增值的过程当中。

资本主义将自然看作是不费分文的东西，肆意使用和支配，造成资源浪费和环境污染。同时，将自然财富降低到了交换价值的水平，无视其系统价值。随着工业化发展，西方城市化"破坏着人和土地之间的物质变换，也就是使人以衣食形式消费掉的土地的组成部分不能回归土地，从而破坏土地持久肥力的永恒的自然条件"[1]。这就使人与自然之间发生了"物质变换断裂"，并表现为人与人之间关系的"断裂"，最终形成生态环境问题。

在资本主义发展初期，工人正常的生产条件和生活条件被剥夺。"光、空气等等，甚至动物的最简单的爱清洁习性，都不再是人的需要了。"[2] 随着资本主义发展，对利润的无限追求扭曲了人的需要，导致以物质主义和消费主义为特征的生活方式大为盛行。支撑这种生活方式的源头恰恰是对自然资源的无限索取。这既造成了自然环境的污染和破坏，加剧了生态环境问题，又造成了人的片面化发展和单向度生存。

### 3. 人与自然和谐共生的社会前景

随着生产力的发展，通过消灭旧的生产关系和建立新的生产关系，在人的全面发展的过程中，未来社会将合理地调控人与自然之间的物质变换，自觉实现人与自然的和谐共生。

实现人类文明从自发发展向自觉发展的飞跃，解决生态环境问题，需要我们认识自然规律、尊重自然规律、遵循自然规律。随着科技进步，我们一天天地学会更正确地理解和运用自然规律，日益认识到人与自然的相互依存关系。同时，随着绿色科技应用转化为绿色生产方式，人与

---

① 《马克思恩格斯选集》第二卷，人民出版社 2012 年版，第 233 页。
② 《马克思恩格斯文集》第一卷，人民出版社 2009 年版，第 225 页。

自然之间物质变换的持续性将得到保证，人类将走上人与自然和谐共生的文明发展道路。

自然是人类"永远的共同财产"，只能以符合全人类利益的形式加以对待。人类要做到对自然合理的控制与调节，还需要进行社会革命。随着生产资料回到全社会的手中和自然界成为全人类的共同财富，人们将合理调节和自然之间的物质变换，并"在最无愧于和最适合于他们的人类本性的条件下来进行这种物质变换"[①]。共产主义将是一个人与自然、人与社会、人与自身相和谐的社会。

在消灭私有制和"三大差别"的基础上，随着物质生产力的高度发展和人们精神境界的极大提高，共产主义将是每个人的自由全面发展的社会。在自由人联合体当中，人类将摆脱"物欲"的奴役，科学对待和满足自己的需要，自觉追求自由个性的全面发展，自觉维护人和自然的生命共同体。

马克思主义包含的人与自然关系的思想，深刻揭示出生态环境问题并不是单纯的人与自然关系的问题，而是有着深层次的社会根源，是人与人之间关系以及人与社会之间关系的问题，根本上是社会制度和发展道路的选择问题。这些具有远见卓识的思想观点，具有丰富而深刻的生态文明意蕴，为解决当代生态环境问题提供了指导性原则和努力方向。

## 第二节  人类共同的时代责任

第二次世界大战以来，各种环境保护学说和社会思潮不断涌现，全球性环境保护运动蓬勃兴起。世界各国虽然采取了一些行动并取得了一定成效，但全球生态环境恶化的总体趋势并没有根本改变。实现绿色发

---

① 《马克思恩格斯文集》第七卷，人民出版社 2009 年版，第 928—929 页。

展，建设生态文明，携手共建生态良好的地球家园，成为全人类共同的时代责任。

## 一、国际上对生态环境问题的探索与实践

国际上围绕生态环境问题展开了深入研究探讨，提出了不少有价值的思想认识。各国在着手解决生态环境问题的实践中积累了很多有益经验，在一定程度上遏制了生态环境恶化的趋势，促进了全球可持续发展。

### 1. 对生态环境问题的理论探究

1972 年以后，围绕着"增长的极限"和"没有极限的增长"的争论，国外相继形成了众多学术流派和社会思潮，在世界范围内相继掀起了声势浩大的生态环境保护运动。

在西方社会，占主导地位的是"生态中心主义"和新自由主义的环境主张。"生态中心主义"将"人类中心主义"视为造成生态环境问题的根本原因，试图通过重返自然界的方式摆脱生态环境问题，遮蔽了资本主义在生态环境问题形成上的责任，以环境保护之名阻止发展中国家实现现代化。新自由主义的环境主张，无视生态环境、生态产品、生态服务的公共性，将单纯的私有化和绝对的市场化作为解决生态环境问题的根本对策。

针对上述缺陷，一些思潮将社会因素引入生态环境问题的讨论当中。围绕着"生态中心主义"将无差别的"人类中心主义"看作造成生态环境问题原因的看法，生态女性主义认为，生态的自然压迫问题和父权制社会造成的性别压迫具有内在关联。社会生态学认为，人类社会的等级支配造成了对人和自然的双重压迫，需要采取直接民主消除这种双重压迫。此外，美国出现的维护少数族裔环境权益的环境正义运动，印度基层劳动妇女保护生态环境的"抱树运动"，肯尼亚基层劳动妇女参加的

"绿带运动"，拉丁美洲的"穷人的环保主义"，都认同人类总是存在着各种社会异质性，都十分重视弱势人群的生态环境权益。这些运动和思潮开始触及造成生态环境问题的社会因素，但都未达到资本主义制度批判的高度。

20 世纪 60 年代末到 70 年代，在反对资本主义的"五月风暴"后，生态学马克思主义和生态学社会主义逐步发展为一种世界性的社会思潮和社会运动。他们认为，发展资本主义与尊重生态规律是矛盾的，资本主义将自然看成资源的"水龙头"和废弃物的"污水池"，根本无视生产的自然条件；生态环境问题是资本主义各种矛盾的集中体现，涉及需要、消费和自然的关系；资本主义自身无法解决全球生态环境问题，必须寻求新的社会制度才能实现人类的可持续发展，应该将生态学和社会主义结合起来。尽管二者存在分歧和局限，但都触及了生态环境问题的制度层面。

这些探讨及其取得的认识成果虽然主要局限于现象层面，但从不同方面折射出全球生态环境问题的严峻现实，深化了人们的认识，具有启示作用。

### 2. 对生态环境问题的全球治理

国际社会日益认识到生态环境问题的紧迫性和重要性，逐步将其提升为关系人类生存发展的重大问题来把握，开启了全球生态环境治理的历史进程。

1972 年，联合国人类环境会议通过的《人类环境宣言》以及作为其准备材料的《只有一个地球》，要求统筹环境和发展的关系。1987 年，联合国环境与发展委员会发布的《我们共同的未来》首次提出了可持续发展概念，呼吁实现既满足当代人的需要又不对后代人满足其需要的能力构成危害的发展。1992 年，联合国环境与发展大会呼吁将可持续发展作为人类面向 21 世纪的重大战略抉择，通过了《关于环境与发展的里约热内卢宣言》《21世纪议程》和《关于森林问题的原则声明》三项文件，对《联合国气候变化框架公约》和《生物多样性公约》进行了开放签字。2002年，可持续发展世界首脑会议在南非通过《约翰内斯堡可持续发展宣言》等文件，要求在各个层次上促进和加强经济发展、社会发展和环境保护这三个既相互依存又相互加强的可持续发展支柱。2012年，联合国可持续发展大会通过了《我们希望的未来》，提出消除贫穷、改变不可持续的消费和生产方式、推广可持续的消费和生产方式、保护和管理经济和社会发展的自然资源基础的可持续发展总目标。2015年，联合国大会第七十届会议通过《2030年可持续发展议程》，既涉及社会、经济和环境三个可持续发展层面，又涉及与和平、正义和高效机构相关的重要方面。2019年，第四届联合国环境大会的主题是"寻找创新解决办法，应对环境挑战并实现可持续消费与生产"。2022年7月，联合国发布《2022年可持续发展目标报告》，要求人类采取紧急行动来保护自然和拯救全球。

这表明，生态环境问题已经从人类外部生存环境问题转变为人类生存的内在需要问题，从经济发展的成本问题转变为经济发展的方式问题，从区域性问题转变为真正的全球性问题，成为全球治理的重要议题和重要事务，引起了国际社会的高度重视和广泛参与。

### 3. 各国推进社会经济绿色转型

随着生态环境问题日益凸显，绿色发展逐步成为一种全球性的时代潮流，世界各国尤其是发达国家都在寻求适合自己国家社会经济的绿色转型。

2008年联合国气候变化大会提出"绿色新政"新概念，呼吁全球领导人在投资方面转向能够创造更多工作机会的环境项目，在应对气候变化方面进行投资，促进绿色经济增长和就业，以修复支撑全球经济的自然生态系统。随后，世界各国纷纷推出以循环经济、低碳经济为核心的

"绿色新政"，旨在将高能耗、高消耗、高排放的传统经济发展模式，转变为低能耗、低消耗和低排放的"绿色"发展模式。美国围绕"绿色新政"提出节能增效、开发新能源、应对气候变化等多项政策。欧盟制定的发展战略重点之一是发展绿色经济，提高能源使用效率，实现从传统经济向低碳经济结构转变。日本推出《绿色增长战略》，主要包括蓄电池、环保汽车、海上风能发电三个核心部分，广泛培育包括零部件、材料在内的环保产业。韩国提出《国家绿色增长战略（至2050年）》。印度、巴西等国也制定了以绿色为主题的国家计划。

一些国家还通过建立并完善生态环境保护法规体系、综合运用多种环境经济政策规范公众行为，并加强对公众宣传教育，重视培养环境保护意识，推动政府、企业、社会团体和公众在生态环境问题上达成共识和合作。

此外，在不触及社会制度因素的前提下，一些发达国家采用了生态现代化理论提出的发展模式，要求按照生态学的原则调整经济发展和经济政策，使生态学适应经济发展和经济政策，实现生态化和现代化的统一。

虽然世界各国在保护和改善生态环境方面都作出了不同的努力，但是，人类遏制全球生态环境恶化趋势的成效总体上不尽如人意。其中既有西方大国缺乏政治意愿和实质性行动的原因，也有各国协调行动不够和承担相应责任不力的因素，还有对生态环境问题的严峻性、危害性认识不够，存在侥幸心理的缘故。

## 二、生态环境治理中的分歧与斗争

面对当代不断恶化的生态环境，世界各国虽然初步形成了一些共识，但是在具体的思想认识和实际行动上，仍然存在着严重的分歧和激烈的斗争。

### 1. 分歧与斗争的表现、根源

面对全球生态环境问题，在责任分担、污染转嫁等具体问题上，各国经常产生矛盾分歧并引起激烈的政治斗争。

对于发达国家而言，改善全球生态环境不能影响本国的根本利益和发展空间，所以要求发展中国家承担更多的国际义务，采取的主要措施是把环境成本转嫁到发展中国家和地区。发达国家每年将数以千吨计的电子垃圾运到发展中国家，加重了后者的回收压力。对于广大发展中国家而言，发展仍然是当前的主要目标和任务。它们希望发达国家能够在遏制环境污染、保护生态环境方面承担应有的国际责任和义务。

在国际谈判中，由于生态环境问题涉及国家未来发展，发达国家与发展中国家在减排责任上产生了严重分歧。分歧的焦点是：发达国家主张应提出对发展中国家具有约束力的减排目标值；发展中国家则认为发达国家应承担应有责任，不能回避历史责任，其温室气体减排目标应该更为激进。这种严重的分歧，导致在生态环境领域的国际谈判中，各个国家多是只站在本国发展的角度提出主张和诉求，难以达成共识。

在保护全球生物多样性方面，生物多样性的国际谈判在遗传资源获取与惠益分享、资金机制等方面存在明显分歧。资金不足也是影响国际生物多样性保护的焦点问题。

导致这些矛盾与分歧的主要原因有两个：一是发达国家和发展中国家对承担生态环境治理责任的认识存在分歧，发达国家希望和发展中国家承担同等责任，发展中国家则希望发达国家承担应有责任，特别是承担历史遗留问题和污染转移问题的责任。这一矛盾的实质是发达国家不愿意放弃既得利益，试图维护固有的利益格局。二是一些国家处于要生存还是要生态的两难境地，在生态环境治理方面不能采取坚决的行动。这一矛盾的实质是在不平等的世界体系中，发展中国家的环境和发展的矛盾难以得到有效的解决，保护不得不让位于发展。这些认识上的分歧与行动上的斗争，实质上是发达国家和发展中国家之间的利益分化和对立，导致全球生态环境恶化的趋势无法从根本上得到遏制。

### 2. 解决分歧与斗争的基本思路

为了全面扭转全球生态环境恶化趋势，"国际社会要加强合作，心往一处想、劲往一处使，共建地球生命共同体"[①]。国际社会应该坚持科学的态度和精神，正确处理各种关系，形成真正的全球性共识，共同采取有效的措施。

构建人与自然和谐共生的地球家园。人与自然的和谐不是自发形成的，而是在人类自觉的劳动中推进的。因此，一方面要反对利益和欲望恶性膨胀支配下的"掠夺式"开发自然，另一方面也要反对在自然面前无所作为、停步不前。人类要通过自由自觉的劳动，在满足自身合理需求和全面发展的过程中不断构建人与自然和谐共生的地球家园。今天，面对日益严重的全球生态环境问题，"我们要深怀对自然的敬畏之心，尊重自然、顺应自然、保护自然，构建人与自然和谐共生的地球家园"[②]。

构建经济与环境协同共进的地球家园。不可否认，世界各国在现代化发展道路的探索中，存在着单纯追求经济增长的发展方式，从而导致经济社会发展和生态环境保护不可兼得的矛盾。"我们要加快形成绿色发展方式，促进经济发展和环境保护双赢，构建经济与环境协同共进的地球家园。"[③] 只有转变传统的经济发展方式，实现生态优先、绿色发展为导向的高质量发展，才能做到经济发展和环境保护相互促进、辩证统一。

构建世界各国共同发展的地球家园。在当今时代，南北问题和环境与发展问题存在着内在关联。发展中国家的贫穷落后，不仅会影响本国

---

① 《习近平谈治国理政》第四卷，外文出版社 2022 年版，第 435 页。
② 《习近平谈治国理政》第四卷，外文出版社 2022 年版，第 435 页。
③ 《习近平谈治国理政》第四卷，外文出版社 2022 年版，第 435—436 页。

的生态环境质量，而且会拖延全球生态环境治理的进程。国际社会应该在绿色转型中坚持以人为本，让发展成果、良好生态更多更公平惠及各国人民，构建世界各国共同发展的地球家园。发达国家应对发展中国家提供更有效的援助，帮助和推动发展中国家实现绿色发展，促进全球可持续发展。

## 三、携手共建地球美好家园

各国只有深入开展生态文明领域的交流合作，切实承担应尽的生态环境责任，才能携手共建一个和平发展、环境优良的美丽世界。

### 1. 坚持历史与现实相统一的原则

解决生态环境问题，要坚持历史与现实相统一的原则，发达国家和发展中国家都要承担各自相应的环境责任。

从历史上来看，由于资本扩张和大工业的生产方式，传统发展模式忽视了不可逆转的环境损失，忽视了经济、社会和生态演进的联动性与可持续性，累积后果便表现为日益严重的生态环境危机。从现实上来看，资本主义不可持续的生产方式和消费方式，也是造成生态环境问题的一个重要原因。发达国家制造了全球最大的环境透支，因此在帮助发展中国家解决生态环境问题方面负有不容推卸的特殊责任。从总体上说，发达国家和发展中国家的历史责任不同，发展需求和能力也存在差异，就像赛车一样，有的车已经跑了很远，有的车刚刚出发，这个时候用统一尺度来限制车速是不适当的，也是不公平的。发达国家在应对气候变化方面多作表率，发挥更大的作用，是广大发展中国家的共同心愿。

解决生态环境问题，既要重视问题产生的历史原因，也要重视解决问题的现实前提，包括人口控制、社会公正、经济发展、科技进步、国际合作与全球治理，同时兼顾长远的环境权益。发达国家对发展中国家的援助和支持，不仅有利于发展中国家的绿色发展，而且有助于发达国家自身的绿色转型。

### 2. 坚持可持续发展的原则

解决全球生态环境问题，最根本的还在于不断提高可持续发展的能力。在力所能及的范围内，世界各国要根据自身情况采取措施，为促进全球可持续发展作出积极贡献。

国际社会应该重视发展中国家的历史处境和现实困难，倾听发展中国家的声音，尊重发展中国家的发展诉求，把解决生态环境问题与促进发展、增强可持续发展能力紧密结合起来，特别是要提高发展中国家在全球生态环境治理当中的发言权和决策权，有效解决发展中国家在资金、技术和能力建设等方面的实际困难。

在保护生态环境上，人类应当树立尊重自然、顺应自然、保护自然的生态文明理念，并根据这一理念规范生产、分配、流通和消费等社会经济行为，把自身利益、他人利益、社会利益、全球共同利益统一起来，把局部利益与整体利益、短期利益与长远利益统一起来。国际社会不仅要构建人与自然的生命共同体，更要重视通过制度保障、社会督促、伦理规范、舆论导向来促进社会和谐，构建人类命运共同体和地球生命共同体。只有改进人与人的关系、国家与国家的关系，才能较好地促进人与自然的和谐共生。我们既要重视"代际公平"，实现当代人与后代人的福利共享；又要重视每一代人内部的"代内公平"，切实保障穷人（穷国）和富人（富国）拥有平等的生存权、发展权和环境受益权。

### 3. 坚持"共同但有区别的责任"的原则

1992 年通过的《联合国气候变化框架公约》第四条正式明确了"共同但有区别的责任"的原则。现在，这一原则逐渐从气候治理领域运用和扩展到整个生态环境治理领域，成为全球气候治理和生态环境保护的共识和原则。

"共同但有区别的责任"是从国际法角度确认各国际主体在生态环境和气候变化上应担负的国际责任，即划分"共同责任"和"区别责任"。一方面，生态环境问题和气候变化涉及全人类的利益，不论发展水平如何，世界各国都负有保护和改善生态环境的义务和责任。另一方面，由于各国历史发展阶段和经济技术实力不同，承担的责任也应当有所区别。

各国都意识到全球生态环境治理的必要性和紧迫性，但在环境利益和责任，特别是历史责任和现实责任分配方面仍然有激烈争论，甚至不排除其中有某些发达国家遏制发展中国家发展的政治企图。各国国情不同，发展阶段不同，所面临的生态环境问题尤其是环境与发展的具体关系也不一样，应根据自身发展水平，承担共同但有区别的责任；应本着对人类、对未来、对地球高度负责的态度，尊重历史、立足当前、着眼长远、务实合作，促进全球可持续发展。

同时，应该坚持多边主义。多边主义的思想要义就是国际上的事由大家共同商量着办，世界前途命运由各国共同掌握。在这个问题上，人类曾经付出过惨痛的代价，有过沉痛的教训。因此，中国主张坚持多边主义，世界各国要携手合作，不要相互指责；要持之以恒，不要朝令夕改；要重信守诺，不要言而无信。只有以国际法为基础、以公平正义为要旨、以有效行动为导向，维护以联合国为核心的国际体系，遵循多数国家公认的协议和约定，努力落实《2030 年可持续发展议程》，才能携手共建清洁美丽的地球家园。

# 第三节　美丽中国建设对世界的贡献

新时代的中国高度重视生态环境保护，大力加强人与自然和谐共生的现代化建设，不断推动生态文明理论创新、实践创新、制度创新，积极参与全球生态环境治理，形成了习近平生态文明思想。习近平生态文明思想是解决全球生态环境问题、促进人与自然和谐共生的中国智慧的集中体现，是人类社会实现可持续发展的共同思想财富。

## 一、解决生态环境问题的中国智慧

习近平生态文明思想是习近平新时代中国特色社会主义思想的重要组成部分，是马克思主义关于人与自然关系思想的守正创新，是新时代生态文明建设的根本遵循和行动指南。

### 1. 生态文明建设的辩证思维

我们要坚持马克思主义自然观和历史观相统一，按照系统观念正确处理人与自然的辩证关系，统筹推进生态文明建设。

坚持人与自然和谐共生。大自然是人类赖以生存发展的基本条件，人与自然是生命共同体。人类只有遵循自然规律才能有效防止在开发利用自然上走弯路。尊重自然、顺应自然、保护自然，是生态文明理念的重要内容，是全面建设社会主义现代化国家的内在要求。我们要深化对人与自然生命共同体的规律性认识，把生态文明建设摆在更加突出的位置，融入中国特色社会主义事业的各个方面，加快推进人与自然和谐共生现代化，谱写新时代生态文明建设新篇章。

坚持生态兴则文明兴。生态环境的演进变化在很大程度上影响着人类文明的兴衰演替。中华文明历经 5000 多年而灿烂不息的一个重要原因，在于历来崇尚天人合一、道法自然。生态兴衰影响文明兴衰。森林和草原等生态系统是水库、钱库、粮库、"碳库"，对国家生态安全具有基础性、战略性作用。人与自然的关系是人类社会最基本的关系，生态文明是人类文明发展的历史趋势和人类社会进步的重大成果。我们要牢牢把握生态文明建设这个关系中华民族永续发展的千年大计，守牢美丽中国建设安全底线，全面推进美丽中国建设，为中华民族永续发展留下根基。

坚持统筹山水林田湖草沙一体化保护和系统治理。正确处理自然恢复和人工修复的关系，努力形成和制定基于自然的生态保护修复的最佳解决方案，大力构建从山顶到海洋的保护治理大格局。按照系统观念，我们要坚持全方位全地域全过程开展生态文明建设，处理好重点攻坚和协同治理的关系，强化目标协同、多污染物控制协同、部门协同、区域协同、政策协同，不断增强生态文明建设的系统性、整体性、协同性。

### 2. 生态文明建设的经济原则

我们要正确处理环境和发展的关系，坚持绿水青山就是金山银山的理念，坚持绿色发展，建设人与自然和谐共生的现代化，满足人民群众优美生态环境需要。

坚持优美生态环境需要是最普惠的民生福祉。社会主义生产以满足人民群众的需要为目的，这同样是社会主义生态文明建设的价值取向。现在，优美生态环境需要已经成为人民群众美好生活需要的重要方面。中国式现代化既要创造更多物质文化产品以满足人民日益增长的物质文化需要，也要提供更多优质生态产品以满足人民日益增长的优美生态环境需要。按照以人民为中心的发展思想，坚持生态惠民、生态利民、生态为民，为人民群众创造良好的生产生活环境。

坚持绿水青山就是金山银山。环境和发展是辩证统一的关系。绿水青山既是自然财富、生态财富，又是社会财富、经济财富。如果能够把生态环境优势转化为生态农业、生态工业、生态旅游等生态经济优势，绿水青山就能成为金山银山。保护生态环境就是保护自然价值和增值自然资本，就是保护经济社会发展潜力和后劲。保护生态环境就是保护生产力，改善生态环境就是发展生产力。我们要大力增强自然资本实力，促进生产力的可持续发展，拓宽绿水青山转化为金山银山的路径，努力实现生态产品的价值，使绿水青山持续发挥综合效益。

　　坚持绿色发展是发展观的深刻革命。我们要始终以创新、协调、绿色、开放、共享的新发展理念的内在统一来把握发展、衡量发展、推动发展。以人与自然和谐共生为要义的绿色发展，是当代科技革命和产业变革的重要方向，是最有前途的发展领域。我们必须站在人与自然和谐共生的高度谋划发展，正确处理高质量发展和高水平保护关系，着力构建绿色低碳循环经济体系，实现生态产业化和产业生态化的统一，大力建设人与自然和谐共生的现代化。

### 3. 生态文明建设的政治保证

　　我们要牢固树立社会主义生态文明观，努力实现生态环境领域国家治理体系和治理能力现代化，大力推动全球生态文明建设，努力走向社会主义生态文明新时代。

　　坚持党对生态文明建设的全面领导。生态环境是关系民生福祉的重大社会问题，是关系党的使命宗旨的重大政治问题。我国生态文明建设时间紧、任务重、难度大，是一场大仗、硬仗、苦仗，必须加强党的领导。要充分发挥党的领导和社会主义制度的优势，坚持和增强中国共产党领导人民建设社会主义生态文明的自觉和自信，坚决担负起生态文明建设和美丽中国建设的政治责任，不折不扣贯彻党中央关于生态文明建设的决策部署，不断提升党领导生态文明建设的能力和水平。

　　坚持把建设美丽中国转化为全体人民自觉行动。生态文明是人民群众共有共建共治共享的伟大事业，建设美丽中国应该是全体人民的自觉行动和共同行动。要大力构建党委领导、政府主导、企业主体、社会组织和公众共同参与的生态环境治理体系，健全生态环境治理全民行动体系，形成广泛的社会动员。要牢固树立社会主义生态文明观，弘扬社会主义生态道德，践行绿色生活方式，努力成为生态环境的保护者、建设者、奉献者。

坚持用最严格制度最严密法治保护生态环境。要正确处理外部约束和内生动力的关系。一方面，必须大力推进生态环境领域国家治理体系和治理能力现代化，采取最严厉的措施、建立最严格的制度、实行最严密的法治。实施最严格的地上地下、陆海统筹、区域联动的生态环境治理制度，强化法治保障，保持常态化外部压力。"严"就是要严守生态红线，即严守资源消耗上限、环境质量底线、生态保护红线。这是国家生态安全的底线和生命线。另一方面，要激发全社会共同呵护生态环境的内生动力，牢固树立社会主义生态文明观，大力弘扬社会主义生态道德。只有坚持内外兼修、德法互济，才能从根本上扭转生态环境恶化的总态势，实现生态环境的发展目标。

坚持共谋全球生态文明建设之路。人类只有一个地球，地球是人类的共同家园，建设绿色家园是人类的共同梦想。要积极推动构建人类命运共同体和地球生命共同体，积极承担与我国基本国情、发展阶段和实际能力相符的国际义务，正确处理碳达峰碳中和的国际承诺和国家自主行动的关系，从全球视野加快推进生态文明建设。深度参与全球环境治理，形成和完善全球生态环境保护和可持续发展的解决方案，引导应对气候变化国际合作。推动构筑尊崇自然、绿色发展的生态体系，保护好人类赖以生存的地球家园。

总之，习近平生态文明思想标志着我们对生态文明建设的规律性认识达到了新的科学高度，实现了人类文明发展史上的一次重大理论创新和思想变革，开辟了人类可持续发展理论和实践的新境界。

## 二、建设美丽中国取得重大进展

我国把生态文明建设放在更加突出的位置，全面加强生态文明制度建设，全面加强生态环境整治，着力解决人民群众反映强烈的环境问题。

### 1. 生态文明建设取得历史性成就

党的十八大以来，以习近平同志为核心的党中央把生态文明建设作为关系中华民族永续发展的根本大计，开展了一系列开创性工作，决心之大、力度之大、成效之大前所未有，美丽中国建设迈出重大步伐。新时代生态文明建设的成就举世瞩目，成为新时代党和国家事业取得历史性成就、发生历史性变革的显著标志。

生态文明建设战略地位更加凸显。我国把生态文明建设摆在全局工作的突出位置。生态文明建设是"五位一体"总体布局中的重要一位，坚持人与自然和谐共生是新时代坚持和发展中国特色社会主义的基本方略中的一条，绿色发展是新发展理念中的一项，污染防治是防范化解重大风险、精准脱贫、污染防治三大攻坚战中的一战，美丽中国是到 21 世纪中叶建成富强民主文明和谐美丽的社会主义现代化强国目标中的一个。同时，建设人与自然和谐共生现代化是中国式现代化的重要内涵和特征之一。这充分体现了我们对生态文明建设重要性的科学认识，明确了生态文明建设的重要战略地位。

生态文明制度体系更加健全。近年来，我国加快推进生态文明顶层设计和制度体系建设，明确将生态文明建设的内容写入《中国共产党章程》和《中华人民共和国宪法》，为推进生态文明建设提供了科学的政治引导和强大的政治保障。建立和实施生态文明建设目标评价考核和责任追究制度、生态保护补偿制度、河湖长制、林长制、排污许可制度、生态保护红线制度、省以下生态环境机构监测监察执法垂直管理制度、环境保护"党政同责"和"一岗双责"等制度。制定修订 30 多部生态环境领域法律和行政法规，累计制修订绿色发展有关标准 3000 余项。建立并实施中央生态环境保护督察制度。这些举措为推动中国生态环境保护提供了重要的政策保障、制度保障和法治保障。

污染防治攻坚向纵深推进。我们深入实施大气、水、土壤污染防治三大行动计划，生态环境质量改善成效显著。全国地级及以上城市细颗粒物（PM2.5）年均值由 2015 年的 46 微克 / 立方米降至 2021 年的 30 微克 / 立方米，成为全球大气质量改善速度最快的国家。2022 年，全国地表水优良断面比例达到 87.9%，已接近发达国家水平。全国土壤环境风险得到有效管控，约 1/3 行政村深入实施农村环境整治。实现固体废物"零进口"目标。此外，我国森林覆盖率达到 24.02%，自然保护地面积占陆域国土面积 18%，300 多种珍稀濒危野生动植物野外种群数量稳中有升。

绿色循环低碳发展迈出坚实步伐。我们淘汰落后工业产能，加大环境治理力度，大力推动绿色发展。特别值得关注的是，我国在发展中国家中率先作出碳达峰、碳中和的承诺。2012 年以来，中国以年均 3% 的能源消费增速支撑了年均 6.6% 的经济增长，2021 年万元国内生产总值能耗较 2012 年下降 26.4%，是全球能耗强度降低最快的国家之一。2022 年，我国清洁能源消费占比提升到 25.9%，可再生能源装机规模突破 12 亿千瓦，水电、风电、太阳能发电、生物质发电装机和新能源汽车产销量均居世界第一，并建立了全球规模最大的碳市场。截至 2021 年底，累计建成绿色工厂 2783 家、绿色工业园区 223 家、绿色供应链管理企业 296 家，制造业绿色化水平显著提升。2021 年节能环保产业产值超过 8 万亿元。

上述实践和成就表明，生态环境保护和经济发展是辩证统一、相辅相成的，建设生态文明、推动绿色低碳循环发展、建设人与自然和谐共生的现代化，可以有效满足人民日益增长的优美生态环境需要，可以推动实现更高质量、更有效率、更加公平、更可持续、更为安全的发展，走出一条生产发展、生活富裕、生态良好的文明发展道路。这一道路对广大发展中国家也具有借鉴意义。

## 2. 建设美丽中国任重道远

我国生态环境质量持续好转，出现了稳中向好趋势，但成效并不稳固，生态环境保护结构性、根源性、趋势性压力尚未根本缓解。生态文明建设仍处于压力叠加、负重前行的关键期，已进入提供更多优质生态产品以满足人民日益增长的优美生态环境需要的攻坚期，也到了有条件有能力解决生态环境突出问题的窗口期。建设美丽中国必须坚持不懈、奋发有为。

当前我国生态环境面临的突出问题主要表现在以下方面：在国土空间开发和保护方面，一定程度上仍然存在着无序开发、过度开发、分散开发的问题，仍然存在着生活空间和生产空间挤占生态空间的问题。在资源能源开发和利用方面，资源能源利用依然粗放，单位国内生产总值能耗仍高于世界平均水平，水资源过度开发利用，地下水超采严重，由此引发地面沉降、地面塌陷、海水入侵、土地荒漠化、泉水衰减等一系列严重生态环境问题。在生态环境保护方面，污染形势依然严峻，全国主要污染物排放总量高于环境容量，区域性灰霾污染和流域水污染仍呈常态化。在生态系统方面，生态退化依然严重，2021年，水土流失面积达267.42万平方千米。在农业环境方面，农业面源污染已成为我国水源污染的主要原因之一，多年来我国化肥施用量占世界1/3左右，远高于耕地面积占世界的比例，残留的化肥和农药经过降水、地表径流、土壤渗滤进入水体中，导致土壤和水环境恶化。在碳达峰碳中和方面，面临着国内外的诸多不确定因素，能源结构和产业结构的绿色低碳转型难度大。在绿色发展方面，绿色产业和生态经济的占比仍然较低，绿水青山的综合效益尚未完全发挥出来。在消费方面，浪费现象触目惊心，餐桌上的浪费尤为惊人，包装浪费现象也很突出。

总之，建设美丽中国具有长期性、复杂性、艰巨性，必须把生态文明建设贯穿经济社会建设的全过程和各个方面，努力将我国建成人与自然和谐共生的社会主义现代化强国。

### 三、美丽中国与美好世界

中国的发展离不开世界，世界的繁荣也需要中国。党的二十大强调，全面建成社会主义现代化强国总的战略安排是分两步走。从 2020 年到 2035 年为第一步，目标是基本实现社会主义现代化。其中，生态文明建设方面的任务和目标是：广泛形成绿色生产生活方式，碳排放达峰后稳中有降，生态环境根本好转，美丽中国目标基本实现。从 2035 年到本世纪中叶为第二步，目标是把我国建成富强民主文明和谐美丽的社会主义现代化强国，全面提升物质文明、政治文明、精神文明、社会文明、生态文明。到那时，生产发展、生活富裕、生态良好的美丽中国将呈现在世人面前，进一步指明了建设美丽中国的未来前景和努力方向。

中国积极参与全球生态环境治理，作出了重要"绿色贡献"。面对气候变暖，中国积极推动应对气候变化的《巴黎协定》的达成、签署、生效和实施，宣布力争于 2030 年前实现碳达峰、2060 年前实现碳中和目标愿景，坚持全国统筹、节约优先、双轮驱动、内外畅通、防范风险的原则，将碳达峰和碳中和纳入社会经济发展和生态文明建设总体布局当中，搭建起"1+N"完整、配套的碳达峰和碳中和的政策体系。从世界范围来看，由碳达峰到碳中和，发达国家一般有 50~70 年的过渡期。中国当前仍处于工业化和城市化发展阶段中后期，能源总需求一定时期内还会持续增长，能源结构和产业结构转型难度大，但实现这样的目标，只有 30 多年的时间。这意味着，中国温室气体减排的难度和力度都要比发达国家大得多。发达国家应减少的是"奢侈排放"，而中国则是最大限度地克制"生存和发展排放"。作为负责任的发展中大国，中国坚持"共同但有区别的责任"原则、公平原则以及各自能力原则，同国际社会一道积极应对全球气候变化，同世界各国一同有效保护全球生态环境。

积极参与和引领全球气候治理。要秉持人类命运共同体理念，以更加积极姿态参与全球气候谈判议程和国际规则制定，推动构建公平合理、合作共赢的全球气候治理体系。

——习近平

中国是全球生态文明建设的重要参与者、贡献者、引领者。中国积极引领生物多样性保护，创新实施生态保护红线制度，把超过 30% 的陆域国土划为生态保护红线。成功举办《生物多样性公约》第十五次缔约方大会，率先出资 15 亿元人民币成立昆明生物多样性基金，引领和推动国际社会达成"昆明—蒙特利尔全球生物多样性框架"。

中国是积极开展荒漠化治理的引领力量。中国提前实现了联合国 2030 年沙化土地零增长的奋斗目标。自 2000 年以来，中国始终是全球"增绿"的主力军，全球新增绿化面积中约 1/4 来自中国。2017 年 9 月，在内蒙古召开的《联合国防治荒漠化公约》第十三次缔约方大会上，中国推动形成了"一带一路"防治荒漠化合作机制。

中国积极倡导绿色"丝绸之路"建设。中国大力推动建立"一带一路"绿色发展国际联盟和"一带一路"生态环保大数据服务平台，开展生态环境领域的南南合作，无私帮助其他发展中国家提高环境治理水平。积极推动应对气候变化南南合作，2016 年起在发展中国家启动 10 个低碳示范区、100 个减缓和适应气候变化项目、1000 个应对气候变化培训名额的合作项目，实施了 200 多个应对气候变化的援外项目。

在建设生态文明过程中，中国紧紧抓住新科技革命的绿色、智能、泛在的趋势和特征，加强绿色低碳科技自立自强，推动有效市场和有为政府的有机结合，把应对气候变化、新污染物治理等作为国家基础研究和科技创新重点领域，致力于构建美丽中国数字化治理体系，致力于建设绿色智慧的数字生态文明。中国生态文明建设成就得到国际社会广泛肯定，中国生态文明建设理念和经验正在为全世界可持续发展提供重要借鉴。

当今世界，全球生态环境治理面临着前所未有的困难与挑战，需要世界各国勇于担当，勠力同心，共同构建地球生命共同体，把一个清洁美丽的世界留给子孙后代。

## 分析与思考

1. 从 20 世纪 30 年代开始，一些西方国家相继发生多起环境公害事件，损失巨大，震惊世界，引发了人们对资本主义发展模式的深刻反思。请运用马克思主义基本原理分析当代人类面临全球生态环境问题的制度根源。

2. 中国式现代化蕴含的独特生态观及其伟大实践，是对世界现代化理论和实践的重大创新。谈谈你对这一判断的认识。

3. 谈谈按照"地球生命共同体"理念加强全球生态环境治理的原则和路径。

# 第六章　当代科学技术

　　科学技术是推动人类社会进步的革命性力量。当代科学技术发展突飞猛进，表现出一系列新的特征与趋势。新一轮科技革命深入发展，对当代世界格局的演变产生深刻影响。科技是国家强盛之基，创新是民族进步之魂。科技创新是提高社会生产力、提升国际竞争力、增强综合国力、保障国家安全的战略支撑，必须坚持其在我国现代化建设全局中的核心地位。面对新一轮科技革命带来的挑战和机遇，必须把科技自立自强作为国家发展的战略支撑，深入实施科教兴国战略、人才强国战略、创新驱动发展战略，完善国家创新体系，加快建设科技强国，不断开辟发展新领域新赛道，塑造发展新动能新优势，为全面建成社会主义现代化强国提供基础性、战略性支撑。

## 第一节　当代科技发展

　　科学技术是人类进步的重大文明成果。近代以来，科学技术已经成为人类认识世界和改造世界的主要方式，体现了人类特有的能动性。科学技术从来没有像今天这样深刻影响着人类前途命运，影响着各国人民生活福祉。

## 一、当代科技发展的特征和趋势

当代科学技术的发展速度和规模空前加剧，信息、生命、制造、能源、空间、海洋等领域的原创性突破，为前沿技术、颠覆性技术提供了更多创新源泉，学科之间、科学和技术之间、技术之间、自然科学和哲学社会科学之间日益呈现交叉融合趋势，科技竞争日趋激烈。

### 1. 科学技术迅猛发展

当代科学技术发展呈现加速化趋势。随着各国日益重视科技并不断加大科技投入，尤其是随着信息技术的发展和科技的交叉融合，科技发展速度进一步加快，科学知识量翻番的时间不断缩短，科学技术几乎在所有领域都出现了新的突破，技术、产品、材料更新换代，科学技术的物化周期不断缩短，科技队伍不断扩大，科研经费快速增长。

当代科学技术正在加速一体化。科学与技术之间既存在明显差异，又具有密切联系。过去通常认为技术控制建立在科学的认知成果的基础上，认为"技术是应用科学"。而在当今高科技领域中，从科学研究到技术发明有时很难说清是否存在明显的时间间隔，基础研究与应用研究的界线也趋于模糊。为反映这种科学和技术一体化的趋势，人们不再将"科学"与"技术"区分开来，而是把它们合称为"科学技术"。当代科学技术一体化的发展趋势，主要体现为基础科学内部的整体化、基础研究和技术发明的整体化、自然科学和社会科学的整体化。科技发展在基础科学、应用科学、技术工程三个层面的融合日益加速，科技创新链条更加灵巧，技术更新和成果转化更加快捷，产业更新换代不断加快，信息技术、生物技术、新材料技术、新能源技术广泛渗透，带动几乎所有领域发生了以绿色、智能、泛在为特征的群体性技术革命。

## 2. 科学技术交叉融合加速

当代科技发展呈现交叉融合的特征，基础学科之间、基础学科与应用学科之间、科学与技术之间、自然科学与哲学社会科学之间交叉融合，相互作用和相互转化更加迅速。现代科学为技术的进步开辟了道路，技术体系建立在深厚的基础科学之上，主导性技术不只表现为单一技术、单一领域发展，而是科学含量日益提高，呈现群落化和跨学科现象。量子技术、人工智能、集成电路、网络技术等信息技术带来了通信产业的革命，基因组学、蛋白质学的飞速发展带动生物技术进入后基因组时代，纳米材料技术、纳米生物技术、纳米传感技术等逐步在高技术产业竞争中显示其生命力，氢能技术的突破为人类展现新的能源利用前景，航空航天、先进制造等技术领域也正孕育着一系列突破。同时，自然科学与哲学社会科学在更宽的领域和更高的层次进行交叉与融合，哲学社会科学引入自然科学的方法甚至理论模型，科学技术的研究发明方向和成果转化也越来越受到哲学社会科学的影响。

## 3. 科学技术对社会的深度影响

科学技术的进步，不断推动社会组织结构和管理模式变革，对人们的思维方式、消费观念和就业取向等产生了越来越广泛和深远的影响。同时，经济社会对科学技术发展的影响也越来越大，生产力发展为科学技术发展规模的扩张提供了物质条件，使科学技术发展越来越依赖强大的物质条件。

科学技术的社会功能越来越突出，越来越成为解放和发展生产力的重要基础和标志，促进了人们交往形式和社会关系的改变。社会生产力的发展，既为科学研究和技术发明提出了明确方向和具体目标，也为科学技术发展的规模扩大和速度提升提供了物质条件。社会利益关系等生产关系因素的分化越来越制约科学研究的方向，制约科学研究的进程和科技成果的实现。科技成果控制在不同人手中，会产生完全不同的作用和效果，这反过来又影响和制约了科学研究的进程；社会制度、科研体制、学术氛围和价值观评价等因素，越来越成为科学技术良性发展的重要条件。同时，科学技术应用可能导致的负面影响也越来越凸显，强大技术手段的无节制使用，在打破了人与自然的生态平衡，造成资源透支、环境污染、生态失衡等一系列全球性问题的同时，也提出了更高的道德自律和价值重塑的要求。

### 4. 科技合作与竞争并存、开放与垄断交织

当今世界，科技竞争越来越成为综合国力竞争的关键，原始创新成为科技竞争制高点，自主创新能力成为国家竞争力的决定性因素。科技创新活动演化为创新体系的竞争，创新战略在综合国力竞争中的地位日益重要。科学技术国际化的广度和深度迅速拓展，科学技术越来越呈现合作与竞争并存、开放与垄断交织的态势，科技创新能力日益成为国际市场竞争的决定性因素。

世界科技发展的总体格局向多元多极方向演化。从整体上看，欧美发达国家在科技领域尤其是高科技领域仍然占据明显优势。但随着综合实力不断提升，新兴市场国家和发展中国家对科技创新的重视程度也越来越高，一些国家在部分科技领域已经开始接近甚至领先发达国家。当然，与发达国家相比，这些国家的科技发展总体上还相对落后，创新水平与发达国家相比还存在明显差距。

面对科技创新发展新趋势，世界主要国家都在寻找科技创新的突破口，抢占未来科技发展的先机。许多国家都把科技创新发展提高到国家战略的地位，加强对科技研究和发展的规划、投入、组织和调控；由于学科的交叉融合，社会需要解决的课题越来越具有综合性，大部分科研项目采取了集体攻关的形式；科技创新已发展成为企业、区域、国家乃

至全球的创新行动。科技创新活动不断突破地域、组织、技术的界限，科学研究、技术创新、产业发展结合得越发紧密，科技成果产业化、商品化周期不断缩短。

## 二、当代科技发展的前沿及动态

科学技术具有世界性、时代性，发展科学技术必须具有全球视野、把握时代脉搏。当代科技发展日新月异，一些重大科学问题的原创性突破正在开辟新前沿新方向，一些重大颠覆性技术创新正在创造新产业新业态。必须树立世界眼光，站在当代科技发展的最前沿，及时了解当代科技发展的最新动态，更好地把握当代科技的发展趋势。

> 进入 21 世纪以来，全球科技创新进入空前密集活跃的时期，新一轮科技革命和产业变革正在重构全球创新版图、重塑全球经济结构。
>
> ——习近平

信息技术成为先导技术。信息技术作为当代科学技术的引领者，不仅引领了社会生产新变革，也渗透到经济社会生活的各个领域，正在极大地改变着人类的生活和思考方式。以互联网、大数据和人工智能等为代表的信息技术，成为当代科技发展的先导技术，创造了人类发展新空间，改变并提高了人们对世界的认识方式和认识能力。当前，信息科学将迎来原创性突破，信息技术将发生革命性发展，产生新的网络理论、超级网络计算新结构、网络安全与智能管理、人机交互、语言文字图像转换与合成、海量数据挖掘与管理、新一代计算技术、集计算存储通信于一体的新一代芯片技术等。计算机技术将进一步综合化、智能化、网络化和个性化；信息技术将继续向高性能、低成本和智能化方向发展，并将推动经济社会发展方式和科学研究模式的根本性变革。全球互联网将不断实现代际升级，传感网和物联网的关键技术将有所突破，传感网在基础设施和服务领域将实现广泛应用。元宇宙搭建了虚拟与现实高度互通且由闭环经济体构造的开源平台，通过提升人类体验的沉浸感、参与度等特性，激发多元主体采用媒介工具、平台等开展活动。

生物技术创造新经济增长点。生物产业是 21 世纪创新最为活跃、影响最为深远的新兴产业。随着现代生命科学快速发展，以及生物技术与信息、材料、能源等技术加速融合，高通量测序、基因编辑和生物信息分析等现代生物技术突破与产业化快速演进，生物经济正加速成为继信息经济后新的经济形态，对人类生产生活产生深远影响。近年来，欧美等发达国家纷纷聚焦生物经济，在促进可持续发展的同时，进一步巩固其领先地位。

人工智能促进智能产业兴起。人工智能是引领未来的战略性技术，世界各主要国家均把人工智能纳入主要发展战略，力图在新一轮国际竞争中把握主导权和话语权。目前，人工智能已经从科学实验阶段进入商业应用阶段，正在迎来爆发的临界点。人工智能在制造业的应用更加广泛，生产装备智能化升级、工艺流程改造和基础数据共享等不断推进。人工智能在逐渐转化成现实生产力的同时也正进入人们的日常生活，并将融入各行各业，在各行各业的深度应用中展现其巨大的发展潜力。

绿色科技成为科技发展基本方向。绿色科技是生态文明社会主导型的技术形态，发展绿色科技的出发点与目的在于减少科技创新对自然环境和生态系统的消极影响，促进人、社会、自然的和谐发展。绿色科技创新是决定生态文明建设进展乃至成败的核心要素。发展绿色科技是人类应对全球挑战、实现可持续发展的战略选择。作为推动绿色发展的重要动力，绿色科技日益呈现出环境污染少、资源能源消耗低、创新驱动力大、持续性强等特征，成为科技为社会服务的基本方向。

随着 5G（第五代移动通信技术）时代来临，包括云计算、区块链、物联网等新技术以及技术与社会融合带来的新产品、新模式正在兴起。区块链技术不仅是一场技术创新运动，也使社会生产生活方式发生重大变革，革新和重塑国家治理的诸多方面。区块链技术正在开启一个多中心化的"新信任时代"。要密切跟踪区块链技术发展动态，积极探索其发展规律，加快区块链和人工智能、大数据、物联网等前沿信息技术的深度融合。区块链技术的集成应用在新的技术革新和产业变革中起着重要作用，要努力推动集成创新、融合应用和产业发展，积极推进区块链和经济社会融合发展，引导和规范区块链技术发展。

此外，空间科学技术、海洋科学技术等领域也正在取得一系列创新成果。空间科学技术深刻改变了人类对宇宙的认知，为人类社会进步提供了重要动力，同时浩瀚的空天还有许多未知的奥秘有待探索，必须推动空间科学、空间技术、空间应用全面发展。暗物质与暗能量、黑洞性质、外太空生命与宜居行星探索、地球变化等空间科学技术，为人类进入太空、探索宇宙提供了基本理论和技术支撑。海洋科学技术是海洋强国的特征之一。目前我国基本建成中国近海数字海洋系统、初步建成自主海洋卫星体系，推动海洋事业向信息化、智能化、现代化转型升级。这些科技创新成果将为前沿技术、颠覆性技术提供更多创新源泉，创造更多的科技新成果。

### 三、正确认识和运用当代科学技术

科学技术是推动历史进步的革命力量，这一论断不断为实践所证明并为越来越多的人所接受。然而，科学技术的运用是一把"双刃剑"，在推动社会发展和进步的同时，也给社会带来了一系列问题。正在突飞猛进的新一轮科技革命，要求我们正确认识和运用科学技术，统筹发展与安全。

马克思主义高度重视科学技术对人类社会发展的重要推动作用，认为科学技术的每一次重大突破，都会引起生产力的深刻变革和人类文明的巨大进步。首先，科学技术促进了生产力的巨大发展和物质财富的迅速增加，把巨大的自然力纳入工业化过程，催生了生产工具的变革。科学技术日益成为直接的生产力，使人类社会的物质财富迅速增加。其次，科学技术改变了人与自然的关系，人类利用自然和改造自然时，并不是站在自然之外，而是处于自然之中，实现人与自然的和谐相处。最后，科学技术不仅深刻变革了社会生产力，还改变了人在生产中的地位及其相互关系。"随着新生产力的获得，人们改变自己的生产方式，随着生产方式即谋生的方式的改变，人们也就会改变自己的一切社会关系。"[①]

在当代，科学技术已成为第一生产力。邓小平指出："马克思讲过科学技术是生产力，这是非常正确的，现在看来这样说可能不够，恐怕是第一生产力。"[②] 科学技术是第一生产力，主要是指科学技术越来越成为生产力中第一位的决定性因素。科学技术发展突飞猛进，极大地推动了生产力发展和社会进步，创造了空前丰富的物质文化财富。科技进步和创新越来越成为先进生产力的集中体现和主要标志。解决全球面临的资源、环境、人口等重大问题，都离不开科学技术的进步。

在当代，科学技术已成为改变人与自然关系的主要推动力。随着科学技术的发展，人类从只能被动接受自然发展到能够主动利用自然，再到近代改造和征服自然。科学技术在推动社会生产力发展的同时，也给人与自然的关系带来了负面影响。人类不能盲目满足和陶醉于对自然界的暂时胜利，因为几乎每一个这样的胜利，都遭到了自然界的报复。

在当代，科学技术已成为人类生产生活方式变革的关键因素。随着生产力的发展，人类的生产方式和生活方式不断改变。机器大生产取代了工场手工业，生产的自动化、信息化程度不断提高。科学技术推动了

---

① 《马克思恩格斯选集》第一卷，人民出版社 2012 年版，第 222 页。
② 《邓小平文选》第三卷，人民出版社 1993 年版，第 275 页。

生产要素重组，创造新型经济形态，灵活就业者、微型创业者数量不断扩大。数字产业化和产业数字化推动经济高质量发展，降低交易成本，培育新型消费，推动经济结构发生变化。生产方式的这些变化以及物质产品的不断丰富深刻地改变了并继续改变着人们的生活方式，包括人们的衣食住行、劳动工作、休闲娱乐、社会交往等。

在当代，科学技术已成为促进人的自由全面发展的客观基础。科学技术的发展把人从繁重的体力劳动中解放出来，为人的自由而全面的发展提供了可能。科学技术提高了人们的科学素质，促进了人类理性思维能力的发展。科学研究倡导的追求真理的精神，成为人完善发展自身的重要力量。科学技术还极大地丰富和延伸了人的实践能力，促使人类从必然王国一步步走向自由王国。

同时，当代科学技术运用失当造成的负面影响也越来越凸显。这一点在资本主义制度下表现得尤为突出，资本主义社会对科学技术的不合理使用，已经带来了诸如核利用失控、基因工程滥用、环境污染、生态失衡等一系列全球性问题。如果人们不能正确驾驭并合理地运用科学技术，科学技术的使用就可能给人类带来巨大威胁甚至灾难，以致成为人类发展的对抗性力量。例如，人工智能在带来生产方式、生活方式、思维方式以及价值观念重大变革同时，也给当代社会带来新的挑战。人工智能在认知方面尚未解决算法逻辑基础本身的不确定性问题，在数据基础方面面临不可解读及不可追溯性挑战，在伦理规范方面面临责任主体缺失及隐私的群体化泄露风险。在人工智能社会应用上，需要应对社会监管挑战和人工智能替代人类劳动导致的就业冲击。人工智能发展的最高原则是安全可控，其创新愿景是促进人类更加平等地获得技术能力，其存在的价值是助人成长，而不是取代人和超越人。

科学技术在应用中产生负面影响，有着深刻的原因：从思想观念看，人类因改造自然的胜利而过高估计了自身对自然的支配能力，陷入自我膨胀的主体性迷思；从发展水平看，一定阶段的科学技术创造了"人化自然"，却不可能完全预测它的后续效应；从生产方式看，在资本主义生产方式下，科学技术的发展必须服从于资本增殖的目的，而往往忽视科学技术的使用对人、社会和自然的不利影响，科技发展与人的发展的冲突日益显现，科技异化的问题较为突出；从社会层面看，存在不断扩张的资本和特殊利益集团对科学技术的"绑架"、法律法规和制度监管的缺失、道德约束和价值观引导不足等问题。

我们应正确认识科学技术运用的两重性。科学技术只是人类认识世界和改造世界的工具，它给人类带来什么，取决于人们如何看待和使用科学技术。重要的是，要把科学技术同它的应用及其社会后果区别开来。要使科学技术更好地为社会进步服务，必须确立人与自然和谐发展的观念，完善科技监管和评价机制。在当代，人类需要更多关注科学技术在研究方向和运用中可能带来的负面效应甚至社会风险，对它的方向、规模和运用加以控制，并承认仅靠科学技术不能解决社会发展和人的自由全面发展的所有问题。

推动科学技术不断创新发展，是发展社会主义事业的必然要求。近代资本主义的发展和科学技术的广泛运用密不可分。但是，生产社会化与生产资料资本主义私人占有之间的矛盾，制约了科学的发展和技术的社会化进程。社会主义要在与资本主义的竞争中胜出，就必须充分发挥制度优势，更加注重科学技术对经济社会发展的推动作用，推动科学技术更好更快发展，努力走在世界科技发展的前列。社会主义制度能够坚持以人民为中心，使科学技术的发展不是为少数人谋利，而是更好地同改造自然和社会的实践相结合，从而使科学技术真正为人类造福。

## 第二节　新一轮科技革命深入发展

当前，全球科技创新空前密集活跃，新一轮科技革命和产业变革正在重构全球创新版图、重塑全球经济结构。世界各国争相调整、适应，抓紧实施必要改革。新时代的中国迎来新一轮科技革命和产业变革同中国转变发展方式的历史性交汇期，既面临着千载难逢的历史机遇，又面临着差距拉大的严峻挑战。有的历史性交汇期可能产生同频共振，有的历史性交汇期可能擦肩而过。要顺应时代潮流，坚持把创新作为引领发展的第一动力，加快实施创新驱动发展战略，努力在全球科技革命和产业变革中赢得主动权。

## 一、新一轮科技革命的主要特征

自古以来，科学技术就以一种不可逆转、不可抗拒的力量推动着人类社会向前发展。16世纪以来，世界发生了多次科技革命，一些国家抓住科技革命的难得机遇，实现了经济实力、科技实力、国防实力迅速增强，综合国力快速提升。历史经验表明，科技革命总是能够深刻影响世界格局。在一定意义上说，科技实力决定着世界经济政治力量对比的变化，也决定着各国各民族的前途命运。

新一轮科技革命，是在信息技术革命成果基础上的飞跃，是以信息技术为先导、以新材料科技为基础、以新能源科技为动力、以海洋科技为内拓、以空间科技为外延、以生命科技为战略重点的一场全方位、多层次的重大革命。在信息技术革命推动下，人类进入了工业化社会的高级发展阶段——信息化时代。从社会发展的矛盾看，世界几十亿人口追求现代化生活方式与资源供给能力、环境承载能力不足的矛盾，呼唤科学技术的革命性突破。从科学技术发展的内在可能性看，科技革命是在长期量的积累基础上的质变。信息技术革命以来，尽管知识呈爆炸性增长态势，但还没有出现足以比肩相对论、量子论的科学革命；一些科学理论体系所呈现的内在不协调性，酝酿着新的理论突破；近代以来技术革命周期缩短的趋势，也在等待突破。面对世界科技发展新趋势，世界主要国家在加大重大科技研发投入的同时，纷纷加快发展新兴产业，加速推进数字技术同制造业的结合，抢占未来科技和产业发展制高点。

新一轮科技革命是多学科、多领域的交叉突破。随着当代科学技术发展的突飞猛进，新学科、新技术不断涌现，学科之间的协同与整合变得更为普遍。新一轮科技创新涵盖信息技术、生物技术、新材料、新能源、航天技术、海洋技术等诸多新兴领域。人工智能的崛起成为交叉学科和交叉领域兴起的标志，极大地影响着人类社会的发展。

新一轮科技革命是科技创新和产业创新的有机结合，科技转化为产品和产业成为社会经济发展和人们生活水平提高的重要保障。经验表明，新科技革命的突破常常带来新的产业革命，科技创新对产业结构优化升级具有强大的带动作用。未来几十年，工程科技进步和创新将成为推动人类社会发展的重要引擎。工业化和信息化加速融合，将催生大量新技术、新产业、新业态、新模式的出现，为发展中国家产业从中低端走向中高端奠定技术经济基础、指明发展方向。

新一轮科技革命是科学、技术与社会的深度融合，对人类社会产生重大而深远的影响。人工智能技术、智能制造技术迅速发展，使机器人在越来越多领域替代人力，促进人类生产方式发生重大变革；云计算、物联网、移动互联网、大数据等信息技术不断涌现和突破，给人们的生活方式、交往方式带来巨大变化；煤炭清洁燃烧、太阳能电池、风电、储能技术、智能电网、电动汽车等新能源技术的进展，为人类解决全球环境和气候问题提供重要的科技支持；生物技术不断进步及其产业化规模的扩大，进一步提高人类的健康水平和生活质量等。同时也要看到，科学技术越来越依赖于社会系统的高效运行和发展，科学技术与社会的深度融合，既为科技和社会的协同发展提供了机遇，也带来了不可忽视的风险和挑战。只有协调好科学技术与人、社会、自然的关系，才能在新一轮科技革命中抢占先机，真正实现科技、经济、社会的整体进步。

## 二、新一轮科技革命带来的机遇与挑战

当今世界，以人工智能、量子信息、移动通信、物联网、区块链为代表的新一代信息技术加速突破应用，以合成生物学、基因编辑、脑科学、再生医学等为代表的生命科学领域孕育新的变革，融合机器人、数字化、新材料的先进制造技术正在加速推进制造业向智能化、服务化、绿色化转型，以清洁高效可持续为目标的能源技术加速发展将引发全球能源变革，空间和海洋技术正在拓展人类生存发展新疆域。正在深入发展的新一轮科技革命，既给人类社会的发展带来了新机遇，也带来了新挑战。

当前，科技创新的广度、深度、精度显著加大、加深、加强，科学研究范式正在发生深刻变革，学科交叉融合不断发展，科学技术和经济社会发展加速融合。新兴科技大大拓展了时间、空间和人类认知范围，人类正在进入一个"人机物"三元融合的万物智能互联时代。生物科学基础研究和应用研究快速发展，从认识、改造生命正在走向合成、设计生命，给人类带来福祉。

当前，科技创新的重大突破和加快应用正在重塑全球经济结构，并使产业和经济竞争的赛场发生转换。在传统国际发展赛场上，别人都制定好了规则，我们虽然可以加入，但必须按照已经设定的规则来赛，没有更多主动权。抓住新一轮科技革命和产业变革的重大机遇，就是要在新赛场建设之初就加入其中，甚至主导一些赛场建设，从而使我们成为新的竞赛规则的重要制定者、新的竞赛场地的重要主导者。如果没有一招鲜、几招鲜，没有参与或主导新赛场建设的能力，那就缺少了机会。能否抓住机遇，在科学技术领域赢得更大的主动权，是世界各国都必须面对的重大课题。

当前，全球科技创新和产业转型正在突破，世界进入空前的创新密集和产业变革时代。科技水平已经成为影响世界经济周期的主要变量和

决定经济总量提升的主要因素，科技发展对国家核心竞争力的提升至关重要。新一轮科技革命将对世界经济结构和竞争格局产生重大影响，引起国际经济政治关系的深刻变化，促进国际经济分工结构的深刻调整，进一步改变人类生产和生活方式。

新一轮科技革命对当代世界提出的挑战也不容忽视。当前，围绕网络、海洋、太空、极地四大"全球公地"，各国角逐新边疆主导权与规则制定权的斗争愈演愈烈，国家间不均衡发展在加剧，全球发展面临网络空间与现实空间深度融合的挑战，发展中国家必须应对"推长板"与"补短板"的双重挑战。这些挑战将因为新一轮科技革命变得更为严峻。例如，元宇宙等信息技术新应用，正在带领技术脱虚向实、社会脱实向虚，是网络社会创新与技术产业治理相互影响的交叉领域。如何把线下社会的治理模式带入线上社会，成为各个国家在第五空间主权与安全方面需要重点研究的问题。

不同国家和地区之间的"技术鸿沟"不仅可能继续拉大，而且必然致使"数字鸿沟""第二数字鸿沟"扩大，加剧全球发展不平衡。如在 3D 打印、5G 通信、可植入技术、人工智能、大数据、共享经济、数字医疗、先进制造等新兴领域，成功建立了面向未来的国际准则的国家和地区将获得巨大经济和财政收益。相比之下，一些国家推行自己的准则和规则以保护本国生产者的利益，阻碍国际竞争，减少国内企业支付的外国技术专利使用费，将可能被全球标准孤立。再如，发达国家在技术领域处于优势，而低收入国家原本的廉价劳动力优势也可能为新技术带来的改变所打破，这将进一步拉大全球不同发展程度国家间的差距。

此外，科技进步在带来生产方式、生活方式及思维方式重要变革的同时，也给当代社会带来伦理方面的挑战，其中最大的挑战就是技术失控和责任主体模糊问题。技术一旦失控，就会给人类生存和生活带来巨大威胁。在新兴科技诸如人工智能、基因技术、纳米技术等的伦理规约挑战中，技术设计的美好愿望与技术后果的失控是两难选择，人们既想通过技术转变升级生产方式和生活方式，又难以制止技术盲目扩张或滥用。

当今世界百年未有之大变局加速演进，国际环境错综复杂，世界经济陷入低迷期，全球产业链供应链面临重塑，不稳定性不确定性明显增加。科技创新成为国际战略博弈的主要战场，围绕科技制高点的竞争空前激烈。面对新一轮科技革命和产业变革深入发展，许多国家都在抓紧制定并实施相应的科学技术发展战略规划。例如，美国为在科技创新领域保持优势，奥巴马政府在经济尚未完全复苏的时期，就开始制定下一时期创新发展战略，把创新视为赢得长期增长与竞争力的基石，企图把美国建设成为一个"创新者的国家"。在 5G 领域重点打压中国 5G 产业发展的同时，2020 年 3 月，特朗普先后签署《2019 年安全可信通信网络法案》《宽带数据法》和《2020 年安全 5G 及以后法案》，保护美国 5G 系统和基础设施安全；在生物安全领域，发布《2020—2030 年国家流感疫苗现代化战略》，强化自主掌握流感疫苗的研发、制造，保证供应链安全。

欧盟委员会于 2013 年底批准实施"地平线 2020"计划，这是一项期限为 7 年、预算总额约为 770 亿欧元的科研规划方案，也是第七个欧盟科研框架计划之后的主要科研规划。根据"地平线 2020"计划，欧盟委员会建议成员国将研发经费在国内生产总值中所占比例从 2% 左右增至 2020年的 3%。2020 年，德国相继发布《国家生物经济战略》和《国家氢战略》，修订新的《人工智能战略》，促进"创新与结构转型"。在应对新冠疫情的经济复苏计划中，德国规划了约 500 亿欧元的科研创新和卫生资金投入，将科研发展的重点落在数字化与技术主权、医药研究和气候保护科技等领域。

日本政府 2020 年 3 月将规定日本科学技术政策基本理念和基本框架的《科学技术基本法》修订为《科学技术创新基本法》。修订后的法案除自然科学外，还追加了哲学和法学等人文社会科学，以创造新价值。日本内阁新设"科学技术创新推进事务局"，强化跨部门的指挥功能。日本的 2020 年版《科技白皮书》预测了 38 项新技术，其中指出，随着新冠疫情的蔓延，今后社会形态很可能发生巨变，需要"基于深刻的洞察力"推进科技振兴；需要加速实现当前第 5 期科学技术基本计划提出的"社会 5.0"超智能社会。韩国政府对科技创新的大量资金投入是其科技产业和创新发展的必要因素。近年来韩国的研发投入始终保持在世界前十位。2020 年韩国政府发布的《2020 年科技和 ICT 研发综合计划》聚焦 7 个领域：以科研人员为中心，扩大对创新型和开拓型基础研究的支持；推动科研生态体系创新；加强未来产业核心原创技术研发；扩大"5G+"战略投入；推动 ICT 领域创新及跨部门研发；推动公共研究成果商业化；培养核心科技人才。

当前，科技创新活动不断突破地域、组织、技术的界限，演化为创新体系的竞争，创新战略竞争在综合国力竞争中的地位日益重要。中国已由高速增长阶段转向高质量发展阶段，既有良好发展机遇，也面临严峻复杂挑战。中国要强盛、要复兴，就一定要大力发展科学技术，聚焦推进科技治理体系和治理能力现代化，努力成为世界主要科学中心和创新高地。

### 三、新一轮科技革命与中国的科技创新

纵观人类发展历史，创新始终是推动一个国家、一个民族向前发展的重要力量，也是推动整个人类社会向前发展的重要力量。党的二十大指出，要完善科技创新体系，加快实施创新驱动发展战略，坚持创新在我国现代化建设全局中的核心地位。这是国家从战略全局出发，在新的历史高度作出的重大战略抉择。中国共产党的中心任务就是团结带领全国各族人民全面建成社会主义现代化强国、实现第二个百年奋斗目标，以中国式现代化全面推进中华民族伟大复兴。此时此刻比以往任何时候都更加需要强大的科技创新力量，必须坚定实施创新驱动发展战略，牢

牢抓住新一轮科技革命和产业变革的重要历史机遇。

### 1. 创新是引领发展的第一动力

中华民族是富有创新精神的民族。中国的先人们早就提出："周虽旧邦，其命维新。""苟日新，日日新，又日新。"在5000多年的发展进程中，中华民族创造了高度发达的文明，发明了造纸术、火药、印刷术、指南针，在天文、算学、医学、农学等多个领域创造了累累硕果，为世界贡献了无数科技创新成果，对世界文明进步影响深远、贡献巨大，也使中国长期居于世界强国之列。然而，明代以后，由于封建统治者闭关锁国、夜郎自大，中国同世界科技发展潮流渐行渐远，屡次错失富民强国的历史机遇。鸦片战争之后，中国更是一次次被经济总量、人口规模、领土幅员远远不如自己的国家打败。"历史告诉我们一个真理：一个国家是否强大不能单就经济总量大小而定，一个民族是否强盛也不能单凭人口规模、领土幅员多寡而定。近代史上，我国落后挨打的根子之一就是科技落后。"[1]

新中国成立以来特别是改革开放以来，我国科技发展取得举世瞩目的伟大成就，科技整体能力持续提升。多复变函数论、陆相成油理论、人工合成牛胰岛素等成就，高温超导、中微子振荡、量子反常霍尔效应、纳米科技、干细胞研究、肿瘤早期诊断标志物、人类基因组测序等基础科学突破，"两弹一星"、超级杂交水稻、汉字激光照排、超级计算机、三峡工程、新型核电、载人航天、探月工程、火星探测、射电望远镜、移动通信、量子通信、量子计算原型机、北斗导航、大型飞机、载人深潜、高速铁路、航空母舰等工程技术成果，为我国成为一个具有世界影响力的大国奠定了重要基础。

与发达国家相比，我国的科技总体水平还有较大差距，自主创新特

---

① 习近平：《在中国科学院第十七次院士大会、中国工程院第十二次院士大会上的讲话》，人民出版社2014年版，第4页。

别是原创力还不强，关键领域核心技术受制于人的被动局面没有从根本上改变。还要看到，一些发达国家在核心技术领域长期对中国实行封锁和打压，而随着我国综合国力的增强，它们对我国的技术封锁和产品禁售将会趋紧，一些正常的国际经贸活动和科技交流也会被横加干涉，我们急需的关键核心技术更是要不来、买不来、求不来的，必须靠自力更生、自主创新，我们对此要有充分的准备。实现中华民族伟大复兴的中国梦，必须坚持走中国特色自主创新道路，加快各领域科技创新，掌握全球科技竞争先机。这是我们提出建设世界科技强国的出发点。

党的十八大以来，我国明确把创新作为新发展理念的重要内容，强调创新是引领发展的第一动力，坚持创新在我国现代化建设全局中的核心地位。对中国这么大体量的经济体来讲，如果动力问题解决不好，要实现经济高质量发展是难以做到的。抓住了创新，就抓住了牵动经济社会发展全局的"牛鼻子"。如果不识变、不应变、不求变，中国就可能陷入战略被动，错失发展机遇，甚至错过整整一个时代。实施创新驱动发展战略，是应对发展环境变化、把握发展自主权、提高核心竞争力的必然选择，是加快转变经济发展方式、破解经济发展深层次矛盾和问题的必然选择，是构建新发展格局、适应我国发展阶段新要求、塑造国际合作和竞争新优势的必然选择。树立创新发展理念，就必须把创新摆在我国现代化建设全局中的核心地位，把科技自立自强作为国家发展的战略支撑，让创新贯穿党和国家一切工作，让创新在全社会蔚然成风。

### 2. 实施创新驱动发展战略

创新驱动发展战略，是中国放眼世界、立足全局、面向未来作出的重大战略决策。当前，我国进入了新型工业化、信息化、城镇化、农业现代化同步发展、并联发展、叠加发展的关键时期，给自主创新带来了广阔发展空间，提供了前所未有的强劲动力。同时，我国科技领域仍然存在一些亟待解决的突出问题：基础科学研究短板依然突出，企业对基础研究重视不够；重大原创性成果缺乏，不少关键核心技术仍然受制于人；技术研发聚焦产业发展瓶颈和需求不够，以全球视野谋划科技开放合作还不够，科技成果转化能力不强；人才发展体制机制还不完善，科技管理体制还不能完全适应建设世界科技强国的需要；科技创新政策与经济、产业政策的统筹衔接还不够，全社会鼓励创新、包容创新的机制和环境有待优化；等等。只有加快实施创新驱动发展战略，勇立世界科技创新潮头，才能破解上述矛盾和问题。

第一，以科技创新和体制机制创新激发创新活力，以高效率的科技创新体系支撑创新型国家建设，推动经济社会从以规模扩张为主导的粗放式增长，向以质量效益为主导的可持续发展转变。从传统要素驱动发展，向创新要素驱动发展转变；从价值链中低端，向价值链中高端转变；从"跟跑、并跑、领跑"并存、"跟跑"为主，向"并跑""领跑"为主转变，最终成为新业态的规则制定者和新赛场的建设者；从以研发环节为主，向产业链、创新链、资金链统筹配置转变；从以科技人员的小众为主，向小众与大众创新创业互动转变。

第二，面向世界科技前沿、面向经济主战场、面向国家重大需求、面向人民生命健康，明确创新发展的主攻方向，在关键领域尽快实现突破，力争形成更多竞争优势。同步实施科技体制改革和经济体制改革，强化科技与经济对接，遵循社会主义市场经济规律和科技创新规律，破除一切制约科技创新的思想障碍和制度藩篱，构建支撑创新驱动发展的良好环境。以人才驱动实施创新驱动，尊重创新创造的价值，激发各类人才的积极性和创造性，加快汇聚一支规模宏大、结构合理、素质优良的创新型人才队伍。在抗击新冠疫情过程中，广大科技工作者在治疗、疫苗研发、防控等多个重要领域开展科研攻关，创新成效显著。现在需要进一步通过科技创新为我国发展注入更强劲动力，继续为人民健康保驾护航。

第三，展望 2035 年，我国经济实力、科技实力、综合国力将大幅跃升，关键核心技术实现重大突破，进入创新型国家前列。"十三五"时期我国在科技创新发展上的努力和成就为跻身创新型国家前列、建成世界科技强国奠定了坚实基础。我们要通过"十四五"时期乃至更长一个时期的努力，推动科技创新率先走上高质量发展道路，到 2035 年实现高水平科技自立自强，进入创新型国家前列，实现发展驱动力的根本转换，大幅提升经济社会发展水平和国际竞争力。

### 3. 以创新实现高水平科技自立自强

党的十九届五中全会提出的"科技自立自强"是进入新发展阶段党中央针对科技创新战略方针确定的一脉相承、与时俱进的战略路径。当今时代，全球科技竞争格局发生重大变化，经济全球化遭遇逆流，单边主义、保护主义抬头，导致科技封锁日益加重，只有努力实现关键核心技术自主可控，提高原始创新能力，才能在新的竞争格局中抢占科技创新制高点。在建设现代化强国的进程中，如果科技不能自立，关键核心技术受制于人，那么国家经济安全、国防安全和其他安全都无法得到根本保障。"我国经济社会发展和民生改善比过去任何时候都更加需要科学技术解决方案，都更加需要增强创新这个第一动力。"[①] 科技自立自强，才能不断塑造发展新优势。

科技自立自强要求在重大科技领域和关键核心技术领域起到引领和主导作用。科研成果实现"从 0 到 1"的突破关键在于基础研究，当前我国科技领域基础科学研究短板仍然突出，重点领域关键环节改革任务仍然艰巨。科技自立自强，就要在关键领域、"卡脖子"的地方下大功夫，才能成为世界主要科学中心和创新高地。

科技自立自强要坚持问题导向。从国家最急迫需要和长远需求出发，

---

① 习近平：《在科学家座谈会上的讲话》，人民出版社 2020 年版，第 4 页。

从石油天然气、基础原材料、高端芯片、工业软件等方面关键核心技术上全面发力，加快突破医药、医疗等领域关键核心技术，在事关发展全局和国家安全的基础核心领域，瞄准人工智能、量子信息、脑科学、空天科技等前沿领域和未来科技、产业发展制高点，在战略性、关键性领域重点优化财政科技投入，制定实施战略性科学计划和科学工程，加强原创性引领性科技攻关。

科技自立自强是一项复杂的系统工程，需要从国家重大战略需求出发，加强顶层设计和全面系统布局。基础研究和先进技术多学科融合发展催生新科技创新模式，多主体协同创新优化资源配置，形成与科技自立自强相匹配的科技治理体系。党的十八大以来，在以习近平同志为核心的党中央坚强领导下，我国重大创新成果竞相涌现，创新型国家建设取得了重大进展，为科技自立自强奠定了坚实基础。当前，我国加快建设科技强国，应面向国家和地方重大发展需求，增强科技创新体系转化能力，强化跨部门、跨学科、跨区域整合力量，在变局中开新局，在新局中把握先机。

### 4. 大力弘扬科学家精神

科学创造离不开精神支撑。科学家精神是科技工作者在长期科学实践中积累的宝贵精神财富。新中国成立以来，广大科技工作者在祖国大地上树立起一座座科技创新的丰碑，也铸就了独特的精神气质。科学家精神主要包括胸怀祖国、服务人民的爱国精神；勇攀高峰、敢为人先的创新精神；追求真理、严谨治学的求实精神；淡泊名利、潜心研究的奉献精神；集智攻关、团结协作的协同精神；甘为人梯、奖掖后学的育人精神。

科学无国界，科学家有祖国。培育和弘扬科学家精神是我国科技事业取得历史性成就的保障。弘扬科学家精神要秉持国家利益和人民利益至上，继承和发扬老一辈科学家胸怀祖国、服务人民的优秀品质，弘扬

"两弹一星"精神，"干惊天动地事，做隐姓埋名人"，把自己的科学追求融入建设社会主义现代化国家的伟大事业中去。同时，要倡导大胆创新和求真求实，保持执着的好奇心、事业心，不迷信学术权威，不盲从既有学说，敢于大胆质疑，认真求证，不断探索。

### 5. 深度参与全球科技治理

不拒众流，方为江海。科学技术是世界性的、时代性的，发展科学技术必须具有全球视野，聚四海之气、借八方之力。必须深化国际科技交流合作，在更高起点上推进自主创新，主动布局和积极利用国际创新资源，努力构建合作共赢的伙伴关系，共同应对未来发展、粮食安全、能源安全、人类健康、气候变化等人类共同挑战，在实现自身发展的同时惠及更多国家和人民，推动全球范围平衡发展。要坚持以全球视野谋划和推动科技创新，全方位加强国际科技创新合作，积极主动融入全球科技创新网络，提高国家科技计划对外开放水平，鼓励中国科学家发起和组织国际科技合作计划。要最大限度用好全球创新资源，全面提升中国在全球创新格局中的位势，提高中国在全球科技治理中的影响力和规则制定能力。

## 第三节　建设世界科技强国

正在突飞猛进的新一轮科技革命，给我国经济社会发展带来了历史性挑战和机遇。实现全面建设社会主义现代化国家的伟大目标，实现中华民族伟大复兴的中国梦，必须具有强大的科技实力和创新能力。只有紧紧抓住和用好新一轮科技革命和产业变革的机遇，积极应对，才能"弯道超车"，强化建设世界科技强国对建设社会主义现代化强国的战略支撑。

中国要强盛、要复兴，就一定要大力发展科学技术，努力成为世界主要科学中心和创新高地。我们比历史上任何时期都更接近中华民族伟大复兴的目标，我们比历史上任何时期都更需要建设世界科技强国！

——习近平

## 一、努力跻身创新型国家前列

党的十八大以来，我国重大创新成果竞相涌现，一些前沿领域开始进入"并跑""领跑"阶段，科技实力正在从量的积累迈向质的飞跃、从点的突破迈向系统能力提升，成功进入创新型国家行列并在中等偏上收入国家和经济体中位列第一（见表 6-1），为跻身创新型国家前列、建成世界科技强国奠定了坚实基础。总的来看，我国科技发展在以下方面取得了明显进步。

表 6-1　2023 年全球创新指数排名

| 国家 / 经济体 | 得分（0~100） | 全球排名 | 收入水平 | 按收入水平排名 |
| --- | --- | --- | --- | --- |
| 瑞士 | 67.6 | 1 | 高 | 1 |
| 瑞典 | 64.2 | 2 | 高 | 2 |
| 美国 | 63.5 | 3 | 高 | 3 |
| 英国 | 62.4 | 4 | 高 | 4 |
| 新加坡 | 61.5 | 5 | 高 | 5 |
| 芬兰 | 61.2 | 6 | 高 | 6 |
| 荷兰 | 60.4 | 7 | 高 | 7 |
| 德国 | 58.8 | 8 | 高 | 8 |
| 丹麦 | 58.7 | 9 | 高 | 9 |

续表

| 国家 / 经济体 | 得分（0~100） | 全球排名 | 收入水平 | 按收入水平排名 |
|---|---|---|---|---|
| 韩国 | 58.6 | 10 | 高 | 10 |
| 法国 | 56.0 | 11 | 高 | 11 |
| 中国 | 55.3 | 12 | 中等偏上 | 1 |
| 日本 | 54.6 | 13 | 高 | 12 |
| 以色列 | 54.3 | 14 | 高 | 13 |
| 加拿大 | 53.8 | 15 | 高 | 14 |
| 爱沙尼亚 | 53.4 | 16 | 高 | 15 |
| 中国香港 | 53.3 | 17 | 高 | 16 |
| 奥地利 | 53.2 | 18 | 高 | 17 |
| 挪威 | 50.7 | 19 | 高 | 18 |
| 冰岛 | 50.7 | 20 | 高 | 19 |

数据来源：根据康奈尔大学、欧洲工商管理学院和世界知识产权组织发布的《2023 年全球创新指数报告》整理。

科技整体实力显著增强。党的十八大以来，我国科技实力和创新能力大幅提升，实现了历史性、整体性、格局性变化。全社会研发经费从 2012 年的 1 万亿元增加到 2022 年的 3.09 万亿元，研发投入强度从 1.91% 提升到 2.55%。基础研究投入从 2012 年的 499 亿元提高到 2022 年约 1951 亿元，占全社会研发经费比重由 4.8% 提升至 6.3%。研发人员总量从 2012 年的 325 万人年提高到 2022 年预计超过 600 万人年。我国的国内发明专利授权量连续多年居世界首位，PCT（专利合作条约）国际专利申请量跃居世界首位，国际科技论文数量和高被引论文数量均居世界第二位，成为全球科技创新的重要贡献者。

重大创新成果竞相涌现。基础研究整体实力显著提升，化学、材料、物理、工程等学科整体水平进入国际先进行列。量子信息、铁基超导、中微子、干细胞、脑科学等前沿领域取得一批标志性、引领性重大原创成果。载人航天与探月、全球卫星导航、大型客机、深地、深海、核能等战略性领域攻克一批"卡脖子"关键核心技术，有力保障了国家相关重大工程的组织实施。5G、超级计算、特高压输变电等产业技术创新取得重大突破，有力促进了相关产业转型升级和新兴产业发展。面对突如其来的新冠疫情，科技战线迅速行动、协力攻关，在药物和疫苗研发、检测试剂以及试验动物模型等方面取得重大突破，为疫情防控取得重大战略成果提供了有力科技支撑。

创新能力建设成效显著。"十三五"时期，我国启动了首批国家实验室建设任务，加快推进重组国家重点实验室体系工作。中国科学院深入实施"率先行动"计划，全面完成第一阶段目标任务，总体创新能力和国际影响力不断增强，在"自然指数"排名中连续 8 年位列全球科教机构首位。涌现出一大批具有国际影响力的创新型领军企业和科技型中小企业，企业的技术创新主体地位不断增强。大众创业万众创新深入推进，各类众创空间、新型研发机构大量涌现，创新创业在全社会蔚然成风。500 米口径球面射电望远镜、散裂中子源等一批国之重器相继建成运行，成为创新型国家建设的标志性成果。

科技人才队伍规模与质量同步提升。"十三五"时期，我国深入推进人才管理体制改革，持续完善科技人才计划体系，培育和引进了一大批战略科技人才、科技领军人才、高技能人才、创新型企业家和优秀青年科技人才。2022 年，我国研发人员全时当量达 635.4 万人年，多年稳居世界首位，人才队伍结构进一步优化，领军人才和高水平创新团队不断涌现，更多青年科技人才脱颖而出。科技人才支撑高质量发展的能力和作用显著提升。高等院校加快推进"双一流"建设，科研水平和人才培养能力进一步提升。积极创新人才培养模式，深化科教融合，加强科教协同育人，为创新型国家建设提供了强大人才储备。

国家创新体系向纵深推进。按照党中央、国务院关于深化科技体制改革的总体部署，持续优化整合科技计划布局，深入推进科技领域"放管服"改革，实行以增加知识价值为导向的分配政策，深化院士制度改革，推进科技"三评"（项目评审、人才评价、机构评估）改革，实施清理"四唯"（唯论文、唯职称、唯学历、唯奖项）专项行动，开展职务科技成果所有权或长期使用权试点，设立科创板，完善科技奖励制度，建立国家科技决策咨询制度，加强作风学风建设，建立科研领域失信联合惩戒机制等。提高科技创新支撑能力，实行重点项目攻关"揭榜挂帅"，谁能干就让谁干。通过一系列改革"组合拳"，科技创新的基础制度和政策体系更加完善，科技创新治理能力和法治化水平明显提高，为国家创新体系整体效能的提升提供了有力制度保障。

科技创新空间布局持续优化。北京、上海、粤港澳大湾区国际科技创新中心建设深入推进，加快构建具有全球影响力的科技创新高地和驱动高质量发展的核心引擎。北京怀柔、上海张江、安徽合肥等综合性国家科学中心建设全面启动，积极培育打造原始创新的重要策源地。深入开展全面创新改革试验并总结推广试点经验，大力提升国家自主创新示范区、国家高新区创新能力，加快推进创新型省份和创新型城市建设，重点区域创新能力加快提升。通过打造创新的区域高地，引领带动其他区域加快实现创新发展。

## 二、发挥教育科技人才的战略支撑作用

教育、科技、人才是全面建设社会主义现代化国家的基础性、战略性支撑。不同时期的教育、科技、人才既有其共性发展的需要，又有各自的特殊需求。因此，新征程上，在统筹推进的同时，要充分兼顾三者的特殊性，发挥其战略支撑作用。

坚持教育优先发展。教育事关民生大计，事关民族未来，优先发展教育是一个国家、一个民族谋求长远发展的必然选择。综合国力竞争说到底也是人才的竞争，是人才培养的竞争。实现教育优先发展才能形成

人才资源和科技创新的比较优势。伴随着新一轮科技革命和产业革命深入发展，科技与人才成为国际战略博弈主战场，坚持教育优先发展，加快建设高质量教育体系，方能奠定科技强国和人才强国建设的根基。教育优先发展要秉持以人为中心的发展思想，落实到教育强国建设各方面和全过程，深化教育领域综合改革，增加教育改革的系统性、整体性、协同性，统筹职业教育、高等教育、继续教育协同创新，推进职普融通、产教融合、科教融汇，加强基础学科、新兴学科、交叉学科建设，加快建设中国特色、世界一流的大学和优势学科，优化国家科研机构、高水平研究型大学、科技领军企业定位和布局，打造科技创新的科研和人才基础。

坚持科技自立自强。以国家战略需求为导向，集聚力量进行原创性引领性科技攻关，坚决打赢关键核心技术攻坚战。加快实施一批具有战略性全局性前瞻性的国家重大科技项目，增强自主创新能力。加强基础研究，突出原创，鼓励自由探索。提升科技投入效能，深化财政科技经费分配使用机制改革，激发创新活力。加强企业主导的产学研深度融合，强化目标导向，提高科技成果转化和产业化水平。以推动科技创新为核心，引领科技体制及其相关体制深刻变革。完善党中央对科技工作统一领导的体制，健全新型举国体制，强化国家战略科技力量，优化配置创新资源，优化国家科研机构、高水平研究型大学、科技领军企业定位和布局，形成国家实验室体系，统筹推进国际科技创新中心、区域科技创新中心建设，加强科技基础能力建设，强化科技战略咨询，提升国家创新体系整体效能。深化科技体制改革，深化科技评价改革，加大多元化科技投入，加强知识产权法治保障，形成支持全面创新的基础制度。培育创新文化，弘扬科学家精神，涵养优良学风，营造创新氛围。扩大国际科技交流合作，加强国际化科研环境建设，形成具有全球竞争力的开放创新生态。

坚持人才引领驱动。我国要实现高水平科技自立自强，归根结底要靠高水平创新人才。要更加重视人才自主培养，更加重视科学精神、创新能力、批判性思维的培养培育。加快建设国家战略人才力量，努力培养造就更多大师、战略科学家、一流科技领军人才和创新团队、青年科技人才、卓越工程师、大国工匠、高技能人才。加强人才国际交流，用好用活各类人才。深化人才发展体制机制改革，真心爱才、悉心育才、倾心引才、精心用才，求贤若渴，不拘一格，将优秀人才集聚到科技强国事业中来。在人才评价上，要"破四唯"和"立新标"并举，加快建立以创新价值、能力、贡献为导向的科技人才评价体系。要支持科研事业单位探索试行更灵活的薪酬制度，稳定并强化从事基础性、前沿性、公益性研究的科研人员队伍，为其安心科研提供保障。

## 三、着力增强自主创新能力

只有自信的国家和民族，才能在通往未来的道路上行稳致远。树高叶茂，系于根深。自力更生是中华民族自立于世界民族之林的奋斗基点，自主创新是攀登世界科技高峰的必由之路。实践反复证明，只有把关键核心技术掌握在自己手中，才能从根本上保障国家经济安全、国防安全和其他安全。要以关键共性技术、前沿引领技术、现代工程技术、颠覆性技术创新为突破口，敢于走前人没走过的路，努力实现关键核心技术自主可控，把创新主动权、发展主动权牢牢掌握在自己手中，积极抢占科技竞争和未来发展制高点。

现在，我国经济社会发展和民生改善比过去任何时候都更加需要科学技术解决方案，都更加需要增强创新这个第一动力。同时，在激烈的国际竞争面前，在单边主义、保护主义上升的大背景下，我们必须走出适合国情的创新路子，特别是要把原始创新能力提升摆在更加突出的位置，努力实现更多"从0到1"的突破。

——习近平

坚持走中国特色自主创新道路，是建设世界科技强国的必由之路。坚持走中国特色自主创新之路，就是要把增强自主创新能力作为发展科学技术的战略基点，推动科学技术的跨越式发展；把增强自主创新能力作为调整产业结构、转变发展方式的重要环节；把增强自主创新能力作为国家战略，贯穿到现代化建设各个方面。走中国特色自主创新道路，要以全球视野谋划和推动创新，提高原始创新、集成创新和引进消化吸收再创新能力，更加注重协同创新。原始创新，即在科学和技术领域获得重大原创性成果；集成创新，即将技术、产业、市场等要素相融合，转变创新系统的整体功能，形成创新能力和竞争优势；引进消化吸收再创新，即引进国外先进技术，并根据本国实际再对其进行创新等。

建设世界科技强国，要有标志性科技成就。要强化战略导向和目标引导，强化科技创新体系能力，加快构筑支撑高端引领的先发优势，加强对关系根本和全局的科学问题的研究部署，在关键领域、"卡脖子"的地方下大功夫，集合精锐力量，作出战略性安排，尽早取得突破，力争实现我国整体科技水平从"跟跑"向"并跑""领跑"的战略性转变，在重要科技领域成为领跑者，在新兴前沿交叉领域成为开拓者，创造更大竞争优势。要把满足人民对美好生活的向往作为科技创新的落脚点，把惠民、利民、富民、改善民生作为科技创新的重要方向。

加强基础研究是科技自立自强的必然要求，是我们从未知到已知、从不确定性到确定性的必然选择。要瞄准世界科技前沿，抓住大趋势，下好先手棋，打好基础、储备长远，甘于坐冷板凳，勇于做栽树人、挖井人，实现前瞻性基础研究、引领性原创成果重大突破，夯实世界科技强国建设的基石。加快制定基础研究十年行动方案。基础研究要勇于探索、突出原创，推进对宇宙演化、意识本质、物质结构、生命起源等的探索和发现，拓展认识自然的边界，开辟新的认知疆域。研究方向的选择要坚持需求导向，基础研究更要应用牵引、突破瓶颈，从经济社会发展和国家安全面临的实际问题中提炼科学问题，弄通"卡脖子"技术的基础理论和技术原理。国家要加大基础研究财政投入力度、优化支出结构，对企业基础研究投入实行税收优惠，鼓励社会以捐赠和建立基金等方式多渠道投入，形成持续稳定的投入机制。

加强多学科融合的现代工程和技术科学研究，带动基础科学和工程技术发展，形成完整的现代科学技术体系。工程科技是推动人类进步的发动机，是产业革命、经济发展、社会进步的有力杠杆。广大工程科技工作者既要有工匠精神，又要有团结精神，围绕国家重大战略需求，瞄准经济建设和事关国家安全的重大工程科技问题，紧贴新时代社会民生现实需求和军民融合需求，加快自主创新成果转化应用，在前瞻性、战略性领域打好主动仗。

科技攻关关键是要抓准问题，前瞻性部署一批战略性、储备性技术研发项目，瞄准未来科技和产业发展的制高点，夯实世界科技强国建设的根基。要支持有条件的地方建设综合性国家科学中心或区域科技创新中心，使之成为世界科学前沿领域和新兴产业技术创新、全球科技创新要素的汇聚地。要加大应用基础研究力度，以推动重大科技项目为抓手，打通"最后一公里"，拆除阻碍产业化的"篱笆墙"，疏通应用基础研究和产业化连接的快车道，促进创新链和产业链精准对接，加快科研成果从样品到产品再到商品的转化，把科技成果充分应用到现代化事业中去。

## 四、完善国家创新体系

推进自主创新，最紧迫的是要破除体制机制障碍，最大限度解放和激发科技作为第一生产力所蕴藏的巨大潜能。国家创新体系是决定国家发展水平的基础，战略科技力量是国家创新体系的中坚力量，国际竞争很大程度上是科技创新体系的比拼。党的十八大以来，我国科技体制改革全面发力、多点突破、纵深发展，重要领域和关键环节改革取得实质性突破，国家创新体系建设迈上新台阶。但是，总体来看，国家创新体系整体效能还不强，科技创新资源分散、重复、低效的问题还没有从根本上得到解决，科技投入的产出效益不高，科技成果转移转化、实现产业化、创造市场价值的能力不足，科研院所改革、建立健全科技和金融结合机制、创新型人才培养等领域的进展滞后于总体进展，科研人员开展原创性科技创新的积极性还没有被充分激发出来。

坚持科技创新和制度创新"双轮驱动"，以问题为导向，以需求为牵引，在实践载体、制度安排、政策保障、环境营造上下功夫，在创新主体、创新基础、创新资源、创新环境等方面持续用力，强化国家战略科技力量，提升国家创新体系整体效能。健全完善支持基础研究、原始创新的体制机制。紧紧围绕经济社会发展的重大需求，从中发现重大科学问题、解决好这些问题，以应用研究带动和提升基础研究的原创能力。鼓励科学家树立创新自信，瞄准前沿重大科学问题，特别是重大新兴交叉方向，开展基于好奇心驱动的自由探索，努力在原创发现、原创理论、原创方法上取得更多重大突破。健全完善科技人才发展机制、科技管理体制和政策体系。要弘扬科学精神和工匠精神，完善科技人才发现、培养、激励机制，健全符合科研规律的科技管理体制和政策体系，改进科技评价体系，健全科技伦理治理体制。

确立企业创新主体地位，增强企业创新动力，正向激励企业创新，反向倒逼企业创新。要强化企业科技创新主体地位，发挥科技型骨干企业引领支撑作用，营造有利于科技型中小微企业成长的良好环境，推动创新链产业链资金链人才链深度融合。要发挥企业出题者作用，推进重点项目协同和研发活动一体化，加快构建龙头企业牵头、高校院所支撑、各创新主体协同的创新联合体，发展高效强大的共性技术供给体系，提高科技成果转移转化成效。科技领军企业要发挥市场需求、集成创新、组织平台的优势，打通从科技强到企业强、产业强、经济强的通道。以企业牵头，整合集聚创新资源，形成跨领域、大协作、高强度的创新基地，开展产业共性关键技术研发、科技成果转化及产业化、科技资源共享服务，推动重点领域项目、基地、人才、资金一体化配置，提升我国产业基础能力和产业链现代化水平。

健全新型举国体制。党的十八大以来，党中央多次强调"健全社会主义市场经济条件下新型举国体制，打好关键核心技术攻坚战"。举国体制既延续了社会知识生产的学术范式，又呈现出中国特色科技治理的实践特征，蕴含社会主义集中力量办大事的独特政治优势和制度优势。新型举国体制构成了中国现代化进程中的重要行动模式。从"两弹一星""大庆石油会战""人工合成胰岛素"到"载人航天""北斗工程""探月工程""国产航母""高铁产业"等重大科技任务攻关方面，都展示出新型举国体制集中力量办大事的显著优势。2022年9月通过的《关于健全社会主义市场经济条件下关键核心技术攻关新型举国体制的意见》将有力推动我国新型举国体制进一步完善，为形成关键核心技术攻关强大合力，发挥我国制度优势、市场优势和人才优势，加快实现高水平科技自立自强奠定基础。新型举国体制瞄准事关我国产业、经济和国家安全的若干重点领域及重大任务，重点研发具有先发优势的关键技术和引领未来发展的基础前沿技术。

健全新型举国体制要坚持两手发力，推进有为政府和有效市场更好结合。新型举国体制强调资源配置、利益分配、效益评价等的系统性整合，同一性、稳定性和长期性的国家意志构成广泛共识，形成强大约束力，最终激发"全国一盘棋"的制度效能。健全关键核心技术攻关新型举国体制，要把政府、市场、社会有机结合起来，科学统筹、集中力量、优化机制、协同攻关。国家要发挥重大科技创新组织者的作用，支持周期长、风险大、难度高、前景好的战略性科学计划和科学工程，抓系统布局、系统组织、跨界集成，把各方力量拧成一股绳，形成未来的整体优势。有效市场是创新资源配置的重要方式，强化企业技术创新主体地位，高效配置科技力量，强化跨领域跨学科协同攻关，在核心技术突破和产业转型升级中发挥关键作用。健全新型举国体制充分考虑科技创新的成本和效率问题，探索出科技创新体系和高端产业深度融合的发展新路，营造良好的创新生态，夯实国家创新体系的坚实基础。

世界科技强国竞争，比拼的是国家战略科技力量。强化国家战略科技力量，必须提升国家创新体系整体效能。国家实验室、国家科研机构、高水平研究型大学、科技领军企业都是国家战略科技力量的重要组成部分，要自觉履行高水平科技自立自强的使命担当。国家实验室要按照"四个面向"的要求，紧跟世界科技发展大势，适应我国发展对科技发展提出的使命任务，多出战略性、关键性重大科技成果，并同国家重点实验室结合，形成中国特色国家实验室体系。国家科研机构要以国家战略需求为导向，着力解决影响制约国家发展全局和长远利益的重大科技问题，加快建设原始创新策源地，加快突破关键核心技术。高水平研究型大学要把发展科技第一生产力、培养人才第一资源、增强创新第一动力更好结合起来，发挥基础研究深厚、学科交叉融合的优势，成为基础研究的主力军和重大科技突破的生力军。要强化研究型大学建设同国家战略目标、战略任务的对接，加强基础前沿探索和关键技术突破，努力构建中国特色、中国风格、中国气派的学科体系、学术体系、话语体系，为培养更多杰出人才作出贡献。

## 📖 分析与思考

1.新一轮科技革命具有哪些新特征？如何看待新科技革命带来的社会变革与人们生活方式的新变化？

2.如何理解新一轮科技革命给中国带来的机遇与挑战？如何认识坚持创新发展、实施创新驱动发展战略的重大意义？

3.如何理解教育科技人才对中国建设世界科技强国的战略支撑意义？如何才能成长为国家和时代需要的创新型人才？

# 第七章　当代资本主义

　　资本主义与社会主义是决定当代世界走向的两种社会制度，事关当代人类文明的前景。在多种社会因素影响下，当代资本主义呈现新特点，资本主义基本矛盾尖锐复杂，社会问题累积叠加。持续的经济危机导致世界不稳定性不确定性日益增加，充分表明世界资本主义正处在由盛转衰的历史转折点，凸显了资本主义必然衰亡的历史趋势。以美国为代表的资本主义国家不择手段维护其霸主地位，导致当前国际形势复杂多变，世界进入新的动荡变革期。为了在百年变局中掌握历史主动，我们必须加强对当代资本主义各种变化及其本质的研究，深化对资本主义和国际政治经济关系新变化的规律性认识。

## 第一节　百年变局中的当代资本主义

　　当今时代同马克思所处的时代相比发生了巨大而深刻的变化，但从大历史观来看，我们依然处在马克思、恩格斯所指明的历史时代。资本主义从私人垄断到国家垄断，再演变发展到国际金融垄断，固有的基本矛盾愈加尖锐复杂，资本主义国家内部矛盾冲突严重，社会阶级阶层之间撕裂加剧，国内阶级阶层矛盾与种族矛盾缠绕交织，出现系统性危机。

为转嫁国内危机，继续维护其"优先"地位，资本主义国家进一步强化"西方中心论"的霸权思维，给当今世界带来了动荡和风险，对世界和平与发展构成了严重威胁。

## 一、国际金融垄断资本主义的形成与演变

随着经济全球化特别是新一轮科技革命的深入发展，社会化大生产在世界范围内迅速展开，生产、贸易、消费和资本的全球化日益推进，经济金融化、金融全球化日益强化，推动了垄断资本在世界范围内的不断扩张。进入 21 世纪，国际金融垄断资本主义通过控制核心技术、规则制定、国际货币等手段实施垄断统治。国际金融垄断是当代资本主义发展的新特点新趋势，成为当代世界变局的重要动因。

### 1. 国际金融垄断资本主义向世界范围的扩张

在经济全球化的过程中，新自由主义在资本主义世界占据主导地位，并被发达国家作为"改革范本"在全球范围内推行。在新自由主义的推动下，垄断开始向国际范围扩张。在资本主义世界的科技、生产、销售、金融、贸易、服务等各个领域，国际垄断已无处不在，对世界经济产生巨大的冲击和影响。

当代资本主义的国际垄断，反映了资本在经济全球化过程中不断实现增殖和扩张的本质。发达资本主义国家凭借其在各种国际组织中的主导地位，制定有利于自己的游戏规则，不断实现和强化国际垄断。一方面，垄断的范围已不仅仅局限于经济领域，而是形成了包括市场垄断、资源垄断、高科技垄断、尖端军事技术垄断以及新闻垄断、话语垄断等在内的国际垄断体系；另一方面，垄断的范围已不仅仅局限于一国或部分国家，发达资本主义国家凭借资本、技术、军事优势，建立起符合国际垄断资本自身利益的世界经济政治秩序、规则体系和跨国联盟，形成了全球霸权。

## 2. 跨国公司进行国际联盟的趋势加速

在当代资本主义的发展中，国际垄断资本主要通过跨国公司对其他国家进行经济渗透，控制重要的资源和产业链、供应链市场，进而间接影响他国的经济发展和政治走向。当代资本主义的跨国公司，不仅不断寻求在本国的垄断地位，而且将经济权力扩展到对世界生产和市场的控制，通过谋求国际垄断地位，获取巨额垄断利润。资本追求剩余价值的本性，决定了跨国公司必然在全世界范围内考虑生产布局、营销渠道、长远发展等问题，哪里有利可图就会涉足哪里。因此，跨国公司的全球经营战略及其母公司与子公司之间的内部联系方式，构建了当代国际经济活动中空前巨大的营销网络。

在经济全球化进程中，跨国公司组成大规模的超国界经济实体。跨国公司之间的合作方式多种多样，除了相互持股、相互兼并和共同出资兴办新企业的形式外，两个以上的跨国公司还以结盟的方式在投资、科研、生产和市场开拓等方面进行战略合作，即实行跨国联盟。组建跨国联盟，反映了在经济全球化条件下跨国公司主导作用的增强。跨国联盟的出现，是一种世界范围的经济体强强联合，有利于突破贸易壁垒，使世界各国的经济联系更加紧密，推动经济全球化向纵深发展，但也使国际金融资本加强了对世界经济的垄断和控制，使发展中国家面临更为严峻的经济安全挑战。尽管 2008 年国际金融危机后，由于资本主义经济在低迷中徘徊、经济增长动能不足，资本主义国家贸易保护主义抬头，经济全球化遭遇逆流，跨国公司的发展面临着一些挑战，但它仍是国际垄断资本进行经济扩张的关键角色。

## 3. 金融垄断资本逐步占据主导地位

经济的金融化和金融市场的国际化，成为当代资本主义发展的重要趋势。随着经济全球化的发展，对外直接投资成为国际投资的主要形式，金融资本越来越成为推动当代资本主义发展的主要力量，对世界经济的垄断进一步加强。金融资本作为银行资本和工业资本的统一体，必然与实体经济有着紧密关联，它通过资本借贷方式获取超额利润，通过利息形式瓜分产业部门的剩余价值；反过来说，实体经济要在生产经营、上市融资等方面开展活动，也必须依靠金融资本的支持。但是，在当代资本主义社会，随着金融衍生品的不断分化扩张，虚拟经济也可能凌驾于实体经济之上，并且站在主导地位对资本进行控制以追求更大的剩余价值，金融垄断资本已经可以在不完全依赖产业资本的情况下，从金融市场直接获取垄断利润，表现出独立化、自由化等特征。特别是在经济全球化的条件下，世界各国股票、证券、期货、外汇、商品等市场密切联系，金融垄断资本一旦越出国界，利用金融、信用工具介入市场，不断制造金融衍生产品，通过各种手段操控股价涨跌，就能获取巨额利润，实现对全球资本再生产过程的控制和对剩余价值的全球掠夺。

金融垄断资本在世界经济中占据主导地位，对各国经济发展产生了不容忽视的影响。其一，国际金融市场的经济虚拟化更加突出，国际金融市场规模日益扩大，金融衍生工具市场得到迅速发展。但是，金融衍生商品的交易与实际商品的生产和贸易脱节，规模庞大的金融活动失去了相应的物质生产与产品的支撑，由此产生了大规模的投机套利活动，甚至带来金融风险。其二，多数发展中国家经济实力较弱，金融监管体系不完善，法律规章和金融调控机制不健全。如果全面开放金融市场、放松金融监管，极易受到国际金融波动的冲击，金融市场容易被国际金融垄断资本所控制和利用。在经济全球化深入发展的当代世界，金融垄断资本的逐利本性不仅没有改变反而更加疯狂，这种逐利本性恰恰是经济全球化产生各种负面效应的根源。

## 二、资本主义经济危机在当代的新表征

随着国际金融垄断资本主义的发展，金融危机成为资本主义经济危

机在当代的新表征，是当今世界不稳定性不确定性的重要根源，是必须倍加重视的重大风险。

> 从国际金融危机看，许多西方国家经济持续低迷、两极分化加剧、社会矛盾加深，说明资本主义固有的生产社会化和生产资料私人占有之间的矛盾依然存在，但表现形式、存在特点有所不同。
>
> ——习近平

### 1. 当代资本主义经济危机新表征的形成

20世纪90年代以来，资本主义经济危机经历了从实体经济危机到金融危机的演变。此前爆发的周期性经济危机，一般发端于实体经济领域，随着生产的相对过剩，实体经济大量的生产能力闲置，工厂倒闭，然后蔓延到银行业等经济领域。而20世纪90年代后爆发的资本主义经济危机，如1994年的墨西哥金融危机、1997年的亚洲金融危机、2001年的阿根廷债务危机，特别是2007年的美国次贷危机、2008年国际金融危机等，都是发端于金融领域，然后再蔓延到实体经济领域，对实体经济产生严重冲击。

当代资本主义金融危机的频发，与以虚拟资本为代表的信用制度、金融系统的超常混乱发展有着直接关系。虚拟资本的自我膨胀运动，是金融危机形成的主要机制。马克思指出："随着商业和只是着眼于流通而进行生产的资本主义生产方式的发展，信用制度的这个自然基础也在扩大、普遍化、发展。"[1] 在信用制度的基础上产生的虚拟资本，包括股票、债券、不动产抵押单等，可以通过循环运动产生利润。与虚拟资本相对应的虚拟经济，是一种以票券方式持有权益并交易权益所形成的经济活动，金融业是其主要形式。各种金融衍生产品的增多甚至泛滥，意味着

---

[1] 《马克思恩格斯选集》第二卷，人民出版社2012年版，第562页。

虚拟资本的疯狂扩张，虚拟资本的信用链条越来越长，一旦某个环节出现问题，就会出现信用危机，导致"把资本主义生产的动力——用剥削他人劳动的办法来发财致富——发展成为最纯粹最巨大的赌博欺诈制度"①。可见，虚拟资本的过度膨胀和信用链条的断裂，是金融危机爆发的直接原因。

### 2. 金融危机是当代资本主义的经济危机

2008年国际金融危机，是以2007年美国次贷危机为导火索的，也是当代资本主义全球性的经济危机。所谓次贷危机，是指在住宅金融中，面向低收入阶层的次级贷款出现问题，进而对各种经济活动造成破坏性影响的一种金融危机。这场危机很快蔓延到全世界，各种金融机构和金融资产遭到广泛而严重的冲击。

这次国际金融危机的特点是：第一，首先爆发在虚拟经济领域，而后向实体经济领域蔓延。当危机由虚拟经济领域迅速传导到实体经济部门后，产业经济受到不同程度的影响，美国、日本、欧盟等世界主要经济体全面陷入经济衰退，全球产业体系和供应体系受到严重冲击。第二，实体经济日趋萎缩，整个国民经济日益虚拟化。发达资本主义国家金融资本超前发展，金融衍生产品不断增多，而金融交易与生产活动脱节，实体经济萎缩，资本日益向第三产业特别是银行、保险、证券市场等金融行业转移。这些行业的过度发展，成为经济虚拟化的重要因素。第三，民众包括工薪阶层超前、过度的透支消费，形成了严重的"消费泡沫"。银行通过金融衍生产品，给那些明显没有消费能力的人群提供金融支持，使其超前、过度消费，以金融体系的信用掩盖消费能力不足，一旦消费需求萎缩，就会冲击信用体系和实体经济。第四，波及范围不断扩大，从发达国家蔓延至世界各国。2008年国际金融危机的影响范围十分广泛，

---

① 《马克思恩格斯选集》第二卷，人民出版社2012年版，第572页。

不仅欧美等发达国家金融市场出现了大动荡，新兴市场国家产生了严重的收支不平衡状况，广大发展中国家经济也受到了严重冲击。

2009 年希腊等欧盟国家爆发的欧洲主权债务危机，是美国次贷危机的延续和深化，同样反映出经济危机在当代的新表征。2009 年，希腊财政部公布的财政赤字水平高于预期，引发市场广泛恐慌，成为欧洲主权债务危机爆发的导火索。受其影响，葡萄牙、西班牙、意大利、爱尔兰甚至法国、英国等也相继暴露出严重的财政问题。

国际金融危机的爆发，进一步证明了马克思主义关于资本主义经济危机理论的科学性，反映了美国新自由主义经济政策的破产，暴露了以资本为主导的国际经济秩序的不公正不合理，说明缺乏有效国家监管的金融市场是不稳定的、存在风险的，也说明经济全球化不应是推行资本主义制度的过程，更不应是全球资本主义化的过程。

### 3. 经济危机向系统性危机扩展

经济危机是引发政治、文化、社会、生态等各种资本主义危机的基础，国际金融危机爆发使资本主义陷入系统性危机之中。

经济结构性危机。由于不同生产部门、生产性企业和非生产性企业之间的平衡比例被打破，经济内在稳定增长的机制受到阻碍，资本主义经济出现了较为严重的结构性危机，经济结构内部组成要素之间关系的严重失衡，导致了经济的长期停滞。这种结构性经济危机往往与传统周期性经济危机相互交织，主要表现为生产过剩与有效需求不足、绝对过剩和相对过剩并行发生作用，从而加剧了经济危机的影响。

选举民主危机。资本主义民主本质上是少数人的民主、金钱的民主。在投票选举方面，一人一票制的效力远不及一美元一票制的影响力大，垄断资本通过政治献金、游说以及金融部门与政府部门之间的"旋转门"，使国家政权以服务资本为目的。资本利益集团通过控制媒体、开具空头支票、煽动民粹情绪等操纵民意，加剧社会阶级、阶层、种群之间的矛盾和冲突。

价值观危机。受国际金融危机的影响，发达资本主义国家经济衰退、持续陷入低迷，其自由、民主、平等、人权的资本主义价值观也屡屡受到质疑，不断受到冲击。经济危机和社会危机使越来越多的发达国家民众认识到，资本主义所宣扬的自由、民主、平等、人权，只属于社会上层的少数群体。悬殊的贫富差距、贫困的代际传递、社会阶层固化越来越明显，阶级、阶层之间的对立更加严重，甚至激化社会矛盾、引发严重的社会危机。资本主义国家还通过其价值观和意识形态输出干涉他国内政，撕裂其他国家和民族价值观的共同基础。

生态危机。资本主义过度生产、过度消费以及这种消费主义生产生活方式在全球扩张，并通过目前还占优势的经济、社会、文化影响力绑架全世界，不断向发展中国家施压，不断向全球转嫁生态危机，进一步掠夺世界资源、破坏全球生态，从而引发全球生态危机。

### 三、资本主义基本矛盾在危机中不断加剧

资本主义基本矛盾是资本主义经济危机爆发的总根源，而资本主义基本矛盾又在经济危机的频繁爆发中不断积累、深化和加剧，形成一种恶性循环。在当代资本主义社会，国际金融资本垄断在使社会生产朝着更大规模、更广范围、更深程度发展的同时，也使资本主义基本矛盾不断激化，导致难以预测的资本主义经济危机突发，造成社会生产力的巨大破坏。

#### 1. 资本主义基本矛盾在当代的新表现

在资本主义发展的不同历史时期，其基本矛盾也有不同的运动机制和运行特点。在自由竞争资本主义阶段，资本主义基本矛盾运动是通过许多具体的形式表现出来的，如社会资本再生产中两大部类生产与需求之间的矛盾、剩余价值生产与剩余价值实现之间的矛盾、生产扩大与资

本的价值增殖之间的矛盾等。这些矛盾的具体表现形式依据的是资本主义基本矛盾运动的自由竞争、自由经营机制。进入国家垄断资本主义阶段后，资本主义基本矛盾运动的机制发生了新变化，形成了垄断与竞争并存、国家与市场并存的新机制。资本主义的经济垄断和国家调控并没有消除资本主义社会的基本矛盾，相反使资本主义基本矛盾更加激化。

在当代资本主义社会，经济全球化增加了全球资本流动的速度和广度，资本主义基本矛盾运动的机制虽依然发挥作用，但是受全球化的生产、贸易、金融等因素的影响，基本矛盾有了新的表现形式。主要包括：跨国公司内部的高度组织性和计划性与世界市场无政府状态之间的矛盾，世界生产能力无限扩大趋势与世界范围有效需求不足之间的矛盾，国际垄断资本的金融投机和金融掠夺与主权国家金融监管不足之间的矛盾，科学技术迅猛发展与世界人口绝对贫困之间的矛盾等。资本主义基本矛盾在全球的扩展，加剧了垄断资本的过剩和泡沫化趋势，增加了发达国家乃至世界经济体系的金融风险，金融资本的全球化与金融资本监管不力的矛盾也成为当代资本主义基本矛盾运动的新表现。

### 2. 资本主义基本矛盾深化孕育新的危机

在经济全球化进程中，经济的虚拟化、泡沫化和世界金融霸权，使发达资本主义国家成为世界上最大的食利者。在不断爆发的经济危机中，发达资本主义国家把市场经济的矛盾和弊端、资本唯利是图的动机和目的、资本主义国家内部的两极分化等扩展或转嫁至其他国家，从而导致资本主义基本矛盾在全球范围内趋于尖锐化，使新的经济危机爆发不可避免。因此，资本主义基本矛盾的尖锐化是当代资本主义经济危机爆发的根源，而不断爆发的经济危机又促使资本主义基本矛盾不断趋于尖锐化。

当代资本主义的发展具有很大的不确定性和不可控性，资本主义制度面临种种挑战，同时对人类生存和发展构成的风险和威胁也不断加大。

资本主义经济、政治、文化、社会、生态等方面矛盾的尖锐化，必然引发人与人、人与社会、人与自然之间的矛盾对抗。2008年国际金融危机爆发以来，世界经济遭受重创，进入深度调整的"新平庸"状态。受到需求锐减、成本上升、摩擦频现等周期性和结构性因素影响，全球贸易增长速度持续低迷，世界各经济体的经济态势逐渐分化。为了继续维持经济和贸易垄断地位，实现国家利益最大化，美国声称自己在对外贸易中"吃了亏"，四面出击挑起贸易摩擦，对中国等国家实施极限施压和单边制裁。与此同时，美国推行科技霸凌主义挤压国际合作空间，打压其他国家科技进步和发展壮大的合理权益。美国打造"芯片联盟""清洁网络"等科技"小圈子"，发布"布拉格提案"，宣布"5G清洁路径"，泛化国家安全概念，将技术问题政治化、意识形态化，为对他国实施技术封锁寻找借口。美国以威胁国家安全的罪名打压中国的高科技企业、军工企业、高等院校和科研机构，将中兴、华为等1000余家中国企业列入制裁清单，还对生物技术、人工智能等高端技术实施管控。美国还胁迫其他国家或地区"选边站"，并企图组织"国际反华联盟"共同对抗中国。这种利用国家力量刻意打压，甚至要求相关企业组团围堵的做法，将美国政府的霸权主义、单边主义和保护主义表现得淋漓尽致。

总之，资本主义基本矛盾是全球性社会问题丛生的重要根源，是当今世界国际经济政治秩序不公正不合理的重要根源，也是当今世界不稳定的风险源。科学把握资本主义基本矛盾的新形式新特点，才能积极应对资本主义基本矛盾带来的新风险新挑战。

## 第二节　当代资本主义的系统性困境及其成因

当代资本主义金融危机、债务危机、难民危机、社会危机、生态危机不断，枪支犯罪和暴力恐怖事件频发，极右主义和民粹主义抬头，种族歧视引发群体抗议和大规模社会骚乱，社会乱象丛生，充分暴露出资本主义的制度弊病和社会治理困境，当代资本主义深陷系统危机之中。

## 一、当代资本主义面临的系统性困境

当今国际金融垄断资本主义的发展，不仅没有消除资本与劳动对立这一资本主义固有矛盾，反而更加深化、尖锐、激烈，进一步加剧了资本主义社会的系统性矛盾，导致强资本、弱劳动的格局日益加剧，贫富分化、社会分裂、阶级对立、生态危机等日趋严重。当代资本主义的系统性困境根源于资本主义制度，是其社会基本矛盾不断积累和激化的产物。

### 1. 贫富分化日益严重

当代发达资本主义国家社会福利政策的实施，虽然在一定程度上改善了劳动者的生活条件，但在资本利润日趋扩大的同时，劳动者收入增长滞缓甚至出现相对下降趋势。国际金融垄断资本主义的扩张导致经济脱实向虚，金融投机盛行，产生大规模资产泡沫，特别是当经济危机来临时，失业率居高不下，进一步加剧了财富的分配不公，资本积累与贫困积累同步深化。一些国家为应对财政赤字压力而采取社会福利缩减政策，进一步恶化了底层劳动者的生活状况，加剧了贫富差距。产业空心化必然冲击普通制造业，对一般技能工人就业形成致命打击。同时，在经济全球化过程中，虚拟经济与实体经济的脱节，国际金融衍生市场的发展，使当代世界经济与国际金融存在着极大的风险隐患，导致金融市场动荡、经济衰退，结果必然是劳动者生活状况的继续恶化。目前美国贫富差距已达到自 20 世纪二三十年代经济大萧条以来的最高点。美联储数据显示，1% 的最富裕家庭占有超过 20% 的家庭总财富，这一比例在近年来还在显著增加。同时，货币超发和大规模财政支出助推股价和房价猛涨，使拥有更多资产的富人爆发式受益。美国参议员伯尼·桑德斯甚至坦言"美国贫富差距大得可耻","财富越来越多地集中在少数人手中,已经超出了许多美国人认为合理或道德上可以接受的范围"。

### 2. 民主法治困境重重

建立在生产资料私有制基础上的资本主义政治制度,使国家制度与劳动人民权利发生分离,不能真正保证人民的民主权利。资产阶级推翻封建统治掌握政权后,以宪法的形式确立了"主权在民"原则,赋予人民以民主权利,这是资本主义制度相对封建制度的一大进步。然而,在经济、政治、文化、社会、生态等各种资源被资产阶级独占的情况下,尽管宪法规定了人民的民主权利,但在实际中却无法实现,甚至还保存着体系性的种族歧视。2020 年 5 月 25 日,美国白人警察暴力执法致黑人乔治·弗洛伊德死亡,引发了"黑人的命也是命"运动。

美国政府日益受制于国际金融垄断资本的控制,已经沦为少数国际金融垄断资本权贵的"金融寡头政体"。民主政治日益成为"钱主政治",竞选成为"有钱人的游戏"。垄断寡头运用金钱控制着资产阶级政党和政客,拥有雄厚资金实力的垄断资本支持政党和候选人展开政治公关、媒体宣传等政治营销活动,利用信息的不对称煽动民粹情绪,甚至挑起种族和宗教矛盾来影响和绑架选民。在资本主义法律体系中,平等权利只具有可能性,要把这种可能性变为现实性,需要强大的经济政治资源作为保障。在资本主义复杂的司法体系中,判决结果往往有利于富有者而不利于平民百姓,不同阶级阶层之间只有法律条文形式上、程序上的平等,而实质上、事实上并不平等。资产阶级依靠资本特权享受到了更多的法律权利,侵犯了广大公民的平等权利。因此,资本主义国家的政治法律制度对广大劳动者来说是虚伪的、具有欺骗性的。

### 3. 阶级阶层对立加剧

在经济全球化条件下,资本的逐利本性变得更加贪婪。随着跨国公司的迅速发展，国际垄断资产阶级与国际工人阶级、管理层与普通员工、脑力劳动者与体力劳动者、主流社会群体与边缘群体之间的矛盾日益突出，这些矛盾的本质还是资产阶级和无产阶级的矛盾。因此，在当代资本主义制度下，工人阶级与资产阶级之间的矛盾虽然改变了形式和范围，但二者之间的对立与冲突并没有消失。

与此同时，发达资本主义国家内部逐步形成了以移民群体、低学历者、退休者、难民等为主体的边缘化人群，产生了远离社会的"下层社会"人群与"上层社会"所谓精英阶层的矛盾、产业工人和属于中等收入阶层的"白领"工人与大资本家之间的矛盾以及不同利益群体之间的矛盾，社会矛盾出现复杂化的趋势并不断加深。当代资本主义国家的民族、种族、宗教之间的冲突，不同阶级、阶层、族群、党派日益撕裂，不断走向尖锐化。近年来，美国持续不断的大规模游行、法国反对延迟退休运动、英国罢工潮持续等事件中，民众走上街头游行示威，甚至发生暴力骚乱，反映出发达资本主义国家社会不同阶层、族群的对立与分裂日趋严重。

资本主义社会阶级阶层的矛盾对立，在经济上表现为贫富悬殊，政治上表现为族群撕裂，宗教上表现为极端化趋势，民族上表现为民族鸿沟等。特别是由于民族、种族、宗教冲突往往具有极强的暴力与恐怖色彩，一些国家和地区内乱频繁发生，排外事件不断激化，枪支犯罪和暴力恐怖事件层出不穷。这不仅影响资本主义国家内部的发展，而且威胁到当今世界的安全与稳定。

### 4. 文化冲突日益加重

当代资本主义崇尚自由主义、个人主义的意识形态，必然排斥以马克思主义为指导的集体主义、社会主义、共产主义思想。资本主义文化作为建立在资本主义经济基础和政治上层建筑之上的价值观念和思想道德，以生产资料的资本主义私有制为基础，以金钱为本位，以个人主义为核心，以为资本统治服务为目的。生活在其中的人们，精神世界必定日趋空虚和颓废，失去崇高的价值追求，在道德和伦理上迷失方向，甚至引发社会危机和灾难。

在资本主义文化体系主导下，个人主义价值观逐步失去约束。为了个人利益不惜损害公共利益，从而导致人与人之间关系冷漠以及社会阶级阶层的严重分裂与对立。拜金主义、享乐主义、极端个人主义价值观盛行，整个社会弥漫着一种怨气和戾气，出于对生活的绝望而极端暴力犯罪的事件层出不穷。

### 5. 生态危机应对乏力

经济全球化条件下的资本全球扩张，加剧了对全球自然资源的掠夺和对生态环境的过度开发，从而加快了对生态系统的破坏，造成了资源浪费、环境污染、生态失衡，自然资源面临枯竭的危险。资本对利润的无节制追逐，使资本扩张盛行，带来自然资源的盲目开发。当今全球范围内出现的生态危机，是资本对自然疯狂占用所产生的恶果，实际反映了资本主义条件下资本与自然关系的恶化。

在经济全球化过程中，当代资本主义国家为了保护本国资产阶级奢侈挥霍的生活方式，不愿意降低本国的碳排放标准，而是把高耗能、高污染的产业转移到发展中国家，把生态环境的污染、不合理的资源开发和使用扩散到全世界，虽然缓解了本国的环境污染和生态破坏，却在更大范围加剧了生态危机，对发展中国家欠下了生态债务，从而造成南北矛盾不断激化。

## 二、当代资本主义乱象丛生的根本原因

当代资本主义乱象丛生的根本原因，在于资本主义私人占有制无法容纳日益全球化的社会生产力，资本主义基本矛盾尖锐化势所必然。

## 1. 劳资矛盾的新对抗

资本是能够带来剩余价值的价值，追逐最大限度的利润是它的本性。在资本主义国家，随着垄断的不断加剧，资本逐利的情况更为严重。资本对利润永不知足的贪婪，推动着生产规模的无限扩大，雇佣劳动者的生产不断满足着资本的欲望。为追逐剩余价值，掩盖资本对劳动剥削程度的加重，避免雇佣劳动者的反抗，缓解工人与资本家之间的矛盾，资本主义国家往往采取"工人购买股票""社会福利政策"等措施，同时鼓吹个人选择自由、机会平等、程序正义等，欺骗广大劳动者，企图使资本主义剥削制度永恒化。

当代资本主义的劳资矛盾发生了深层次变化。随着当代科学技术尤其是信息技术的发展，雇佣劳动者对资本的隶属程度前所未有地增加，金融资本的强势和劳动过程的数字化趋势使劳动收入与资本收入的差距日益扩大，资本与劳动的关系更加脆弱，劳动者承受着更多风险，资本主义社会不平等和贫富差距日益增大。联合国发布的《2022年世界社会报告》显示，世界2/3人口所在国家的收入不平等状况正在加剧。法国学者托马斯·皮凯蒂认为，极富阶层的大部分收入并非来自他们的劳动收入，而是来自他们已有资产的增值。根据美国商务部人口调查局的报告，美国基尼系数从2019年的0.481上升至2021年的0.494，维持在历史高位。

## 2. 少数发达国家与广大发展中国家的对立

当今世界，发达资本主义国家利用其在资本、技术、信息等方面的垄断优势，通过国际产品、技术、资金、劳动力、信息的不平等交换，攫取发展中国家的剩余价值。例如，利用其在一系列高科技产品的开发、生产和销售方面的垄断地位，采取各种手段操纵国际经济组织，干预国际经济事务，把自己的意志强加于发展中国家，实行经济殖民主义，造成这些国家长期存在经济科技落后、发展资金匮乏、债务负担沉重、贸易条件恶化、金融风险增大等问题。而在这一过程中，发达资本主义国家则最大限度地实现了自己的利益。

发达资本主义国家与发展中国家在利益分配上的不平等，必然带来世界范围内的两极分化。根据瑞士信贷发布的《全球财富报告 2022》，全球最富裕的 10% 人口持有的财富占全球总财富的比例约为 82%，而全球最贫困的 50% 人口持有的财富占比不到 1%。这说明，马克思在 19 世纪中期揭示的资本主义积累的一般规律，在当今发达资本主义国家与发展中国家之间差距扩大中再次得到了证实。

### 3. 资本主义制度内在矛盾交织深化

以生产资料私有制为基础的资本主义制度，本质上是维护资产阶级利益的，资源配置也是以资本追求最大剩余价值为导向的。资本主义基本矛盾贯穿整个资本主义制度的运行之中，通过经济、政治、文化等矛盾的交织深化表现出来，这是当代资本主义乱象丛生的根本原因。

当代资本主义的经济矛盾，包括资本收入日趋扩大与劳动者收入增长滞缓甚至相对下降之间的矛盾、资本扩张与生态失衡之间的矛盾、虚拟经济与实体经济之间的矛盾等。这些矛盾的激化，必然导致资本以股票、债券等形式，掩盖资产阶级对巨额社会财富的占有，掩盖劳动者受剥削、受奴役的地位；导致以工会与企业关于工资和劳动条件的谈判，掩盖劳动者被剥削的实质，掩盖雇工与资本所有者的不平等地位；导致资源浪费、环境污染、生态失衡，从而使资本与自然的关系趋于恶化。当代资本主义的政治矛盾，包括利益集团操纵与主权在民的矛盾、资本主义私有制与民有民享的矛盾、资产阶级统治权力的统一性与内部分权制衡的矛盾等。这些矛盾的激化，必然导致资本主义民主制度的狭隘性、虚伪性、欺骗性；导致法律表面上的平等而实质上的不平等，法律成为金钱特权的"护身符"；导致大资本集团、大利益集团、上层精英群体对政府政策的控制，乃至对整个社会话语权的控制。当代资本主义的文化矛盾，包括物质文明发展与精神世界衰落之间的矛盾、科学技术发展与个人发展空间日益受限之间的矛盾、社会整体与个人主义之间的矛盾等。这些矛盾的激化必然导致人被物欲支配，拜金主义、享乐主义盛行；导致人被资本和技术控制，人失去自身价值和崇高信念；导致人的需要、心理机制被扭曲，精神空虚、道德失范、信仰缺失等问题广泛存在；导致对个人主义、自由主义意识形态的崇尚。

总之，当代资本主义经济矛盾、政治矛盾、文化矛盾等交织深化，使当代资本主义社会乱象丛生，阻碍了当代人类社会的发展，使当今世界陷入动荡和危机之中。

### 三、国外学者对当代资本主义的反思和批判

面对资本主义存在的各种问题，包括当代国外马克思主义在内的一些社会思潮和流派，对当代资本主义反思和批判的声音持续不断，并从不同领域、不同层面作了较为深刻的分析，为认识当代资本主义提供了不同视角。

> 当代世界马克思主义思潮，一个很重要的特点就是他们中很多人对资本主义结构性矛盾以及生产方式矛盾、阶级矛盾、社会矛盾等进行了批判性揭示，对资本主义危机、资本主义演进过程、资本主义新形态及本质进行了深入分析。这些观点有助于我们正确认识资本主义发展趋势和命运，准确把握当代资本主义新变化新特征，加深对当代资本主义变化趋势的理解。
>
> ——习近平

#### 1. 对资本主义系统性危机的分析

2008 年国际金融危机以来，资本主义陷入经济、政治、文化、社会、

生态等系统性危机之中。埃及学者萨米尔·阿明认为，系统性危机是资本主义文明的一种全面危机，这种危机既具有长期性也具有持续性，危害到人民大众和中产阶级的利益，危害到全球经济增长的速度，因此既是经济危机，也是政治危机，是发达国家和发展中国家之间的危机。法国学者保罗·若里翁也认为，资本主义体系深陷困境，它作为一个不稳定的系统，总是不停地促成资产集中，最后导致游戏玩不下去；资源的消耗、殖民活力的终结、经济体的过度负债、新竞争者的崛起让它的回旋余地显著减小。美国学者约翰·罗默认为，资本主义制度是人剥削人的制度，是不公正的制度，资本主义剥削已失去了继续存在的必要性，消灭资本主义剥削必须以生产资料公有制取代资本主义私有制。

在资本主义结构性危机、政治危机、社会危机、生态危机等方面，国外学者也进行了较为深入的分析批判。法国学者热拉尔·杜梅尼尔从资本主义结构性危机的角度阐明了新自由主义制度与金融危机的内在联系，认为结构性危机包括"利润率危机""霸权危机"，"毫无节制地追求高收入"和"不可持续的宏观经济路线"导致了金融危机。美国学者约瑟夫·斯蒂格利茨指出，美国所谓的"给予每个人机会"已经空乏，机会平等只不过是个虚构的神话。美国学者大卫·科茨认为，国际金融危机和新冠疫情表明，新自由主义不能为大多数人带来繁荣，它只是为少数人服务的，只有社会主义才是为多数人服务的。美国学者约翰·贝拉米·福斯特认为，资本主义与生态环境之间存在着根本的矛盾和冲突，生态和资本主义是互相对立的两个领域，这种对立不是表现在每一个实例之中，而是作为一个整体表现在两者的相互作用之中。

### 2. 对资本主义政治制度的反思

国际金融危机之后，资本主义政治制度困境丛生。面对当代资本主义社会的这一问题，一些国外人士对资本主义政治制度的本质和弊病进行了深刻分析与批判。

一是资本主义政治制度效率低下。国外有学者认为资本主义政治制度正处于"功能不良"状态——短视化、缺乏长远考虑，难以选贤举能，无法对国家进行有效治理。政党恶斗相互掣肘，决策效率低下，激化社会矛盾。目前资本主义国家的代议制民主和选举，并非真正意义上的民主，而是为资本集团所绑架的"金钱民主"，民主已处于严重的赤字状态。

二是资本主义政治已蜕变为"金钱政治"和"特权政治"。资本主义政治制度是一种为少数人服务、同私有制相适应的政治上层建筑，是资产阶级精英统治下的民主，选举是有钱人的游戏，是资本玩弄民意的过程，自由和民主只是一句空话。加拿大学者艾伦·伍德认为，资本主义社会自由市场与民主是根本对立的，经济与政治的分离造成了实质上的经济强制和形式上的政治民主。

三是在世界范围内强行推广资本主义政治制度和价值观。美国学者乔姆斯基认为，美国以极不民主的方式在全球范围内推行"美国式民主"，扶植代理人以独裁或专制方式控制广大发展中国家，是打着民主旗号却行遏制民主之实的真正的"恐怖国家"。作为全球超级大国，美国一直声称其有权对世界上任何"失败的国家"实施干预、制裁甚至入侵，有权实施"长臂管辖"，重塑和改造其他国家。但美国本身就具有那些所谓"失败的国家"的特征，其政治制度正处于严重危机之中。

### 3. 对资本主义文化霸权的批判

经济全球化的发展使各地区、各民族联系日益密切，特别是互联网的发展大大促进了不同文化背景的人群之间的交流。在这种大规模的交流中，发达资本主义国家把文化作为侵略工具，大肆推行文化扩张政策，利用话语霸权消解发展中国家的文化，从而更好地实现自己的目的。

国外学者对资本主义文化霸权进行了比较深入的分析和批判。美国学者赫伯特·席勒概括了"文化帝国主义"的四个主要特征：其一，它是世界性、多国性、独占性资本主义制度的一部分，文化霸权导致一些国家的传统文化濒于灭亡；其二，发达资本主义国家凭借在微电子技术和卫星技术领域中的领先地位，在国际传播市场取得独尊地位；其三，它迫使第三世界国家输入发达资本主义国家的科技文化，以至于严重妨碍其传播体系的独立建设和发展；其四，科技产品的引进和使用具有浓厚的意识形态色彩。美国学者弗雷德里克·詹明信认为，美国在推行经济全球化的同时，也在不遗余力地向世界推广美国文化，在美国文化的冲击下，世界各个地方的文化"只有成为迪斯尼式的，只有被构造成为人造赝品，只有在传统与信仰被幻化成为单纯的图案，这些地方性文化才可能获得再生"。美国学者佳亚特里·斯皮瓦克和霍米·巴巴等，批判发达资本主义国家以其强大的科技、经济优势，将其价值观和意识形态通过各种传媒强行并入世界文化的运行机制中，灌输给发展中国家，认为这是一种赤裸裸的文化殖民主义。美国学者约翰·贝拉米·福斯特把当代帝国主义称为"晚期帝国主义"，认为晚期帝国主义既是经济停滞时代，又是美国霸权衰落和全球代谢断裂时代，在其目标上比以往任何时候都更具侵略性，在意识形态上诉诸新自由主义甚至新法西斯主义，代表了资本主义世界秩序的历史终点。

## 第三节　当代资本主义的演变趋势

西方资本主义国家曾经是经济全球化的引领者和世界经济增长的发动机，"现代化"也一度被等同于"资本主义化"。但是，随着资本主义经济危机和社会危机的频发，其固有社会矛盾不断激化，难以得到有效解决，资本主义逐步衰落成为不可逆转的趋势。

## 一、当代资本主义的新变化

资本主义生产关系会随着社会生产力的发展而发生变化。"资产阶级除非对生产工具，从而对生产关系，从而对全部社会关系不断地进行革命，否则就不能生存下去。"① 科技革命和经济全球化的深入发展，促使当代资本主义发生一系列新变化。

### 1. 当代资本主义新变化的主要表现及其原因

马克思、恩格斯在《共产党宣言》中指出："生产的不断变革，一切社会状况不停的动荡，永远的不安定和变动，这就是资产阶级时代不同于过去一切时代的地方。"② 随着经济全球化的深入发展，垄断资本从国内垄断发展为国际垄断，把垄断资本主义推进到新阶段，使以发达国家为代表的当代资本主义发生了新的变化。

在社会生产力方面，随着科技革命和经济全球化的发展，资本流动全球化、社会生产信息化和经济构成虚拟化成为重要趋势，建立在新兴技术基础上的数字经济，成为引领经济增长和社会发展的重要力量，导致发达资本主义国家产业结构在比重上呈现出第三产业高于第二、第一产业的趋势。与产业结构的变化相适应，就业结构也出现了第三产业的比重高于第二、第一产业的状况。劳动者技能不断提高，劳动对象不断得到拓展，生产手段自动化程度日益提升。这一变化显现了当代资本主义对生产力发展仍具有一定的弹性。

在所有制关系方面，资本主义国家在坚持和巩固资本主义私有制的同时，不断调整资本的占有形式，以确保在不改变生产关系的前提下，在一定程度上满足生产力发展的要求。联合起来的垄断资本集团的占有

---

① 《马克思恩格斯选集》第一卷，人民出版社 2012 年版，第 403 页。
② 《马克思恩格斯选集》第一卷，人民出版社 2012 年版，第 403 页。

发展为代表整个资产阶级的国家占有，国家经营或国家与私人共同经营成为占有的重要方式，跨国联盟作为超国界的经济实体在世界范围越来越起着主导作用。垄断资本集团占有的目的更在于维护资产阶级国家的整体利益，维护整个资本主义制度。从当代主要资本主义国家的情况来看，随着所有权与经营管理权的分离，法人资本所有制已成为资本主义私有制的主体。它虽然在形式上由各类法人相互持股，共同占有生产资料，但实质上却是少数法人股东即金融寡头通过控股，层层控制中小企业，从而支配大量的社会财富，操纵国家经济命脉。

在分配关系方面，资本主义国家在坚持按资分配为主的前提下，普遍推行了主要满足资本家对剩余价值的攫取，同时又运用税收杠杆和福利补贴形式来适当调节收入分配的政策。尽管当代资本主义国家作为"福利国家"已经穷途末路，但迫于劳动者对实现社会公平的强烈要求和资产阶级维护社会稳定的需要，这些国家仍然尽力维持原有社会保障和社会福利水平。随着国民收入再分配的比例加大，劳资矛盾在一定时间、一定范围、一定程度上有所缓和。但是，这并没有从根本上改变劳资矛盾的性质和对立的本质。

在阶级结构方面，当代资本主义社会发生了新变化。资产阶级内部出现了数量巨大的"剪息票"阶层，产生了高级经理人阶层，形成了多样化的国际金融垄断阶层。随着知识型和服务型劳动者数量的不断增加，工人阶级内部层级结构也逐渐分化，传统意义上以产业工人为主体的工人阶级的范围正在不断缩小，包括管理者阶层、自由职业者、知识分子等在内的中等收入阶层呈现扩大趋势。随着资本主义管理体制的发展，雇佣工人包括了属于中等收入阶层的"白领"，与资本家之间的矛盾呈现复杂化趋势。

当代资本主义发生新变化的原因主要有：一是科技革命和生产力的发展，是资本主义发生新变化的根本推动力量。发达资本主义国家通过新科技革命，生产力得到快速发展，劳动生产率提高，产业结构不断改善。二是工人阶级争取自身权益的斗争，是资本主义发生新变化的重要推动力量。发达资本主义国家的工人阶级为提高工资、改善劳动条件和生活条件开展斗争，迫使资产阶级作出一些让步、进行某些社会变革，增加社会福利。三是社会主义的发展对资本主义制度构成挑战，促使资产阶级在吸取和总结社会主义国家成功经验的基础上，对资本主义社会制度和运行机制进行某种程度的改良和调整。四是主张改良主义的资产阶级政党在不触动资本主义制度的前提下，对生产关系的个别环节进行调整。当代资本主义发生的新变化，是经济全球化推进、科技革命新发展的结果，也是社会主义发展迫使其发生的变化，同时反映了资本主义仍具有一定程度的自我调节能力，表明了当代资本主义还具有一定的生命力。

### 2. 当代资本主义新变化的实质

当代资本主义发生的新变化，从根本上说是人类社会发展一般规律和资本主义经济规律作用的结果。在当代资本主义条件下，科学技术的不断进步和生产社会化程度的不断提高，必然要求调整和变革那些不适应生产社会化要求的旧的生产关系。这种在人类社会发展一般规律和资本主义基本矛盾推动下的生产关系的变化，是资本主义生产方式为适应生产力发展要求而作出自我调节的结果。

当代资本主义发生的新变化，是在其制度基本框架内的变化，并不意味着生产关系的根本性质发生了变化。资本主义制度是建立在生产资料私有制和雇佣劳动基础上的剥削制度，无止境地追求最大限度的剩余价值，是资本主义制度的基本规律。只要生产资料私有制和雇佣劳动还存在，只要生产剩余价值的规律还发生作用，资本主义生产关系的根本性质就不会发生变化。从当代资本主义发展的实际情况来看，生产资料私有制依然是其基本经济制度，作为资本主义生产方式本质特征的资本雇佣劳动制度依然存在并运行着。资本追逐剩余价值的本性没有改变，改变的只是获取剩余价值的方式和方法。资本占有的社会性提高了，但是资本在社会经济关系中的支配地位并没有根本改变。传统的工人阶级队伍发生了分化，资本与新型的劳工阶层之间的支配与反支配、剥削与反剥削的斗争依然在进行。社会福利制度缓和了资本主义分配关系的矛盾，但是并没有改变导致财富占有两极分化的制度基础，社会最富有的阶层与最贫穷的阶层之间在财产占有上的鸿沟不是在缩小，而是在继续扩大。

## 二、资本主义内部"新社会因素"的成长

尽管当今世界经济全球化遭遇逆流，但是资本主义越来越融入世界经济一体化中，无法离开国际社会孤立发展。当代资本主义在社会化大生产、新科技革命、经济全球化以及与社会主义国家竞争的压力推动下，借鉴社会主义的一些做法，改善了生产关系某些环节和经济社会运行、管理的一些机制，使"新社会因素"逐渐出现在资本主义社会之中。

### 1. 资本主义孕育着"新社会因素"

关于资本主义社会内部孕育"新社会因素"的问题，马克思、恩格斯在《共产党宣言》中指出："当人们谈到使整个社会革命化的思想时，他们只是表明了一个事实：在旧社会内部已经形成了新社会的因素，旧思想的瓦解是同旧生活条件的瓦解步调一致的。"[1] 这指明了"新社会因素"在资本主义内部孕育的事实。

马克思认为："在以交换价值为基础的资产阶级社会内部，产生出一些交往关系和生产关系，它们同时又是炸毁这个社会的地雷。"[2] 在《资本

---

[1] 《马克思恩格斯选集》第一卷，人民出版社 2012 年版，第 420 页。
[2] 《马克思恩格斯文集》第八卷，人民出版社 2009 年版，第 54 页。

论》第三卷中，马克思进一步指出："资本的文明面之一是，它榨取这种剩余劳动的方式和条件，同以前的奴隶制、农奴制等形式相比，都更有利于生产力的发展，有利于社会关系的发展，有利于更高级的新形态的各种要素的创造。因此，资本一方面会导致这样一个阶段，在这个阶段上，社会上的一部分人靠牺牲另一部分人来强制和垄断社会发展（包括这种发展的物质方面和精神方面的利益）的现象将会消灭；另一方面，这个阶段又会为这样一些关系创造出物质手段和萌芽，这些关系在一个更高级的社会形式中，使这种剩余劳动能够同物质劳动一般所占用的时间的更大的节制结合在一起。"① 在这里，马克思已经明确地说明了"旧社会"中孕育的"新社会因素"，为更高级社会形态的形成创造了物质条件。

马克思晚年在研究东方社会问题时，更加清晰地提出：资本主义生产"本身已经创造出了新的经济制度的要素，它同时给社会劳动生产力和一切生产者个人的全面发展以极大的推动；实际上已经以一种集体生产方式为基础的资本主义所有制只能转变为社会所有制"② 。马克思、恩格斯关于资本主义社会内部孕育"新社会因素"的思想，对于全面认识当代资本主义的本质具有重要的指导意义。

## 2. 当代资本主义"新社会因素"的表现

当代资本主义社会内部孕育和生长"新社会因素"，是资本主义发展的必然结果。"新社会因素"是为未来新社会的产生准备条件的因素，是未来新社会的"物质准备"或"物质条件"，而不是未来社会制度本身。当代资本主义社会孕育的"新社会因素"主要表现在如下方面：

第一，资本的社会化。当代资本主义社会的资本虽然没有"失掉它

---

① 《马克思恩格斯文集》第七卷，人民出版社 2009 年版，第 927—928 页。
② 《马克思恩格斯选集》第三卷，人民出版社 2012 年版，第 729 页。

的阶级性质"，但已经社会化了，主要表现在：国有经济的发展使生产资料的国家占有空前壮大，各主要资本主义国家的国民财富 1/3 以上由国家直接支配；以股权社会化为特征的股份制经济成为主要经济组织形式，并呈现出股权分散化与控股法人化态势增强的趋势；合作经济广泛存在于生产、分配、交换和消费各个领域，并已成为国民经济中适应社会化大生产要求的不可或缺的重要组成部分，发挥着不可替代的作用。

第二，经济的计划化。在当代资本主义的发展中，国家宏观调控已贯穿社会再生产的全过程，国家越来越深入地介入社会经济生活的内部，直接参与、控制和干预社会经济的运行，在经济体制和经济机制、产业结构升级等方面，不断进行自我调节和调整，生产的计划性大大增强。2008 年国际金融危机之后，当代资本主义国家采取的一些宏观调控政策，如减少财政赤字、中性货币政策、调整利率和货币供应量、拓展海外市场等，都是国家宏观调控的手段。虽然这些政策在资本主义制度范围内的作用有限，并且是追求利润最大化的需要，但反映了当代资本主义发展中孕育着"新社会因素"的事实。

第三，社会保障的加强。马克思、恩格斯在《共产党宣言》中强调，无产阶级夺取政权成为统治阶级后，要实行诸如征收高额累进税、对所有儿童实行公共的和免费的教育等重要措施。这些措施是在社会主义制度建立后实行的。当代资本主义在自身的范围内已经形成了包括最低工资限额、低收入补贴、失业救济、医疗保险、养老保险、教育补贴等种类繁多、覆盖面广的社会保障体系。在西欧、北欧国家，社会福利已不仅表现为社会救济，而且表现为法律规定的公民权利。

第四，企业民主管理水平的提升。当代资本主义为缓和劳资矛盾，在企业内部通过实行"共同决定制度"，建构劳资之间对话与合作的机制。"共同决定制度"要求企业必须吸收若干名工人进入董事会，参与企业管理，以保障工人在工作、生活等方面的权利。这一制度的推行，在一定程度上改善了资本主义企业内部的劳资关系，缓和了劳资双方的对立态度，使赤裸裸的雇佣关系蒙上了一层温情脉脉的面纱。

### 3. 正确认识资本主义"新社会因素"

当代资本主义社会孕育的"新社会因素"，包含着一定的进步性，但这些进步因素又不具有社会制度的本质属性。同时，这些"新社会因素"在资本主义框架内存在着许多难以克服的障碍和问题。我们既要认识到这是当代资本主义国家在其发展过程中进行自我调节、改善和改良的必然结果，也要看到私有制的存在使当代资本主义基本矛盾不可避免地持续深化，且这一基本矛盾是其自身无法克服的。

社会主义与资本主义相互吸收有利于自身的因素发展自己，相互之间加强交流与合作，已经成为当代世界发展的新特点。社会主义作为资本主义的对立面和批判者，自身的发展带给资本主义很多启示。一些西方学者，如荷兰学者简·丁伯根、美国学者兹比格涅夫·布热津斯基、美国学者阿尔温·托夫勒等，从不同层面提出了社会主义与资本主义"趋同"的理论。这一理论认为，伴随经济全球化和科学技术革命的迅猛发展，资本主义和社会主义在意识形态、社会制度等方面虽然存在明显差异，但它们在某些特点上如科学技术的创新、计划与市场的结合、收入分配政策的变化等，正显示出越来越接近的趋势，在相互吸收对方长处中融合成一种既不是资本主义也不是社会主义的新的社会制度。

"趋同论"的错误在于：第一，它割裂了科学技术的发展与经济社会形态之间的关系，在完全脱离经济社会形态的基础上，阐释当今世界科学技术的进步给人类发展带来的巨大变化，用以科学技术水平为标准划分的技术社会形态片面取代以生产关系为标准划分的经济社会形态。其实，在特定经济社会形态中，科学技术作为生产力的重要内容，是推动生产关系发生变革的动力，但在全部的生产力还未发挥出来之前，在生产关系面对生产力的发展还可以调整自身之时，经济社会形态不会发生根本性质的变化。第二，它运用描述经济运行过程外部现象的方法，错误地把资本主义国家和社会主义国家随着科学技术的发展而发生的极大变化当作本质，把国有化、计划化、股份化和收入均等化等这些资本主义生产关系在一定范围、一定程度的调整当作资本主义性质的变化，把影响经济体制变化的计划、市场等因素当作经济制度的因素，以现象的描述代替本质的分析，得出违背客观事实的结论。第三，它混淆了资本主义与社会主义在社会制度上的根本区别。资本主义社会中科学技术的发展虽然使劳动者的生活状况得到改善，但他们受奴役、受剥削的社会地位并没有改变；资本主义国家职能的加强是建立在维护垄断资本利益的基础上的，和社会主义国家建立在维护劳动人民利益基础上的宏观调控，有着本质的不同。国家制度的本质是社会各阶级阶层在国家中的地位问题，社会主义国家以人民为中心，而资本主义国家中人民终究是雇佣劳动者，两者不能混淆。

资本主义出于维护和完善自我的需要，借鉴了社会主义制度和社会主义改革建设中的一些成功经验和做法，一定程度上缓和了资本主义基本矛盾，为生产力提供了新的发展空间。同样，社会主义在发展中吸收人类文明的最新成果，推进生产关系的发展和完善，也是非常必要的。因此，我们不能不加分析地认为，资本主义"新社会因素"的生长表明了社会制度的"趋同"，或者社会主义吸收人类文明最新成果也反映了社会制度的"趋同"。当代资本主义孕育的"新社会因素"，实际上奠定了资本主义向更先进生产关系过渡的社会物质基础，但这一过程必然是长期甚至曲折的历史发展过程。

### 三、社会主义是资本主义自我否定的必然出路

当代资本主义内部虽然孕育着"新社会因素"，但又引发了深层次的问题交织和重重矛盾，这仅仅依靠资本主义自身调整是无法根本解决的。只有从根本上超越资本主义，才能解决矛盾，走出困境。这是历史发展

的必然趋势，也是一个长期的历史过程。

### 1. 当代资本主义难以自救

当代资本主义的新变化，没有改变资本主义制度的本质。国际金融垄断资本主义的发展，进一步加剧了资本主义基本矛盾。事实证明，资本主义所能容纳的生产力的空间不多，转移国内矛盾和危机的可能性越来越小，自我调节、局部改革的余地越来越窄。当代资本主义陷入了"两难境地"：一方面，为了给资本主义的发展增添生机活力，克服系统性危机带来的各种危害，就必须进行生产关系局部调整，采取各种措施以缓和资本主义基本矛盾和各种社会矛盾；另一方面，为了不改变资本主义制度本身，它的各种调整和自救总是处在自相矛盾中。例如，在强化资本社会化的同时，不改变资本所有权的私有性质；在实行国有制经济的同时，彰显全体资产阶级的公共所有制；在采取各种防危机、反危机措施的同时，回避危机爆发的根源；在提高人民福利待遇的同时，不改变工人阶级受剥削、受奴役的地位；在大力发展物质文明的同时，不根除资本主义制度的腐朽性和颓废性等。

当代资本主义的"两难境地"说明，任何不触及资本主义制度本身的调整、改良，都不可能真正医治资本主义的"痼疾"，不可能改变其根本性质。同时说明，解决资本主义社会存在的各种矛盾和问题，不可能靠修修补补的调整和改良，必须依靠社会制度的更替。"一方面，资本主义生产方式暴露出它没有能力继续驾驭这种生产力。另一方面，这种生产力本身以日益增长的威力要求消除这种矛盾，要求摆脱它作为资本的那种属性，要求在事实上承认它作为社会生产力的那种性质。"[1] 因此，适应生产力发展需要，以生产资料公有制为基础的社会主义代替以生产资料私有制为基础的资本主义，是人类社会的必然选择。

---

[1]　《马克思恩格斯选集》第三卷，人民出版社 2012 年版，第 808 页。

## 2. 社会主义是资本主义的唯一出路

人类社会的更迭是一个自然历史过程。在社会基本矛盾的运动中，人类社会是由原始社会走向奴隶社会、封建社会，由封建社会走向资本主义社会，再由资本主义社会走向社会主义社会和共产主义社会的历史发展过程。这深刻说明在人类历史发展的长河中，资本主义不是永恒的、绝对的社会制度，社会主义取代资本主义是历史的必然。但是，资本主义向社会主义过渡的行程能否缩短，取决于资本主义内在否定力量自身的成熟程度，取决于资本主义与社会主义在世界范围内的力量对比。

马克思曾指出："工人总有一天必须夺取政权，以便建立一个新的劳动组织"，"但是，我们从来没有断言，为了达到这一目的，到处都应该采取同样的手段"，"我们知道，必须考虑到各国的制度、风俗和传统"。①随着世界多极化、经济全球化深入发展，资本主义与社会主义两大社会制度由对立性并存转换为合作性、竞争性并存，当代资本主义社会内部阶级矛盾趋于缓和、阶级力量对比发生变化、"新社会因素"逐渐成长，在这种时代条件下以什么样的方式实现资本主义向社会主义的过渡，必须根据时代变化的特点、阶级力量的对比以及社会条件的成熟程度来确定。

资本主义社会的发展演化过程，也是人类探索走向现代化的历程。历史发展到今天，靠走资本主义发展道路真正实现现代化成为发达国家的只是少数。从历史上看，发达资本主义国家大多是依靠军事扩张、殖民统治、经济掠夺、政治控制和金融霸权等手段，牺牲不发达国家的自然资源和转嫁国内发展成本实现现代化的。这种通过发展资本主义实现现代化的道路与模式是野蛮的、不可持续的，对于不发达国家和发展中国家而言，不具有可借鉴性和可复制意义。资本主义现代化道路，即使对于发达国家而言，也面临着自身无法克服的矛盾和问题，难以为继。

---

① 《马克思恩格斯全集》第十八卷，人民出版社 1964 年版，第 179 页。

无论是发达国家还是发展中国家，最终必然向社会主义过渡。

## 📑 分析与思考

1. 西方资本主义国家曾经是经济全球化的引领者和世界经济增长的发动机，"现代化"也一度被等同于"资本主义化"，但是，随着资本主义经济危机和社会危机的频发，当代资本主义逐步衰落已是不争的事实。结合当代资本主义新变化，谈谈你的认识。

2. 20世纪90年代以来，资本主义世界不断爆发金融危机，2008年国际金融危机的影响至今没有消散。请运用马克思主义经济危机理论分析国际金融危机爆发的原因、实质和根源。

3. 当代资本主义在经济、政治、文化、生态等方面出现了一系列社会问题，深陷系统性困境之中。当代资本主义"新社会因素"的出现，是其活力的展示，还是其必然向社会主义过渡的历史动向？请谈谈你的看法。

# 第八章　当代社会主义

世界社会主义发展的历史，是人类为摆脱资本主义的剥削制度、实现更美好社会制度和社会生活的探索进程，是无产阶级求得人类解放和自身解放的奋斗进程。在这一进程中，社会主义从空想到科学、从理论到实践、从一国到多国，始终代表人类的前进方向，不断推动着社会历史的伟大变革，展示出强大的生命力和影响力。在世界百年未有之大变局加速演进的背景下，科学社会主义在 21 世纪的中国焕发出新的蓬勃生机，世界范围内社会主义和资本主义两种社会制度的历史演进及其较量发生了有利于社会主义的重大转变。

## 第一节　世界社会主义在探索中前进

世界社会主义 500 多年的发展历史，波澜壮阔、跌宕起伏，既有高歌猛进，又有曲折坎坷。在世界历史长河中，500 多年不算漫长，但社会主义带给人类的物质财富和精神财富却极为丰盛、极为醇厚。特别是当代社会主义在经历重大考验之后，依然保持着旺盛生机和活力，在探索中不断前进，在改革中不断发展，在 21 世纪展现出走向振兴的光明前景。

## 一、社会主义在开拓中发展

全面认识当代社会主义，要从世界范围、历史视角进行观察和分析，从当今世界百年未有之大变局和中华民族伟大复兴战略全局中把握。当代社会主义尽管遭遇过各种挫折与挑战，但是科学社会主义作为一种超越资本主义的真理，所追求的消灭剥削、实现社会平等，实现每个人自由而全面发展，人类彻底解放，从必然王国到自由王国的飞跃等，为人类文明发展和社会历史进步指明了正确航向，始终占据着人类真理和道义的制高点，这是社会主义具有不可遏制的生命力和感召力的根本原因。

### 1. 正确看待当代社会主义的曲折发展

科学社会主义刚刚问世时，曾经被当作在欧洲游荡的"幽灵"。"为了对这个幽灵进行神圣的围剿，旧欧洲的一切势力，……都联合起来了。"[①]科学社会主义从一开始就被资产阶级视为"异端"，受到排挤和打压。但科学社会主义很快就传遍了欧洲，成为工人运动的指导思想。俄国经过十月革命，建立了世界上第一个社会主义国家，社会主义从理论变成了现实。第二次世界大战胜利后，世界上 1/3 的人民生活在社会主义制度下。然而，新生的社会主义国家在没有历史经验可供借鉴的情况下，把马克思主义基本原理同本国具体实际结合起来，坚持和发展具有本国特色的社会主义，必须在实践中反复摸索和开拓，必然会经历不少曲折和挑战，包括东欧剧变、苏联解体这样的严重挫折。因此，要运用辩证唯物主义和历史唯物主义的立场观点方法，科学分析社会主义遇到的曲折，从中汲取历史教训，更好地坚持和发展社会主义。

第一，从人类社会发展的基本规律来看，生产力与生产关系、经济基础与上层建筑的矛盾运动必然存在于新旧事物的矛盾斗争过程中。由

---

① 《马克思恩格斯选集》第一卷，人民出版社 2012 年版，第 399 页。

于矛盾发展的不平衡性，新旧事物之间往往需要通过长期斗争和反复较量，使得矛盾双方力量对比发生变化，新事物才能最终战胜和取代旧事物。在人类社会形态的更替过程中，任何一种新生社会形态的产生发展和定型完善都需要一个过程，有时甚至要经历多次反复。在人类历史上，奴隶社会后期到封建制度的确立，封建社会后期到资本主义制度的确立，都经历了革命与复辟、胜利与挫折的长期斗争和反复较量。列宁指出："设想世界历史会一帆风顺、按部就班地向前发展，不会有时出现大幅度的跃退，那是不辩证的，不科学的，在理论上是不正确的。"①

第二，从社会主义的发展规律来看，社会主义是人类历史进程中比资本主义更高级的社会形态和更合理的社会制度。社会主义作为一种全新的社会形态，同历史上已经出现过的社会形态有着本质的区别。它要从根本上变革剥削阶级和剥削制度赖以存在的旧的生产关系和上层建筑，建立一个没有阶级压迫、没有剥削、实现人与人之间真正平等和人的自由全面发展的全新社会。正因如此，与以往阶级社会的更替相比，社会主义革命是更为深刻、更为彻底的社会变革，其任务更加艰巨、更加复杂，遭受到的阻力也更大。社会形态演进过程长期性、复杂性、曲折性的特点，决定了社会主义只有通过长期努力奋斗才能够战胜挑战，实现新旧社会形态的历史更替。

第三，从社会主义发展的历史进程来看，社会主义国家建立的起点低于马克思主义经典作家的预期。与马克思主义创始人关于发达资本主义国家将首先取得无产阶级革命胜利的最初预想不同，20世纪诞生的社会主义国家基本上都是在资本主义没有充分发展、经济文化比较落后的条件下建立起来的。这就使得社会主义国家不仅要在政治上、社会形态上跨越资本主义的"卡夫丁峡谷"，而且要在经济、文化、社会、生态文明等综合实力上全面超越资本主义，这必然需要一个长期的建设和发展过程。

---

① 《列宁全集》第二十八卷，人民出版社2017年版，第6页。

第四，从现实的国际环境看，社会主义国家长期处在经济、科技、军事等方面占优势的发达资本主义国家的包围和压制之中。资本主义不会满足于与社会主义"和平共处"，也从来没有放弃颠覆社会主义国家的战略图谋，总是想方设法通过战争威胁、武装侵略、经济封锁、政治分化、文化渗透等途径，破坏和颠覆社会主义制度。在这种复杂的背景下，社会主义国家要正确处理开放发展和捍卫国家主权的关系，在坚决粉碎西方国家围堵打压的同时，捕捉时机冲破西方的封锁，为社会主义创造发展的战略机遇。要解决这一重大现实课题，需要一个长期曲折的历史过程。

## 2. 社会主义遭遇严重挫折的历史教训

第二次世界大战后，社会主义的影响力和感召力空前增强。在社会主义由一国向多国发展的过程中，苏联社会主义模式也在其他社会主义国家推广。苏联社会主义模式是在斯大林领导苏联社会主义建设中逐步形成的，其主要特征是实行单一生产资料公有制和指令性计划经济、权力高度集中的经济政治体制。苏联模式与苏联建立的社会主义制度，是既有联系又有区别的两个范畴。苏联的社会主义制度是人类历史上崭新的社会制度，但由于没有任何先例可循，这一制度在体制机制即模式上存在不少缺陷和弊端。简单照搬、全盘肯定或全盘否定苏联模式，都会给社会主义建设造成危害。

20世纪80年代末90年代初发生的东欧剧变、苏联解体，是社会主义从理想变为现实以来遭遇的重大挫折。发生这一影响世界的重大历史事件的原因是多方面的，教训是极为深刻的。

一是严重背离马克思主义。苏联和东欧社会主义国家的共产党领导人长期机械教条地固守马克思主义经典作家的个别观点和具体结论，思想僵化，导致整个社会逐渐丧失活力。而在长期积累的各种问题和矛盾爆发时，又走向另一个极端，完全否定马克思主义的指导作用，彻底背离马克思主义基本原理和科学社会主义基本原则，转而求助于新自由主义、民主社会主义等西方社会思潮。

二是片面僵化地对待社会主义。苏联模式有其形成的特殊历史条件，尤其是长期处于被资本主义包围的国际环境中。"苏联模式在特定的历史条件下促进了苏联经济社会快速发展，也为苏联军民夺取反法西斯战争胜利发挥了重要作用。但由于不尊重经济规律等，随着时间推移，其弊端日益暴露，成为经济社会发展的严重体制障碍。"[①]斯大林去世后的苏共领导人和照搬苏联模式的东欧社会主义国家，将苏联模式视为建设社会主义的唯一模式长期固守，未能随着时代主题的转变适时进行实质性改革，致使这一模式越来越脱离人类历史发展的潮流。当 20 世纪 80 年代改革遭遇困难阻碍时，苏共领导人又转而推出所谓的"新思维"，奉行民主社会主义改革路线，全面否定和放弃社会主义制度，导致苏联解体。

三是忽视社会主义民主法治建设。苏联和东欧社会主义国家一些领导人把坚持党的领导同发展社会主义民主法治对立起来，忽视党内民主和社会主义民主政治建设，法治不彰，为国内外敌对势力攻击社会主义制度提供了口实。在 20 世纪 80 年代匆忙开展的政治改革中，戈尔巴乔夫又把发展民主法治等同于照搬西方政治制度，否定社会主义民主和共产党的领导，直接导致了苏联亡党亡国的灾难。

四是不能正确处理和解决民族关系和民族矛盾。苏联是有着 100 多个民族的多民族国家，民族问题由来已久且非常复杂。而苏联长期不能正确认识民族问题，未能始终贯彻基于国家认同基础上的民族团结，不能制定和执行正确的民族政策。戈尔巴乔夫时期，更是纵容敌对势力利用民族问题兴风作浪，搞民族分裂活动。西方敌对势力借机挑动民族分裂，制造民族对立和民族冲突，致使民族分离主义泛滥，少数民族共和国纷纷宣布独立，直接导致苏联解体。多数东欧国家也不是单一民族国

---

① 中共中央宣传部：《习近平总书记系列重要讲话读本（2016 年版）》，学习出版社、人民出版社 2016 年版，第 21—22 页。

家，长期以来忽视解决民族问题，民族矛盾尖锐和民族冲突激化，也是造成这些国家社会动乱的重要原因。

五是长期放松党的思想建设。坚定共产主义理想信念是共产党人安身立命的根本。"没有思想上的统一，组织上的统一是没有意义的"[①]。但苏联和东欧社会主义国家共产党在执政过程中，长期忽视党的思想建设，缺乏对西方社会思潮的有效批判和抵制，缺乏党员对党和人民忠诚的制度保障，甚至在重大理论问题上思想混乱，使党丧失了保持先进性、纯洁性的精神支柱和思想凝聚力。意识形态建设对于保持共产党的执政地位具有极端重要性，但戈尔巴乔夫时期的改革"全面否定苏联历史、苏共历史，否定列宁，否定斯大林，搞历史虚无主义，思想搞乱了，各级党组织几乎没任何作用了，军队都不在党的领导之下了。最后，苏联共产党偌大一个党就作鸟兽散了，苏联偌大 ·个社会主义国家就分崩离析了"[②]。正是由于理想信念的动摇和丧失，苏联和东欧各国共产党党内民主集中制遭到严重破坏，基层组织涣散无力；缺乏保持先进性、纯洁性的党自我革命的长效机制，党内形成特权阶层，干部腐化，严重脱离人民群众，官僚主义、形式主义、享乐主义盛行，从而逐步失去人民群众的支持和拥护。这些都是反思东欧剧变、苏共垮台和苏联解体的历史教训时需要深刻记取的。

> 苏联是世界上第一个社会主义国家，取得过辉煌成就，但后来失败了、解体了，其中一个重要原因是苏联共产党脱离了人民，成为一个只维护自身利益的特权官僚集团。即使是实现了现代化的国家，如果执政党背离人民，也会损害现代化成果。
>
> ——习近平

---

[①] 《列宁全集》第五卷，人民出版社 2013 年版，第 247 页。
[②] 《习近平著作选读》第一卷，人民出版社 2023 年版，第 79 页。

## 二、社会主义对人类的巨大贡献

尽管社会主义的发展道路是曲折的，但是社会主义思想的广泛传播、社会主义运动的蓬勃发展、社会主义制度的建立，深刻地改变了世界历史的发展进程和人类文明的前进方向，为人类作出了巨大的历史贡献。

### 1. 社会主义思想指引人类正确航向

空想社会主义尽管对资本主义的弊端进行过揭露和批判，也曾对人类未来的发展方向进行过艰辛探索，其中许多天才设想成为科学社会主义的重要思想资源。但是，由于历史观上的唯心主义，空想社会主义未能科学揭示人类历史发展的客观规律，没有找到实现无产阶级和人类解放的社会力量与正确道路，因而无法指引人类未来的正确发展方向。"空想社会主义没有能够指出真正的出路。它既不会阐明资本主义制度下雇佣奴隶制的本质，又不会发现资本主义发展的规律，也不会找到能够成为新社会的创造者的社会力量。"[①]

马克思、恩格斯之所以能够超越空想社会主义进而创立科学社会主义，是因为他们不是从抽象的伦理道德原则出发，而是以辩证唯物主义和历史唯物主义的科学世界观方法论为指导，科学揭示了人类社会发展的客观规律，特别是资本主义社会的运动规律。他们把资本主义的产生、发展和灭亡看成是一个合乎规律的自然历史过程，并且找到了无产阶级通过阶级的政治解放、经济的社会解放、再到人类解放的正确道路，指明了人类未来社会发展的正确航向。在《共产党宣言》中，马克思、恩格斯揭示了资本主义产生、发展和灭亡的规律，得出了"资产阶级的灭亡和无产阶级的胜利是同样不可避免的"[②]科学结论，并且将未来社会

---

① 《列宁全集》第二十三卷，人民出版社 2017 年版，第 47 页。
② 《马克思恩格斯选集》第一卷，人民出版社 2012 年版，第 413 页。

发展表述为"代替那存在着阶级和阶级对立的资产阶级旧社会的，将是这样一个联合体，在那里，每个人的自由发展是一切人的自由发展的条件"[①]。科学社会主义的创立，把人类对理想社会的美好憧憬变成科学的理论指导，是人类思想史和人类解放史上的一次"壮丽的日出"，迄今依然放射出灿烂的真理光芒。

### 2. 社会主义制度提供历史进步保障

作为一种崭新的社会制度，社会主义的建立打破了资本主义"一统天下"的局面，成为制约资本任性发展的强大力量，奠定了社会公平正义的基础，为人类历史进步提供了根本保障。

在经济领域，生产资料的社会主义公有制，保证了对生产资料的共同占有和劳动者的主体地位，更能适应社会化大生产的需要。按劳分配制度改变了资本主义社会劳者不获、获者不劳的不公平现象，为实现社会财富的共建共享和公平分配、保障社会成员机会均等和事实公平提供了前提条件，从而极大地调动了劳动者的积极性和创造性，为劳动生产率的持续提高奠定了基础。

在政治领域，社会主义真正实现了人民当家作主，充分保障社会成员的基本民主权利，使得社会成员平等地参与国家政治生活、管理社会公共事务成为可能。俄国的十月革命、中国的新民主主义革命和社会主义革命从根本上推翻了人剥削人、人压迫人的制度，在社会主义制度基础上，实现了千百年来先进思想家和劳动人民梦寐以求的社会公平正义的美好理想。

在世界范围内，社会主义制度的存在及其显示出的强大制度优势和治理效能，也迫使当代资本主义不得不对其生产关系和上层建筑进行一定程度的改良和调整。虽然这种改良和调整无法从根本上改变资本主义

---

① 《马克思恩格斯选集》第一卷，人民出版社 2012 年版，第 422 页。

制度和资本主义必然灭亡的历史命运，但是，作为当代资本主义的制约力量，社会主义制度客观上遏制了资本主义的全球扩张和疯狂任性，推进了人类社会发展和文明进步的历史进程。

### 3. 社会主义运动凝聚社会正义力量

资本主义制度代替封建主义制度，在一定范围内极大地解放和发展了社会生产力。"资产阶级在它的不到一百年的阶级统治中所创造的生产力，比过去一切世代创造的全部生产力还要多，还要大。"① 但是，在资本逻辑主导下的资本主义表现出极度的贪婪性和掠夺性：一方面是对自然的掠夺，表现在对自然资源的无节制开采和对自然环境保护的漠视，从而引发生态环境问题；另一方面是对无产阶级和劳动人民劳动成果的掠夺。在资本主义制度下，劳动者与生产资料是分离的。资本主义在追求劳动效率的同时牺牲社会公平，在追求个人利益的同时牺牲公共利益，在追求经济效益的同时牺牲社会效益和生态效益，在放纵资本家个人欲望的同时束缚和剥夺压制无产阶级和劳动人民的生存需求，从而引发种种社会矛盾和社会问题。在掠夺本国无产阶级的同时，资本主义国家基于资本主义生产方式的扩张本性还必然走出国境，推行资本主导的经济全球化，开展全球殖民扩张、对外侵略和掠夺，争夺更为广阔的商品倾销市场和原料产地，从而引发全球性问题。

受制于资本逻辑及资本主义制度的历史局限，自由成为资本家剥削劳动者的自由和发达国家剥削发展中国家的自由，民主成为有钱人的游戏，平等成为抽象的法律条文，人权成为空洞的口号。历史证明，资本主义制度无法兑现其自由、民主、平等、人权的价值理念。与此相反，科学社会主义在理论和实践上都把彻底改变资本主义制度、克服资本无限扩张及其带来的各种社会矛盾和问题、实现社会公平正义作为自己的

---

① 《马克思恩格斯选集》第一卷，人民出版社 2012 年版，第 405 页。

历史使命。

### 三、世界社会主义的最新发展

当今世界进入新的动荡变革期，逆全球化思潮抬头，单边主义、保护主义明显上升，世界经济复苏乏力，局部冲突和动荡频发，全球性问题加剧，人类社会面临安全与发展的双重挑战。解决这些重大时代问题，资本主义拿不出有效的办法，世界范围内"马克思主义热"和"社会主义热"再度兴起。这充分表明，社会主义作为符合人类社会发展趋势的新生事物，具有鲜明的科学性和强大的生命力，虽然时常遭遇挑战和曲折，但不可能被资本主义扼杀，必然会在历史进程中焕发出勃勃生机和活力，并随着时代的发展呈现出新的特点和趋势。

#### 1. 对资本主义的质疑深入制度层面

人们在经历或目睹了资本主义给世界带来的战争灾难、贫富不均、社会不公、道德堕落、人性沦丧、生态危机之后，对社会主义所倡导的社会理想和价值追求日益向往，这为当代社会主义赢得新的发展提供了有利条件。

2008 年国际金融危机爆发，2020 年新冠疫情暴发及在全球蔓延，使那些长期以来被视为亘古不变的资本主义经济信条、政治准则、价值观念等，受到越来越多的质疑和批判。在经济危机、种族危机、能源危机、难民危机的阴霾笼罩下，美国、英国、法国、德国的民众通过集体抗议表达对资本主义制度和治理模式的不满。而西方资本主义各国政府对于如何摆脱系统性危机，至今仍然束手无策。一些西方学者和政要也开始对当代资本主义制度进行反思并且提出了尖锐批评。英国学者克里斯·哈曼指出，虽然危机的表现形式是源于金融部门的危机，但危机的主要原因是资本主义制度自身无法克服的基本矛盾和生产社会化与私有制的对立。美国学者劳伦斯·萨默斯认为，从传统意义上说美国人一直是拥护资本主义的，但近年的民意调查显示，这种情况有所改变，对资本主义持否定看法的美国人比例在上升。

## 2. 世界社会主义和左翼力量进一步壮大

据统计，目前在国外100多个国家中，约有130个政党保持着共产党名称或主张以马克思主义为指导，其中党员人数过万的有30多个。在共产党执政的国家，除中国外，越南、朝鲜、老挝、古巴等社会主义国家，也都在坚持社会主义基本原则和发展目标的前提下，从本国的基本国情出发，进行了不同形式、不同程度的改革和调整，迈出了探索有本国特色社会主义的新步伐。

东欧剧变、苏联解体以来，资本主义国家的共产党经历了危机与变革，但一些共产党仍坚持将马克思主义作为党的理论基础和指导思想，主张从时代环境出发重新认识和发展马克思主义，积极探索替代资本主义的本国化形式。比如，日本共产党提出"在资本主义框架内进行民主改革"；法国共产党提出"新共产主义"理论，主张在资本主义内部进行深刻的社会变革；南非共产党主张要首先进行"民族民主革命"，进而"向社会主义过渡"，建设具有南非特点的社会主义等。"欧洲激进左翼"的主要力量在西欧，目前成为欧洲政坛上的一支重要力量，随着欧盟东扩，它正不断从欧洲其他地区吸收新成员。

俄罗斯、东欧的一些共产党人并没有放弃对社会主义理想的追求，仍在极其艰难的处境中坚持斗争，努力恢复或重建共产党组织，有的成为国内政坛举足轻重的力量，有的甚至在议会和总统选举中获胜过。

拉美地区具有悠久的左翼和社会主义传统，在经历了东欧剧变、苏联解体的巨大冲击和短暂低潮后，进入21世纪，左翼运动开始重新复兴。目前，拉美地区共产党组织得到了重新恢复和发展，以"圣保罗论坛"为代表的左派进步运动也开始崛起。拉美地区左翼和社会主义运动的主要特点是主张社会主义基本原则与拉美实际相结合，并且都根据本国国情和时代特点提出符合自己民族特点的社会主义理论和策略。拉美社会主义理论和政策主张的提出和实践，在拉美地区社会主义运动中产生了比较大的社会影响，在谋求本国发展、彰显国际影响等方面也取得了一些成效。

### 3. 中国是当代世界社会主义的中流砥柱

进入 21 世纪以来，中国作为当代最大的社会主义国家，沉着应对世界金融危机，积极推动经济全球化的健康发展，坚定维护以联合国为核心的国际体系、以国际法为基础的国际秩序、以《联合国宪章》宗旨和原则为基础的国际关系基本准则，反对一切形式的单边主义，反对搞针对特定国家的阵营化和排他性小圈子，推动国际关系向更公平合理的方向变革。中国人民的伟大实践，赓续了社会主义的基因血脉，让科学社会主义焕发出强大生机活力。中国的全面深化改革和扩大对外开放，推动构建人类命运共同体，进一步拓展了社会主义的发展道路。中国共产党团结带领全国各族人民创造的中国速度和中国奇迹，极大彰显了集中力量办大事的制度优越性，在巩固和完善社会主义制度方面积累了中国经验。

中国共产党作为世界上最大的马克思主义政党，在领导中国人民创造中国奇迹的同时，也积极承担负责任大党的责任，充分彰显马克思主义政党的历史责任、光辉形象和国际影响力。2017 年以来，围绕政党责任，中国共产党与世界政党高层共同讨论了三个关系人类前途命运的重大议题："构建人类命运共同体、共同建设美好世界：政党的责任"（2017年），"为人民谋幸福与政党的责任"（2021 年），"现代化道路：政党的责任"（2023 年）。中国共产党为推动世界政党间共识的形成，为更高水平的国际合作贡献了自己的智慧和力量。

# 第二节　社会主义好的中国证明

中国特色社会主义既坚持了科学社会主义基本原则，又根据时代条件和具体国情赋予其鲜明的中国特色，这是中国特色社会主义蓬勃发展、彰显科学社会主义真理力量的根本原因。社会主义在中国的实践发展，推动中华民族实现了历史上最广泛、最深刻、最伟大的社会变革，是社会主义好的中国证明。

## 一、开创中国式现代化道路

中国式现代化是中国共产党领导人民长期探索和实践的重大成果，是强国建设、民族复兴的唯一正确道路。中国式现代化为广大发展中国家独立自主迈向现代化、探索现代化道路的多样性提供了全新选择。

当代中国的伟大社会变革，不是简单延续我国历史文化的母版，不是简单套用马克思主义经典作家设想的模板，不是其他国家社会主义实践的再版，也不是国外现代化发展的翻版。社会主义并没有定于一尊、一成不变的套路，只有把科学社会主义基本原则同本国具体实际、历史文化传统、时代要求紧密结合起来，在实践中不断探索总结，才能把蓝图变为美好现实。

——习近平

新中国的成立和社会主义制度的建立，为实现现代化创造了根本社会条件，奠定了根本政治前提和制度基础。新中国成立初期，为尽快改变我国工业化水平落后的状况，中国共产党明确提出"四个现代化"的社会主义建设目标，在极其艰难困苦的条件下，取得独创性理论成果和巨大成就，为现代化建设提供了宝贵经验、理论准备、物质基础。改革开放和社会主义现代化建设新时期，中国共产党作出把党和国家工作中心转移到经济建设上来、实行改革开放的历史性决策，开启了中国式现代化的新长征。党的十八大以来，以习近平同志为核心的党中央带领全国各族人民在已有基础上继续前进，围绕现代化建设中存在的突出矛盾和问题，全面深化改革，不断实现理论和实践上的创新突破，成功推进和拓展了中国式现代化。

中国式现代化是一种全新的人类文明形态，展现了不同于西方现代化的新图景。在"西方中心论"的历史观中，西方现代化模式和发展道路被视为人类文明模式的最佳"典范"和现代化道路的唯一"样板"。冷战结束后，不少发展中国家照搬了西方现代化模式，结果党争纷起、社会动荡、人民流离失所，至今都难以稳定下来。这些发展中国家不仅没有成功实现现代化，反而失去了本民族发展的自主性和独立性，造成社会经济结构畸形和社会政治动荡。不同于资本主义现代化，中国式现代化是人口规模巨大的现代化，坚持全体人民共同富裕而不是两极分化、贫富悬殊，坚持物质文明和精神文明协调发展而不是金钱至上、物欲横流，坚持人与自然和谐共生而不是疯狂掠夺、竭泽而渔，坚持走和平发展道路而不是以邻为壑、零和博弈。中国式现代化以人民为中心实现了对资本强权逻辑的整体超越。中国式现代化道路的成功开辟，为广大发展中国家努力实现现代化提供了有益借鉴和经验启示。

中国式现代化道路，得到国际社会的广泛认可和称赞，在广大发展中国家的影响力与日俱增，也日益引起西方的关注。意大利前参议员、原意大利共产党国际部主任弗斯科·贾尼尼就指出："在中国共产党的领导下，中国特色社会主义理论与制度不断完善，中国经济发展逐步取得了巨大成就，从一穷二白变成了世界强国。这使帝国主义称霸世界的企图破产了。"①

---

① 　弗斯科·贾尼尼：《中国特色社会主义为世界社会主义运动作出了巨大贡献》，《光明日报》2021 年 5 月 31 日。

## 二、开辟马克思主义中国化时代化新境界

中国共产党是一个高度重视理论指导、善于进行理论创新的马克思主义政党。在革命、建设、改革的长期实践过程中，中国共产党始终把马克思主义这一科学理论作为自己的行动指南，在坚持马克思主义基本原理的前提下不断推进马克思主义理论创新，开辟马克思主义中国化时代化新境界，使马克思主义不断放射出灿烂的真理光芒。

> 马克思主义是我们立党立国、兴党兴国的根本指导思想。实践告诉我们，中国共产党为什么能，中国特色社会主义为什么好，归根到底是马克思主义行，是中国化时代化的马克思主义行。拥有马克思主义科学理论指导是我们党坚定信仰信念、把握历史主动的根本所在。
>
> ——习近平

在坚持马克思主义基本原理前提下不断推进马克思主义理论创新，是基于对马克思主义真理性的坚定信仰。在人类思想史上，就科学性、真理性、影响力、传播面而言，没有一种思想理论能达到马克思主义的高度，也没有一种学说能像马克思主义那样对世界产生如此巨大的影响。坚持马克思主义，不是固守马克思主义经典作家的某一论断，而是坚持马克思主义的基本原理。马克思主义基本原理是对马克思主义基本立场、基本观点、基本方法的集中概括和理论表达，是马克思主义理论体系最本质、最核心的内容，是其中的核心要义和思想精髓。坚持马克思主义，最重要的就是坚持马克思主义基本原理和贯穿其中的立场观点方法。

在坚持马克思主义基本原理前提下不断推进马克思主义理论创新，是基于对历史时代的科学判断。马克思的思想理论源于那个时代又超越了那个时代，既是那个时代精神的精华又是整个人类精神的精华。虽然

时代在变化，社会在发展，但马克思主义基本原理依然是科学真理。尽管我们今天所处的时代同马克思所处的时代相比发生了巨大而深刻的变化，但依然处在马克思主义所揭示的历史时代之中，即从资本主义经过社会主义向共产主义过渡的历史时代。这是我们对马克思主义保持坚定信心、对社会主义保持必胜信念的时代根据。

创新发展马克思主义，开辟马克思主义中国化时代化新境界，是对马克思主义基本原理最好的坚持和发展。理论的生命力在于创新。中国共产党人坚持解放思想、实事求是、与时俱进、求真务实，坚持把马克思主义基本原理同中国具体实际相结合、同中华优秀传统文化相结合，坚持实践是检验真理的唯一标准，坚持一切从实际出发，及时回答时代之问、人民之问，不断推进马克思主义中国化时代化，使马克思主义在当代中国不断展现出强大的真理力量。

马克思主义是中国共产党人立党立国、兴党强国的根本指导思想，不断推进党的指导思想与时俱进，是马克思主义政党永葆旺盛生机和活力的奥秘所在。一部马克思主义发展史就是马克思、恩格斯以及他们的后继者们不断根据时代、实践、认识发展而发展的历史，是不断吸收人类历史上一切优秀思想文化成果丰富和发展自己的历史。中国共产党在百年奋斗中，坚持以马克思主义为指导，并不断结合新的实际推进理论创新，取得了毛泽东思想、邓小平理论、"三个代表"重要思想、科学发展观、习近平新时代中国特色社会主义思想等重大理论成果，不断谱写马克思主义中国化时代化的新篇章，确保中国革命、建设、改革事业顺利推进，为写好中国特色社会主义这篇大文章提供了强大的思想武器和精神动力。

## 三、彰显社会主义制度显著优势

中国特色社会主义制度，是科学社会主义基本原则与中国具体实际和时代特征相结合的产物，是具有鲜明中国特色、明显制度优势、强大自我完善能力的先进制度，集中体现了中国特色社会主义的特点和优势，体现了人类文明发展的潮流和趋势，是当代中国社会发展进步的根本制度保障。

一个国家实行什么样的制度、选择什么样的模式和发展道路，归根结底取决于这个国家的具体国情和历史文化条件。我们选择与实行中国特色社会主义制度，同样是基于本国实际。中国特色社会主义制度植根于中国革命、建设、改革的丰富实践，具有科学性、人民性、公平性、效率性、开放性的鲜明特点和独特的制度优势。

第一，中国特色社会主义制度坚持社会主义的根本性质，集中体现了中国特色社会主义的特点和优势。习近平指出："中国特色社会主义是社会主义而不是其他什么主义，科学社会主义基本原则不能丢，丢了就不是社会主义。"[①] 在经济领域，坚持公有制为主体、多种所有制经济共同发展和按劳分配为主体、多种分配方式并存，完善社会主义市场经济体制，充分发挥市场在资源配置中的决定性作用，更好发挥政府作用，把提高效率与实现公平有机统一起来，保证了在解放和发展生产力基础上实现社会公平、促进社会共同富裕。在政治领域，坚持人民民主专政的国家性质，坚持人民代表大会制度、中国共产党领导的多党合作和政治协商制度、民族区域自治制度和基层群众自治制度，把党的领导、人民当家作主、依法治国有机统一起来，发展全过程人民民主，推进全面依法治国。在思想文化领域，坚持马克思主义在意识形态领域指导地位的根本制度，建设具有强大凝聚力和引领力的社会主义意识形态，培育和践行社会主义核心价值观，凝聚以爱国主义、集体主义、社会主义为核心的价值共识，形成和巩固全党全国各族人民团结奋斗的共同思想基础。在社会建设领域，坚持在发展中保障和改善民生，实现好、维护好、发展好最广大人民根本利益，加强和创新社会治理，鼓励奋斗创造美好生

① 《习近平著作选读》第一卷，人民出版社 2023 年版，第 75 页。

活，不断实现人民对美好生活的向往。在生态文明领域，深化生态文明体制改革，建立系统完整的生态文明制度体系，推进发展方式的绿色转型、健全现代环境治理体系、完善生态环境保护的体制机制等。

第二，中国特色社会主义制度坚持以人民为中心、全心全意为人民服务、以维护和实现最广大人民根本利益为出发点和落脚点。我国实行的人民代表大会制度，近300万各级人大代表由人民选举产生，具有广泛的代表性，能够体现人民的意志，反映人民的价值诉求，保障人民当家作主的实现。公有制为主体、多种所有制经济共同发展的基本经济制度和按劳分配为主体、多种分配方式并存的分配制度，既能够调动各个方面的积极性、激发社会创造活力，又有利于人民共享改革发展成果，逐步实现共同富裕。基层群众自治制度，包括村民委员会、居民委员会、职工代表大会和其他民主形式，保障广大人民群众依法行使民主选举、民主决策、民主管理和民主监督的权利。基层群众自治制度使人民群众对于人民民主看得见、摸得着，能够有效保障人民的民主权利，保障人民的主人翁地位，提高群众的民主素质和民主管理能力。

第三，中国特色社会主义制度是中国共产党带领人民在中国特色社会主义实践中形成的，充分体现了中国社会发展的具体条件和特点，是对人类制度文明成果的丰富和发展。中国特色社会主义最本质的特征是中国共产党领导，中国特色社会主义制度的最大优势是中国共产党领导。中国共产党领导的多党合作和政治协商制度，坚持共产党领导和多党合作，共产党执政、多党派参政，不同于西方两党制和多党制那种相互争斗、相互倾轧的政党关系，而是一种长期共存、互相监督、肝胆相照、荣辱与共的崭新的合作型政党关系。民族区域自治制度，体现了国家充分尊重和保障各少数民族管理本民族内部事务权利的精神，体现了国家实行各民族平等、团结和共同繁荣的原则，是中国人民的伟大创造。

第四，中国特色社会主义制度具有强大的自我完善能力。中国特色社会主义制度是根据社会主义经济基础和上层建筑变化发展着的实际不断进行调整、改革和完善的先进制度。中国经济能够保持长时间高速度增长和高质量发展，社会能够长期保持政治稳定、人民安居乐业，中国特色社会主义制度的自我完善能力发挥着至关重要的作用。坚持和完善中国特色社会主义制度，必须坚持全面深化改革，不断推进国家治理体系和治理能力现代化，坚决破除一切不合时宜的思想观念和体制机制弊端，突破利益固化的藩篱，吸收人类文明有益成果，构建系统完备、科学规范、运行有效的制度体系，充分发挥社会主义制度的优越性。

实践充分证明，中国特色社会主义是党和人民历经千辛万苦、付出巨大代价取得的根本成就，是实现中华民族伟大复兴的正确道路。我们坚持和发展中国特色社会主义，推动物质文明、政治文明、精神文明、社会文明、生态文明协调发展，开创了中国式现代化道路，创造了人类文明新形态。

## 第三节　共产主义是人类的美好未来

对美好社会的追求是人类的永恒主题，也是推动社会历史发展和人类文明进步的精神动力。马克思主义科学揭示了人类社会的发展规律，指明了实现人的自由全面发展的共产主义社会是人类社会的美好未来。中国共产党人把共产主义远大理想与中国特色社会主义共同理想有机统一起来，在坚持和发展中国特色社会主义过程中推进共产主义社会制度和美好生活的实现。

### 一、共产主义是人类追求的美好社会

自从进入人剥削人、人压迫人的阶级社会以来，人类就从来没有停

止过对美好社会的向往和追求。在中国古代，孔子就提出过"大同"社会的理想，墨子提出了"兼相爱""爱无差等"的理想社会方案；欧洲空想社会主义者则描绘过"乌托邦""太阳城"和"新和谐公社"等，这些思想虽然带有不同时代的烙印，但都在一定程度上反映了人类对美好社会的向往。在马克思主义产生以前，由于无法找到实现理想社会的正确道路和社会力量，人类对美好社会的向往仅停留在空想阶段。马克思、恩格斯创立了唯物史观和剩余价值学说，提出了无产阶级革命的科学理论和战略策略，实现了社会主义由空想到科学的历史性飞跃。马克思、恩格斯在科学揭示社会历史发展的客观规律特别是资本主义产生、发展和灭亡规律的基础上，科学指明了未来社会发展的前途和道路，并把变革资本主义旧世界、建设社会主义和共产主义新世界的历史使命与社会力量赋予无产阶级和劳动群众。

共产主义社会积淀了人类对美好社会追求的精华，是人类历史上最合理、最进步、最美好的社会。在批判资本主义旧世界的基础上，马克思、恩格斯对于未来社会进行了科学构想，指明了人类社会的美好未来是人的自由全面发展和人类彻底解放的共产主义社会，并且科学揭示了共产主义社会的根本性质、一般特征和发展阶段，找到了解决资本主义基本矛盾、创造未来美好生活的正确道路。按照马克思、恩格斯对未来社会发展方向的设想，作为人类理想社会的共产主义社会，将是生产力高度发达、社会产品极大丰富、消灭生产资料私有制以及旧的社会分工和一切社会差别、实行"各尽所能，按需分配"、人们精神境界极大提高、每个人自由而全面发展、人与自然和谐共处的社会。社会主义、共产主义必然胜利，并不是马克思主义经典作家头脑中的主观幻想或人道主义的逻辑推演，而是马克思、恩格斯深入研究人类社会的发展规律，特别是资本主义产生、发展和灭亡的客观规律得出的科学结论。正如列宁所说："共产主义是从资本主义中产生出来的，它是历史地从资本主义中发展出来的，它是资本主义所产生的那种社会力量发生作用的结果。

马克思丝毫不想制造乌托邦，不想凭空猜测无法知道的事情。"[①]

共产主义是科学理论、社会制度、实际运动"三位一体"的有机统一整体。在马克思主义经典作家关于共产主义的相关论述中，共产主义一般有三个方面的含义：第一，它是一种最科学的理论或者思想体系，即科学共产主义，也称为科学社会主义或者马克思主义；第二，它是由科学社会主义理论揭示的人类最合理最美好的社会制度，即共产主义的社会制度；第三，它是在科学社会主义理论指导下，以建立共产主义制度为最终目的的实际运动，即共产主义的实践。

就共产主义作为一种科学思想体系而言，1848 年 2 月《共产党宣言》的发表，标志着科学社会主义的诞生，至今已经有 170 多年的历史。马克思主义经典作家在《共产党宣言》《资本论》等著作中，在揭示历史发展客观规律的基础上得出资本主义必然灭亡、共产主义必然胜利的科学结论，已经并将继续为人类社会的历史实践所证明。

就共产主义作为一种社会制度而言，共产主义社会包括第一阶段（社会主义社会）和高级阶段（未来的共产主义社会）。这是两个既有差别又相互联系的阶段，二者本质上是一致的，只有发展程度上的差别。共产主义的完全实现，需要社会生产力的高度发达，需要社会产品的极大丰富，需要消灭生产资料私有制以实现社会的公平正义，需要人们精神境界的极大提高，需要人与人、人与社会、人与自然以及人的身心之间的高度和谐。这需要几代人、十几代人甚至几十代人的努力才能完成。但是，共产主义社会制度的基本特征在共产主义第一阶段的社会主义社会中已经初见端倪，共产主义社会已经成为社会主义国家努力奋斗的目标。共产主义制度并不是虚无缥缈的空中楼阁，它就存在于现实的社会主义国家制度中，只是其完全实现需要一个长期的历史过程。

就共产主义作为一种实际运动而言，马克思、恩格斯曾经指出："共

---

① 《列宁全集》第三十一卷，人民出版社 2017 年版，第 81 页。

产主义对我们来说不是应当确立的状况，不是现实应当与之相适应的理想。我们所称为共产主义的是那种消灭现存状况的现实的运动。这个运动的条件是由现有的前提产生的。"① 国际共产主义运动，早在马克思、恩格斯领导共产主义者同盟和第一国际的时候就已经开启了。十月革命和之后的苏联社会主义建设，第二次世界大战之后亚非拉无产阶级革命和民族解放运动，中国的新民主主义革命、社会主义革命、社会主义建设和改革开放，都是国际共产主义运动的继续、展开和深化。中国特色社会主义进入新时代，中国正处于全面建设社会主义现代化国家、以中国式现代化全面推进中华民族伟大复兴的历史新阶段，中国特色社会主义现代化建设正是迈向共产主义重要而关键的一步。

共产主义作为一种理论具有科学性，它科学揭示了人类历史未来，指导共产主义运动，目标是建立共产主义制度；共产主义作为一种社会制度具有合理性和正义性，它以共产主义理论为指导，积淀了人类美好制度的精华，是共产主义运动的必然结果和最终归宿；共产主义作为一种运动具有现实性，它以共产主义理论为指导，以建立美好的共产主义制度为目标。没有现实的共产主义运动，便不可能累积起现实中的共产主义因素，也不可能构建未来美好的共产主义制度。因此，尽管共产主义的完全实现是未来的事情，但是共产主义思想体系、共产主义实践、共产主义制度萌芽早就存在于历史和我们的现实生活中，共产主义绝不是虚无缥缈的幻想，而是社会历史发展的必然，是历史和现实的存在。

实现共产主义理想不是靠"救世主"或者"神仙皇帝"，而是靠人民群众自己的实践创造。共产主义绝不是"土豆烧牛肉""楼上楼下，电灯电话"那么简单，社会主义现代化和中华民族伟大复兴也绝不是轻轻松松、敲锣打鼓就能实现的。实现共产主义远大理想是一个长期而艰巨的历史任务，需要一代又一代人的接力奋斗、不懈努力。习近平强调："实

---

① 《马克思恩格斯选集》第一卷，人民出版社 2012 年版，第 166 页。

现共产主义是我们共产党人的最高理想，而这个最高理想是需要一代又一代人接力奋斗的。如果大家都觉得这是看不见摸不着的东西，没有必要为之奋斗和牺牲，那共产主义就真的永远实现不了了。我们现在坚持和发展中国特色社会主义，就是向着最高理想所进行的实实在在努力。"①

## 二、坚定共产主义理想信念

共产主义是人类进步的必然趋势和最终归宿，中国特色社会主义道路是实现社会主义现代化、创造人民美好生活的必由之路，将共产主义远大理想与中国特色社会主义共同理想统一起来，在坚持和发展中国特色社会主义过程中推动共产主义远大理想的实现，是当代中国共产党人神圣而庄严的历史使命。

### 1. "两个必然"的历史趋势及其实现的长期性

人类社会的发展是合规律性与合目的性的辩证统一，遵循着不以任何个人主观意志为转移的客观规律，同时也是人们有意识的创造性活动的结果。共产主义的实现即人类的彻底解放是一个漫长的历史过程。在这个过程中，无产阶级解放与人类解放是一致的。无产阶级解放运动是为大多数人谋利益的运动，无产阶级代表了广大劳动人民的根本利益，因此，无产阶级的解放包括了广大劳动者的解放。人类解放只有通过无产阶级解放才能实现，而无产阶级只有解放全人类才能最终解放自己。

无产阶级解放的历史进程一般要经过无产阶级的政治解放、经济的社会解放、人自身的解放。无产阶级的政治解放即无产阶级夺取政权成为统治阶级，这是实现共产主义的政治前提。经济的社会解放的主要任务是解放和发展社会生产力，发展社会主义先进文化，为人类解放奠定

---

① 《习近平著作选读》第一卷，人民出版社 2023 年版，第 336 页。

社会物质文化基础。在这两者的基础上，达到人自身的解放，即实现一切人的自由而全面的发展。这三个既相互区别又相互联系的方面，体现了逻辑与历史的辩证统一，是共产主义代替资本主义的必由之路，是人类社会历史发展的总趋势，也是无产阶级及其政党带领广大人民群众艰苦奋斗的结果。

　　社会主义取代资本主义是人类历史发展的大趋势，但这是一个漫长的历史过程。因为当代资本主义虽然遭受严重的经济危机和社会危机，整体实力在下降，但是其自身还在不断进行自我调整。要打破资本主义的经济基础和上层建筑，打破资本主义私有制对雇佣劳动的剥削，打破资产阶级的政治统治，消除资产阶级腐朽思想的影响，不可能一蹴而就。同时，社会主义目前还处于初级阶段，还没有完全成熟，其成长和成熟本身也是一个不断改革、不断自我完善和自我更新的过程。世界社会主义发展的前途是光明的，但道路是曲折的。

　　目前资本主义正经历第二次世界大战以来最严重的经济危机和社会危机。随着资本的全球扩张和世界体系矛盾的日益加深，资本主义危机从金融领域进一步扩散到实体经济领域，从一国范围扩张到整个资本主义世界，从经济领域扩散到政治、文化、社会、生态等领域。资本主义体系的经济增长乏力，但其发展生产的潜力仍未完全耗尽。马克思指出："无论哪一个社会形态，在它所能容纳的全部生产力发挥出来以前，是决不会灭亡的；而新的更高的生产关系，在它的物质存在条件在旧社会的胎胞里成熟以前，是决不会出现的。"① 社会主义与资本主义在共处中竞争、在冲突中合作，将是长期的态势。然而，这绝不意味着社会主义无所作为，毕竟社会主义代替资本主义是人类社会发展的客观规律和必然趋势。因此，只有坚持"两个必然"与"两个决不会"的辩证统一，既坚定社会主义、共产主义的理想信念，又脚踏实地地建设、巩固和发展

———————————
① 《马克思恩格斯选集》第二卷，人民出版社2012年版，第3页。

中国特色社会主义，我们才能把社会主义伟大事业不断推向前进。

### 2. 坚持远大理想与共同理想的统一

坚持和发展中国特色社会主义，必须把共产主义远大理想与中国特色社会主义共同理想有机统一起来。中国共产党的最高理想和最终目标是实现共产主义。我们现在的努力以及将来的接力奋斗，都是朝着实现共产主义这个最终目标前进的。中国特色社会主义共同理想是共产主义最高理想在我国社会主义初级阶段的现实体现，是现阶段代表最广大人民根本利益的奋斗纲领，是实现共产主义最高理想的必经阶段。

共产主义是共产党人的世界观和远大理想，是共产党人意志坚定的前提。没有共产主义科学理论和远大理想的指引，就不会有共同理想的确立和坚持，就会缺乏前进方向、内在动力和政治定力。中国特色社会主义共同理想是党带领人民团结奋斗的共同思想基础。没有共同理想的实现，最高理想就是空中楼阁，缺乏现实基础。在以中国式现代化全面推进中华民族伟大复兴的新征程上，必须始终坚持远大理想与现实目标相统一，既树立共产主义远大理想，坚定共产主义必胜的理想信念，以崇高的理想追求和战略定力要求鞭策自己，又要从社会主义初级阶段的实际出发，脚踏实地为实现新时代中国特色社会主义的目标任务而努力奋斗。

> 建成社会主义现代化强国，实现中华民族伟大复兴，是一场接力跑，我们要一棒接着一棒跑下去，每一代人都要为下一代人跑出一个好成绩。
>
> ——习近平

在建设社会主义现代化国家的新征程上，我们要科学把握重要战略机遇期，在统筹国内国际两个大局中不断推进中国特色社会主义伟大事业。我们要把共产主义远大理想与中国特色社会主义共同理想有机统一起来，积极投身新时代中国特色社会主义伟大实践，勠力同心，在共产主义"接力赛"中取得我们这一棒的优异成绩。我们的每一次奋斗都是为活生生的共产主义而奋斗，每一个阶段都折射出共产主义伟大思想的光芒，每一棒都在向着更为美好的共产主义未来前进，在为共产主义而努力奋斗的历史进程中书写人生华章。

## 分析与思考

1. "马克思主义中国化时代化不断取得成功，使马克思主义以崭新形象展现在世界上，使世界范围内社会主义和资本主义两种意识形态、两种社会制度的历史演进及其较量发生了有利于社会主义的重大转变。"如何理解这一重大判断？

2. 20世纪社会主义既取得了举世瞩目的辉煌成就，也遭受了严重挫折。结合社会主义在20世纪的发展历程，说明社会主义代替资本主义的必然性、长期性、复杂性，谈谈你对"两个必然"与"两个决不会"之间辩证关系的认识。

3. 联系实际，谈谈共产主义远大理想与中国特色社会主义共同理想之间的辩证关系。

# 后　　记

　　本教材在高校思想政治理论课教材编写领导小组领导下组织编写。在编写过程中，得到了马克思主义理论研究和建设工程咨询委员会的指导，得到了中央有关部门和有关专家学者的帮助和支持。同时，广泛听取了高校思想政治理论课教师和博士研究生的意见和建议。

　　本教材原为教学大纲，2012年出版。参加编写的有：陈锡喜、杨雪冬、肖巍、张雷声、赵甲明、胡海波、袁银传。参加审看的专家有：李捷、瞿振元、卫兴华、宁骚、李景治、陈占安、严书翰、刘大椿、吴彤、郭湛、洪大用、秦宣、张曙光、张宇、刘少杰、肖贵清、孙熙国、李友梅、谭君久、韩喜平、傅华、杨清明、商志晓、何自力、辛向阳、瞿振武、欧阳志远、王敬国、卫灵、李金河、周茂荣、刘戟锋、关信平、罗文东、夏阳、王瑾等。为了更及时、更充分地反映党的理论创新和实践创新成果，中宣部、教育部组织课题组先后于2013年、2015年、2018年、2021年进行了4次修订。2013年，陈锡喜主持修订，杨雪冬、肖巍、张雷声、赵甲明、胡海波、袁银传参加修订。参加审看的专家有：杨金海、颜晓峰、孙代尧、刘从德、朱安东、张润枝、李松林等。2015年，侯惠勤主持修订，郑承军、高国希、姜辉、郝清杰、朱安东、姜迎春、张雷声、袁银传、王义桅参加修订。参加审看的专家有：闫志民、朱景文、常光民、张新、秦宣、颜晓峰、于沛、姜辉、洪大用、孙代尧、何自力、张润枝、谭劲松、胡大平、常庆欣等。2018年，中宣部、教育部组织对原教学大纲进行全面修订，同时根据师生们的反映，将原来的教学大纲改为教材的形式进行编写。侯惠勤主持修订，张雷声、郝清杰、孙代尧、彭庆红、姜迎春、袁银传、张成岗、朱安东、郑承军参加修订。参加审看的专家有：陶文昭、沈湘平、刘大椿、吴彤、王义桅、寇清杰、辛向阳、邱吉、冯仕政、王伯鲁、王鸿生、李冬松、邹广文、赵晓春、孙熙国、王向明、赵忠秀、保健云、白暴力、张云飞、徐春、闫庆文、董春雨、朱启臻、徐月宾、郇庆治、熊晓琳、李志强、常庆欣、张翼等。2021年，侯惠勤主持修订，孙代尧、郝清杰、袁银传、张成岗、朱继东、王生升、郝保权参加修订。

马克思主义理论研究和建设工程办公室具体组织实施了原教学大纲和教材的编写修订。2012年，张磊主持审改工作，何成、邵文辉、王向明、宋凌云、田岩、冯静、汤荣光、唐棣宣、徐焕、宋义栋、王燕燕、武斌、张造群、邢云文、宫长瑞等参加具体审改工作。2013年，张磊主持审改工作，邵文辉、宋凌云、田岩、王昆、冯静、范为、王勇、李军、魏学江、宋义栋、潘顺照、吴伟珍参加具体审改工作。2015年，夏伟东、邵文辉主持审改工作，田岩、冯静、宋凌云、王昆、邢国忠、曹守亮、陈硕、杨荣、冯潇然、陈培永、严文波参加具体审改工作。2018年，夏伟东、邵文辉主持审改工作，田岩、冯静、曹守亮、宋凌云、王昆、王勇、苏阳、陈培永、蔡万焕、邢国忠、邢云文、李玉峰、张明国、汪亭友、韩振峰、张旭、卢江、马文武、陈瑞来、刘小丰、薛向军等参加具体审改工作。2021年，徐李孙、陈启清主持审改工作，田岩、冯静、王昆、王勇、吴学锐、石文磊、刘儒鹏、余立、刘志刚、张明、贾鹏飞等参加具体审改工作。

2023年，为更好推动习近平新时代中国特色社会主义思想进教材、进课堂、进头脑，贯彻落实党的二十大和十九届六中全会精神，中宣部、教育部组织对教材进行了修订。侯惠勤主持修订，孙代尧、郝清杰、姜迎春、袁银传、张成岗、杨仁忠、王生升、张云飞、张志丹参加修订。徐李孙、陈启清主持工程办公室组织的审改定稿工作，王勇、王昆、吴

学锐、胡强、石文磊、颜恺、曾庆桃、史泽源、王建良、李欣航等参加
具体审改工作。

2024 年 3 月

## 郑重声明

高等教育出版社依法对本书享有专有出版权。任何未经许可的复制、销售行为均违反《中华人民共和国著作权法》，其行为人将承担相应的民事责任和行政责任；构成犯罪的，将被依法追究刑事责任。为了维护市场秩序，保护读者的合法权益，避免读者误用盗版书造成不良后果，我社将配合行政执法部门和司法机关对违法犯罪的单位和个人进行严厉打击。社会各界人士如发现上述侵权行为，希望及时举报，我社将奖励举报有功人员。

反盗版举报电话 （010）58581999 58582371
反盗版举报邮箱 dd@hep.com.cn
通信地址 北京市西城区德外大街4号 高等教育出版社知识产权与法律事务部
邮政编码 100120

读者意见反馈

为收集对教材的意见建议，进一步完善教材编写并做好服务工作，读者可将对本教材的意见建议通过如下渠道反馈至我社。

咨询电话 400-810-0598
反馈邮箱 gjdzfwb@pub.hep.cn
通信地址 北京市朝阳区惠新东街4号富盛大厦1座
　　　　 高等教育出版社总编辑办公室
邮政编码 100029

防伪查询说明

用户购书后刮开封底防伪涂层，使用手机微信等软件扫描二维码，会跳转至防伪查询网页，获得所购图书详细信息。

防伪客服电话 （010）58582300

**图书在版编目（ＣＩＰ）数据**

中国马克思主义与当代：2024年版/《中国马克思
主义与当代（2024年版）》编写组编．--6版． -- 北京：
高等教育出版社，2024.6
ISBN 978-7-04-062292-8

Ⅰ．①中⋯ Ⅱ．①中⋯ Ⅲ．①马克思主义 - 发展 - 中
国 - 研究生 - 教材 Ⅳ．①D61

中国国家版本馆 CIP 数据核字 (2024) 第 104793 号

Zhongguo Makesi Zhuyi yu Dangdai

| | | | |
|---|---|---|---|
| 策划编辑 | 张 红 康 睿 | 出版发行 | 高等教育出版社 |
| 责任编辑 | 张 红 | 地　　址 | 北京市西城区德外大街4号 |
| 封面设计 | 姜 磊 | 邮政编码 | 100120 |
| 版式设计 | 姜 磊 | 购书热线 | 010-58581118 |
| 责任绘制 | 杨伟露 | 咨询电话 | 400-810-0598 |
| 责任校对 | 张 然 | 网　　址 | http://www.hep.edu.cn |
| 责任印制 | 张益豪 | | http://www.hep.com.cn |
| | | 网上订购 | http://www.hepmall.com.cn |
| | | | http://www.hepmall.com |
| | | | http://www.hepmall.cn |
| | | 印　　刷 | 北京鑫海金澳胶印有限公司 |
| | | 开　　本 | 787mm×960mm　1/16 |
| | | 印　　张 | 18.25 |
| | | 字　　数 | 230 千字 |
| | | 版　　次 | 2012年4月第1版 |
| | | | 2024年6月第6版 |
| | | 印　　次 | 2024年11月第3次印刷 |
| | | 定　　价 | 25.00 元 |